同心共融

"一带一路"倡议下中国与中东金融合作的基础与机制

杨力 张瑾 殷林森 等 著

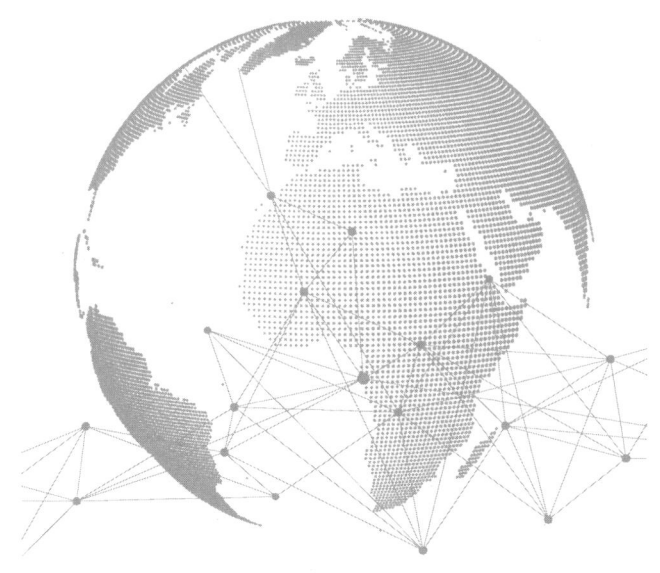

立信会计出版社
LIXIN ACCOUNTING PUBLISHING HOUSE

图书在版编目(CIP)数据

同心共融："一带一路"倡议下中国与中东金融合作的基础与机制/杨力等著. --上海：立信会计出版社，2025.1. -- ISBN 978-7-5429-7576-8

Ⅰ. F832.6;F833.706

中国国家版本馆CIP数据核字第20257DG612号

策划编辑　　孙　勇
责任编辑　　胡　越
美术编辑　　吴博闻

同心共融——"一带一路"倡议下中国与中东金融合作的基础与机制
TONGXIN GONGRONG YIDAI YILU CHANGYI XIA ZHONGGUO YU ZHONGDONG JINRONG HEZUO DE JICHU YU JIZHI

出版发行	立信会计出版社		
地　　址	上海市中山西路2230号	邮政编码	200235
电　　话	(021)64411389	传　　真	(021)64411325
网　　址	www.lixinph.com	电子邮箱	lixinaph2019@126.com
网上书店	http://lixin.jd.com		http://lxkjcbs.tmall.com
经　　销	各地新华书店		
印　　刷	常熟市人民印刷有限公司		
开　　本	710毫米×1000毫米	1/16	
印　　张	18.75	插　　页	1
字　　数	298千字		
版　　次	2025年1月第1版		
印　　次	2025年1月第1次		
书　　号	ISBN 978-7-5429-7576-8/F		
定　　价	88.00元		

如有印订差错，请与本社联系调换

序

　　中东独特的战略位置——世界油库所在地,对国际政治格局和世界经济体系产生了重大影响。中东地区因此经常成为世人关注的焦点。同时,伴随经济、金融全球化进程而来的巨额石油美元积累,中东地区金融发展在全球也独树一帜。以国际投资银行、主权财富基金、伊斯兰金融等的兴起为标志,中东形成以国际化发展为主要特征的独特金融版图,在全球市场占有举足轻重的地位。这一新兴市场的金融力量推动地区与全球金融体系的变迁,成为当今中东与世界沟通合作并进一步融入全球的重要桥梁,也为中国与中东构建新时期的合作关系提供了机遇。随着"一带一路"倡议的深入推进,中东金融对我国经济发展的重要性正在不断提升。

　　多年来,国内外学者密切关注中东政治问题、地缘热点,相对而言,却稍有忽视或"冷落"了对中东金融发展的研究。在这一背景下,我与我的研究团队选择把中东金融发展的理论与实践、中东金融与我国经济金融的合作发展作为研究对象,深耕该领域。本书基于我曾在研究团队领衔开展的教育部重大基地课题"中国参与中东地区金融合作的机遇与挑战研究"(16JJD790039),为中国参与中东地区金融合作开展全面、深入、系统的研究提供了重要的支持。我们围绕"中国参与中东地区金融合作"这一主题,运用跨学科研究方法,梳理中文、英文、阿拉伯文等文献,跟踪学科前沿,在新型金融合作理论和中东金融创新实践应用成果两方面颇具建树。本书梳理中东金融在全球体系中的发展态势,总结中国与中东金融合作的现有成就,选择"合作基础"和"合作机制"两个维度,阐释支撑中国与中东合作的理论基础,揭示中国参与中东地区金融合作的风险与挑战。本书主要内容如下:

　　一是梳理了中东金融发展的现状、中国与中东金融合作的现实需求。本书阐述了中东金融以银行业为主导,同时存在具有特殊金融形态的伊斯兰金融和具有全球影响力的中东主权财富基金。从中东金融国际化角度,分析了中东金融国际化为中国和中东金融合作创造的机遇与条件，描述了中国和中东地区国家金融合作成果及未来的合作构想。

二是深入分析了中国与中东金融合作的共同利益。本书创新性地选取了"共同利益"的研究视角，以"身份认同界定共同利益，共同利益催生国际合作"的逻辑链，选取"相互依存""共同命运""同质性"和"自我约束"四个维度构建共同利益分析框架，深入分析中国与海湾阿拉伯国家合作委员会（以下简称"海合会"）国家的共同利益基础。以此为主线，串联起政治、经济、文化等各方面的理论观点和工具。

三是深入研究中国与中东金融的合作机制。本书阐述了中国与中东金融合作所经历的发展阶段及特点，从国际关系视角分析了中国与中东金融合作的内在机制，指出中国与中东国家协同推进区域金融合作机制建设的进程绝不是简单的经济利益驱动解释模式，更不是单纯的国际关系谈判解释模式，而是彼此在长期的多维领域互动中共同利益、身份认同、权力结构等核心要素相互作用、不断建构的动态解释模式。世界百年未有之大变局加速演进，国际格局发生了深刻变化，我们综合考虑区域层面进程性逻辑和国别层面结构性特征背后的核心要素的变化和组合，提出了中国与中东国家推进金融合作机制建设的路径。

当然，实践之树应是长青的。本书关注金融合作的具体路径与策略选择，充分考察中东银行业国际化的程度与优势、中东资本市场的发展趋势，研判海外投资的法律风险，创新性地提出若干深化金融合作政策建议，为国有商业银行和国内外金融机构参与中东金融的实践提供路径方案。

感谢来自上海外国语大学和上海立信会计金融学院的我的团队成员：张瑾、殷林森、虞玥、吴佳茗、叶玮、邹兆敏、詹舒才等，也感谢为本书提出宝贵意见的数十位专家学者和编辑，是我们的共同努力才有这部著作的付梓成书。当然，囿于研究者的学识能力以及中东金融市场数据可获得性的原因，本书难免有偏颇或谬误之处，还请各位不吝赐教。

杨 力

2024 年 12 月

目　　录

第一章　全球体系下的中东金融 …………………………………… 001
第一节　中东金融发展概况 ………………………………………… 001
一、中东金融的总体状况 ………………………………………… 001
二、中东金融的特殊形态：伊斯兰金融 ………………………… 008
三、全球资本市场的劲旅：中东主权财富基金 ………………… 015
四、中东金融体系的特点与面临的挑战 ………………………… 018

第二节　中东金融国际化 …………………………………………… 020
一、中东金融国际化的表现 ……………………………………… 020
二、中东金融国际化发展的特征 ………………………………… 023
三、中东金融国际化为中国与中东金融合作创造机遇 ………… 026
四、对中国与中东开展国际金融合作的思考 …………………… 030

第二章　中国与中东的金融合作 …………………………………… 033
第一节　中国与中东国家金融机构的合作 ………………………… 033
一、中国与中东国家银行互设分支机构 ………………………… 033
二、双边银行业监管合作关系的建立 …………………………… 036
三、亚洲基础设施投资银行的合作共建 ………………………… 038

第二节　中国与中东国家开展金融业务的合作 …………………… 039
一、双边本币互换协议 …………………………………………… 039
二、QFII/RQFII 投资 ……………………………………………… 041
三、国际债券 ……………………………………………………… 041
四、共同投资基金 ………………………………………………… 043

五、丝路基金 ·· 043
第三节　中国—阿拉伯国家银行联合体 ···························· 045
　　一、中阿银联体机制的形成及运行 ···························· 045
　　二、中国发起的银联体机制 ·································· 051
　　三、中阿银联体机制的结构优化 ······························ 055

第三章　中国与中东金融合作的基础：共同利益 ····················· 062

第一节　中国与中东金融合作的基础 ································ 062
　　一、以共同利益为基础的合作 ································ 062
　　二、共同利益分析的理论基础 ································ 066
第二节　中国与中东金融合作的共同利益分析 ······················ 072
　　一、身份认同界定共同利益 ·································· 072
　　二、共同利益的内涵与表现 ·································· 075
　　三、共同利益催生国际合作 ·································· 080

第四章　中国与中东金融合作的相互依存 ··························· 083

第一节　相互依存形成共同利益纽带 ································ 083
第二节　相互依存分析的基准模型：卢卡斯模型 ······················ 085
第三节　相互依存关系的分析 ······································ 088
　　一、数据选取与分析 ·· 088
　　二、λ值的经济学意义 ······································ 091
　　三、金融合作的潜在收益 ···································· 092

第五章　中国与中东金融合作的共同命运 ··························· 095

第一节　共同利益下的金融合作共同体 ······························ 095
　　一、共同命运孕育共同利益 ·································· 095
　　二、中国与中东的共同命运 ·································· 096
第二节　金融合作共同命运的纵向分析 ······························ 097
　　一、共同命运的历史渊源 ···································· 098

二、把脉当前局势 ·· 100

　第三节　金融合作共同命运的未来 ···························· 105
　　一、中国—海合会自由贸易区 ······························· 105
　　二、共建"一带一路" ·· 106
　　三、中阿命运共同体 ·· 106

第六章　中国与中东金融合作的同质性 ························ 108
　第一节　同质性 ·· 108
　　一、同质性的相对性 ·· 108
　　二、同质性的多样性 ·· 109
　第二节　地缘政治因素分析 ···································· 110
　　一、中东地区政治环境 ······································· 110
　　二、中东国际政治环境 ······································· 111
　　三、中国与中东国家政治互信 ······························· 113
　　四、中国积极协助维护中东地区安全 ······················ 115
　第三节　跨文化因素分析 ······································· 116
　　一、跨文化因素对经济金融的影响 ························· 116
　　二、跨文化风险分析 ·· 119
　　三、尊重和正确处理文化差异 ······························· 126
　第四节　伊斯兰金融因素分析 ································· 127
　　一、伊斯兰金融体系与传统金融理念的差异 ·············· 128
　　二、伊斯兰金融体制对金融合作的制约 ··················· 129
　　三、推动与伊斯兰金融的良性互动 ························· 131

第七章　中国与中东金融合作的自我约束 ··················· 132
　第一节　自我约束维护共同利益秩序 ······················· 132
　　一、自我约束与其他三变量 ································· 132
　　二、金融合作中的自我约束 ································· 133
　第二节　政策协调外部性分析 ································ 134

一、经济政策外部效应的考量 134
二、宏观经济政策溢出效应 138
三、哈马达模型下的金融合作 139

第三节 自我约束要素中的金融监管 141
一、无金融监管下的博弈 142
二、金融监管下的博弈 143
三、国际金融监管合作的博弈 146

第八章 中国与中东金融合作的路径选择 148

第一节 把握双方合作框架中的战略着力点 148
一、积极对接"一带一路"倡议 148
二、推动人民币国际化和中东国家货币直接结算 150
三、充分评估中东地区政治风险 154

第二节 加强政策协调和监管合作 156
一、积极实施宏观经济政策协调 156
二、加强国际金融监管合作 160

第三节 充分发挥市场机制的重要作用 164
一、调动市场主体积极性 164
二、培养与储备中东金融人才 167
三、重视金融科技的发展 170

第九章 中国与中东金融合作机制的建设 173

第一节 中国与中东金融合作机制的建设发展 174
一、前机制化合作阶段(1956—1999年) 174
二、机制化合作起步阶段(2000—2013年) 175
三、机制化合作加速阶段(2014年至今) 177

第二节 中国与中东金融合作机制建设的主客体特征 180
一、主体模式特征：中国先行引导差序化跟进 180
二、客体形态特征：多边优化，双边试点 181

第十章　中国与中东金融合作机制的理论基础 ····· 189

第一节　国家参与区域金融合作机制的多维理论分析 ····· 189
一、合作机制的需求：国际关系理论的视角 ····· 189
二、合作机制的供给：区域性公共产品理论的视角 ····· 197
三、中国与中东金融合作机制建设的理论分析框架的构建 ····· 202

第二节　区域层面的进程性逻辑检验：基于定性方法 ····· 205
一、合作机制需求生成的必然性 ····· 205
二、合作机制持续供给的可行性 ····· 214

第三节　国别层面的结构性逻辑检验：基于定量方法 ····· 216
一、定量测度合作对象结构性差异的相关研究 ····· 217
二、中东阿拉伯国家结构性差异的定量考察 ····· 219
三、基于定量分析结果的中东阿拉伯国家聚类特征描述 ····· 232

第十一章　中国与中东阿拉伯国家金融合作的挑战与突破 ····· 244

第一节　中国与中东阿拉伯国家金融合作机制需求变化 ····· 244
一、负外部性下增进身份认同的新契机 ····· 245
二、预期收益分化下共同利益的再整合 ····· 247

第二节　中国与中东阿拉伯国家金融合作机制有效供给的困境 ····· 249
一、中国方面：多重冲击下先行力量发挥面临挑战 ····· 250
二、中东阿拉伯国家方面：不确定性围困下合作生态的风险积聚 ····· 252

第三节　中国推进与中东阿拉伯国家金融合作机制的路径 ····· 259
一、中国深化与中阿国家金融合作机制的态势分析 ····· 259
二、中国推动与中阿国家金融合作机制的基本原则 ····· 261
三、中国推动与中东阿拉伯国家金融合作机制的结构及路径规划 ····· 263

第十二章　余论：上海参与中东金融合作的分析与建议 ····· 272

第一节　拓展中阿金融合作模式、打造"一带一路"金融桥头堡 ····· 272
一、阿拉伯国家金融发展及其与中方的双边合作机遇 ····· 273

二、上海应加速推进"一带一路"金融桥头堡建设 …………… 274
第二节 设立"中阿主权财富基金合作论坛" ………………………… 275
　　一、中阿主权财富基金现状与合作面临的问题 …………………… 275
　　二、中阿主权财富基金合作面临问题的原因分析 ………………… 276
　　三、对策建议 ……………………………………………………… 277
第三节 推进上海国际金融司法中心建设 …………………………… 278
　　一、迪拜国际金融中心的经验 …………………………………… 278
　　二、迪拜国际金融中心纠纷解决机制的特点 …………………… 279
　　三、上海金融司法的环境分析 …………………………………… 280
　　四、对策与建议 …………………………………………………… 282

主要参考文献 ………………………………………………………… 285

第一章

全球体系下的中东金融

2013年习近平总书记提出共同建设"丝绸之路经济带"和"21世纪海上丝绸之路",这构成了"一带一路"倡议。两者在中东交汇,这也是中国—中东现代交流合作的重要依托。中东地区是中国—中亚—西亚经济走廊的一部分,因其独特的地理位置和丰富的能源资源,注定是中国对外开放新格局中不可或缺的合作对象。

第一节 中东金融发展概况

中东金融相较其农业和工业的发展而言,起步较晚,而且中东金融在近代的发展之路可谓十分艰难。不过,近些年随着中东金融国际化的步伐逐渐加快,加上石油出口带来的充足资金,中东金融已然成为国际金融市场的一个重要组成部分。

一、中东金融的总体状况

中东地区的传统金融活动历史悠久,集中表现为以货币兑换所为代表的传统金融机构和民间借贷等民间金融活动。中东金融在近代的发展受制于特有的资源禀赋和独特的伊斯兰文化,虽然该地区的金融机构所拥有的资产规模不可谓不大,但是在经济发展中并没有发挥出应有的作用,资产结构也相对单一,呈现资产规模大而经济贡献小的不平衡态势。近些年,随着中东金融国际化进程加快,其银行业也面临着来自西方大型金融机构的竞争压力,许多当地金融机构开发出符合伊斯兰金融原则的诸多金融产品,加上石油出口带来的充足资金,两者相互叠加,该地区的金融市场逐渐繁荣起来,成为国际金融市场的一个重要组成部分,其发展速度和潜力均不可小觑。

19世纪末以来,随着奥斯曼帝国瓦解,受英法等国家影响,中东地区逐渐出现了以米斯尔(Misra)银行为代表的外资银行,中东现代金融活动逐渐兴起,并刺激中东本土银行的诞生。1929年在巴勒斯坦建立的阿拉伯银行是中东现代银行兴起的重要标志。第二次世界大战后,中东国家纷纷获得民族独立,泛阿拉伯主义与公有化运动席卷中东。大量的中东地区金融机构被收归国有,中东金融发展进入了停滞阶段。中东地区现代意义上的金融发展,始于20世纪70年代,以海合会国家为代表的石油输出国,受益于石油产业的迅速发展,拥有雄厚的石油美元,并将发展金融业作为实现经济多元化转型的重要目标。20世纪90年代以来,金融自由化与经济全球化改革不断深入,推动了中东地区金融部门的快速发展。但是中东地区的股票、债券等资本市场发展严重滞后,营商环境较为落后,私营部门信贷难度较大,以及中东地区的金融管制过于严格,都严重制约了中东金融部门的发展,阻碍了其发挥对中东本土经济增长的促进作用。

表1-1罗列了2020年世界部分国家及地区的经济金融体系的代表性指标。通过对它们的分析对比,不难看出中东及北非地区的金融体系有其自身鲜明的特点。该地区拥有极高的国际储备水平和较高的国内企业资本市场市值,但是其股市交易水平和私营部门国内信贷水平却相当低。换而言之,该地区国家拥有雄厚的资金实力(外汇储备高)和规模不小的金融市场,其国内企业资本市场市值与GDP之比仅仅落后于美国。但在估值水平相当高的同时,其交易量却低得惊人,只有世界平均水平的一半,甚至比直接融资较弱的欧元区还低,属于典型的"有价无市"。在间接融资领域也可以观察到同样的情况,其庞大的银行资产对私营部门的信贷支持相当有限,也无法达到世界平均水平的一半,其私营部门获得的国内信贷占GDP的比重只

有不到60%,远远落后于其他经济体,金融市场活跃程度明显与其市场规模不符。

表 1-1　世界部分国家及地区的经济金融体系代表性指标(2020年)

主体	GDP（十亿美元）	国际储备（十亿美元）	国际储备/GDP	股市交易额/GDP	国内企业资本市场市值/GDP	私营部门的国内信贷/GDP
世界	84 746	11 947	14%	83.95%	133.70%	147.88%
欧盟	13 021	1 077	8%	47.83%	54.56%	94.21%
美国	20 953	628	3%	108.21%	194.33%	215.95%
日本	5 057	1 390	27%	125.30%	132.83%	192.10%
中国	14 722	3 357	23%	214.50%	82.96%	182.43%
中东及北非	3 035	1 072	35%	43.98%	175.60%	58.84%

数据来源:世界银行全球金融发展数据库。

这就解释了为什么中东金融部门虽然拥有庞大的金融资产,但是始终处于全球金融市场的边缘位置。金融发展理论倡导者罗纳德·麦金农(Ronald Mckinnon)提出采用 M2/GDP 作为衡量金融发展和金融深化的重要指标。这一指标通常用于衡量一国金融发展与经济货币化程度的研究。中东地区国家普遍为发展中国家,存在大量的非货币交易的经济活动,M2/GDP 这一比例可以较为有效地衡量其经济发展的货币化程度。根据世界银行数据,中东地区国家的 M2/GDP 比例普遍较高。[①] 这代表中东地区存在大量的资本流动。但是中东金融市场规模与 GDP 之比为110.8%,显著落后于400%的全球平均水平,甚至不到欧元区、美国和日本的一半。这意味着中东地区金融对于经济发展的影响力有限,市场成熟度较低。一方面,中东大量盈余的金融资本流入西方发达国家金融市场。另一方面,中东本地的企业尤其是私营部门企业发展,长期存在融资缺口。中东地区大量的金融资本没有能转化成生产型投资,从而无法进入再生产的流程发挥其促进经济发展的作用。

中东经济体多元化程度较低,这直接影响到其金融体系的发展。石油

---

① World Bank Group|Data, https://data.worldbank.org/indiicator/FM.LBL.BMNY.GD.ZS?name_desc=true.

出口国的经济发展主要依赖能源出口，其经济发展大多遵循寻租模式。石油出口国的大量盈余也通过外国直接投资、援助和汇款等方式外溢至该地区的石油进口国。总体上，中东地区的经济发展缺乏足够的竞争性，这同样影响了该地区金融体系的发展。

就全球范围内来看，中东地区金融发展尚有较大的发展空间。以2022年私营部门得到的信贷总量占GDP的比例而言，中东和北非处于发展中国家的中间水平。中东地区对私营部门的平均信贷占GDP的57%，而非欧盟的地中海国家这一指标为60%，东亚地区为152%。当然，中东国家内部也存在较大异质性。海合会国家的银行业发展水平明显高于其他石油进口国和其他非海合会石油出口国。① 尽管国内信贷总体水平低下，但是进入21世纪后，这一指标呈明显上升趋势。特别是2008年以后，该地区的银行信贷的比重开始急速上涨，于2016年达到61%的历史峰值（图1-1）。

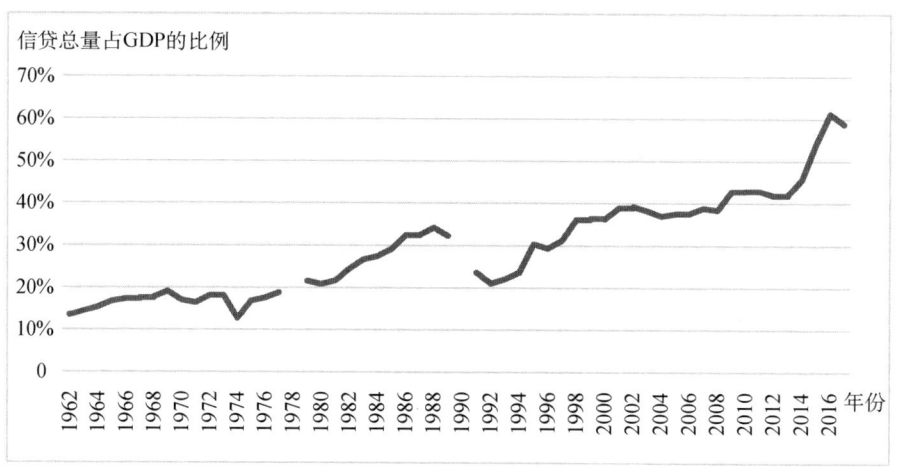

图1-1　中东地区私营部门得到的信贷总量占GDP的比例

数据来源：世界银行全球金融发展数据库②。

从组成部门来看，中东国家金融体系以银行为主，而海合会国家银行资

---

① World Bank Group："Global Financial Development Report 2019/2020：Bank Regulation and Supervision a Decade after the Global Financial Crisis"，Sep. 9，2022，https://www.worldbank.org/en/publication/gfdr/data/global-financial-development-database。
② 其中有若干年份数据缺失，特别是2017年后暂无可参考的数据。

本占阿拉伯国家银行总资本的79.6%。① 受限于中东地区历史传统与投资偏好，中东地区银行是其金融体系的核心组成部分。银行是中东地区发展较为成熟、历史最为悠久的金融部门，吸引了中东地区的主要金融资本。在中东地区，以海合会国家为代表的石油出口国银行业发展水平最高，利润水平也处于领先地位。而在其他非产油国家，现代银行的发展水平依然较为落后，这些国家银行主要由公共部门主导，政府对信贷分配、市场流动性等进行了大量干预。除了海合会国家，其余中东国家的银行业发展存在资产高度集中的问题，体现为前三大银行的资产占商业银行总资产的65%，新银行的进入门槛较高，难度较大。② 国有银行主要向国有企业和有政治关系的公司提供贷款，中小企业获得信贷资本难度较高。总体而言，中东地区银行在金融体系中的绝对性地位，限制了非银行运营在金融市场上的作用，也阻碍了市场良性竞争。而该地区特殊的产业结构和资源禀赋也是造成这一现象的主要原因。自20世纪70年代后，原油价格的逐步上涨给海合会国家带来了丰厚的收入。但由于缺乏投资渠道，大量资金只能以存款的形式涌入当地银行，客观上造成了银行业在当地金融体系中的主导地位。债券市场是中东金融市场的短板，其债券市场发展落后于亚洲、拉丁美洲，甚至撒哈拉以南的非洲。

这和当地伊斯兰文化中禁止利息的教义不无关系。不过在过去的十年中，中东伊斯兰金融机构也在不断推进投资多样化和产品创新。一些符合伊斯兰教法的金融工具也获得长足的发展，其中特别是伊斯兰债券的发行规模增长尤为明显。尽管禁止收取利息这一限制导致伊斯兰银行个人银行业务方面仍然落后于其西方同行，但是通过锲而不舍的改革和制度化努力，符合伊斯兰金融原则的产品进入了发展的黄金期，相关银行资产总量已经获得了前所未有的大幅增长，这一点从中东海合会国家伊斯兰金融快速发展可见一斑。图1-2显示了2012—2020年中东海合会国家伊斯兰金融资产

---

① Arezki, Rabah: "The Shifting Natural Wealth of Nations: The Role of Market Orientation", Journal of Development Economics, 2019, Vol. 138, p. 228-245。
② Senbet, W Lemma: "The African Financial Development Gap: The Bright and the Dark: Lessons for MENA" in Eds. R. Arezki, F. Belhaj, and P. Shah, "Promoting a New Economy for the MENA", World Bank, Washington DC, 2019。

规模变化,其中银行资产和债券的规模增长十分明显。

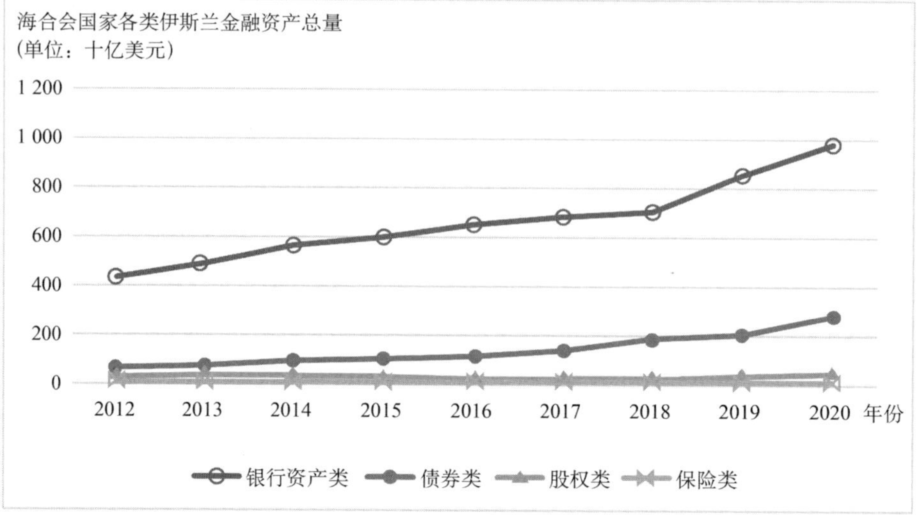

图 1-2　2012—2020 年中东海合会国家伊斯兰金融资产规模变化

数据来源:伊斯兰金融稳定报告(IFSB)2021 年度报告。

国际货币基金组织(IMF)的《全球金融稳定报告 2021》显示,中东股票市场总市值、债券和银行资产占全球的份额均低于 2%,低于其 GDP 占全球的份额(4.2%)。[①] 若以股票市场资本化和公司债券发行量占 GDP 的比重来衡量资本化水平,中东国家资本化水平在发展中国家中处于垫底位置。如图 1-3 所示,中东和北非地区的股票市场资本化约占 GDP 的 42%,欧洲与中亚为 55%,而东亚则是表现最好的地区为 179%。[②] 当然,中东和北非地区内部也有很大的异质性,如图 1-4 所示,海合会国家的资本化水平比海合会国家以外的石油进口国和石油出口国都要高得多。在公司证券领域,中东国家总体上也落后于其他发展中国家与地区。其中,海合会国家的证券市场强于海合会国家以外的石油进口国和出口国,而后者证券市场几乎没有影响力。

---

① Global Partnership for Financial Inclusion:"G20 Financial Inclusion Indicators", Feb. 20, 2023, https://datatopics.worldbank.org/g20fidata/.
② World Bank Group:"Global Financial Development Report 2019/2020: Bank Regulation and Supervision a Decade after the Global Financial Crisis", Sep. 9, 2022, https://www.worldbank.org/en/publication/gfdr/data/global-financial-development-database。

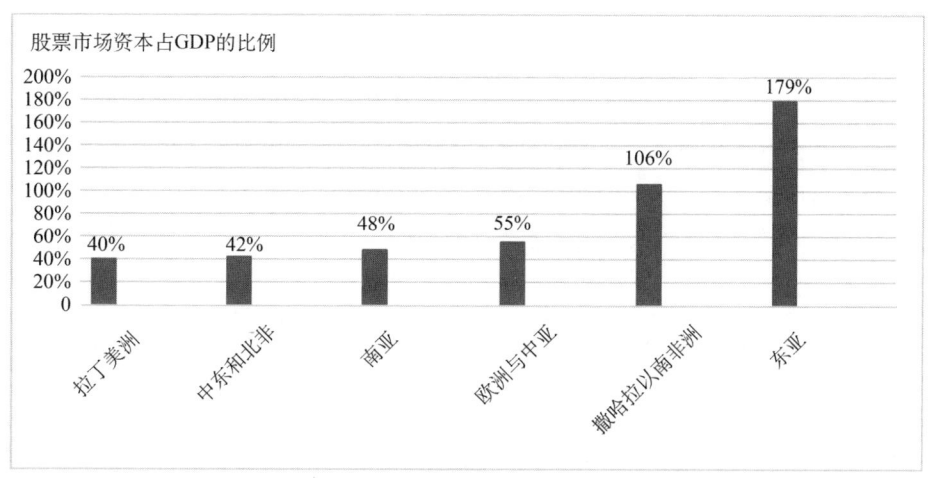

图 1-3　2021 年全球股票市场资本化比较

数据来源：世界银行全球金融发展数据库。

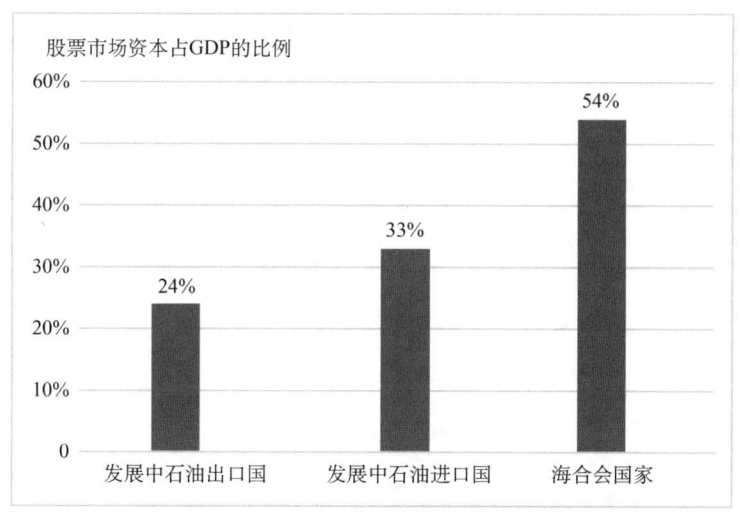

图 1-4　2021 年中东股票市场资本化

数据来源：世界银行全球金融发展数据库。

这证明从全球角度来看，中东金融市场规模较小，且滞后于其经济发展水平。一方面，这是因为中东地区资本市场长期不对外开放，面临严格监管，流动性较弱。例如，在此之前，中东地区最大的股票市场沙特，市值达到

5 300亿美元，一直到2015年6月15日才开始对外开放。此后，阿联酋和卡塔尔等国的股票市场才逐渐调高外资所有权限制，降低市场准入标准。另一方面，这是由于中东地区资本市场过于集中于若干板块。金融和房地产板块在海合会国家资本市场中处于支配地位。例如，2021年阿联酋和卡塔尔金融和房地产板块分别占到股票市场总市值的71%和62%。这意味着其股票市场存在上市企业类型较为单一、融资渠道不够丰富、经济多元化不够成功等问题。

保险市场是中东地区未来增长空间较大的领域。按照伊斯兰教义原则，保险和金融衍生品业务一样，从根本上讲都是对不确定性的交易，因此在过去相当长的时间里被列为投机行为。不过随着Takāful①这种伊斯兰保险产品的出现，这一金融业务空白得到了有力的填补。中东国家目前保险业的深度和密度都处于较低水平，远低于其GDP增长速度和在全球经济中的地位。尤其是在富裕的海合会国家，寿险等保险产品缺乏足够的吸引力。但中东地区的人口增长速度较快，年轻人口比例较高，促使中东地区成为全球范围内具有较大潜力的区域性保险市场之一。同时伊斯兰金融在全球范围内的发展方兴未艾，中东地区的伊斯兰保险市场发展规模也在迅速扩大，增速逐年提高。

从现代西方金融视角来看，中东金融发展水平的相对落后是全方位的，不仅低于发达国家平均水平，也低于发展中国家平均水平。这和当地特有的资源禀赋和文化传统有着千丝万缕的关系。目前中东金融体系主要由银行部门主导，而非银行金融部门，包括股票市场、公司债券市场、保险公司等方面都处于发展初期，存在较大的提升空间。

二、中东金融的特殊形态：伊斯兰金融

伊斯兰文化是研究中东地区经济社会活动绕不开的主题，在金融领域亦是如此，"伊斯兰金融"这一关键词屡屡被提及。一般而言，它可以被定义为与伊斯兰教义相符的金融服务。其特征是禁止利息、赌博，规避高风险、

---

① 在阿拉伯语中，"Takāful"意味着"合作"或"共同承担"，这里是指伊斯兰保险。该类保险产品强调风险共担和利润共享的原则，符合伊斯兰教法对金融交易的规范。

短期投机性买卖，不向对社会有危害性的活动提供融资。伊斯兰金融要求参与者遵守公平交易原则，交易均要有真实背景及风险共担特征。伊斯兰金融的出现可以追溯到 1963 年的埃及。2008 年全球金融危机发生后，伊斯兰金融表现稳健，成为全球金融体系的重要部分。

（一）特殊的宗教文化背景

事实上，伊斯兰教义对其金融模式能产生影响的具体内容大致可以分为以下四个方面。第一，人与世界的关系。伊斯兰教信徒认为人不是自然的主人或者拥有者，而是守护者，因此私有产权的理念不被重视。第二，信徒应本着社会公平和正义的原则，遵循共同富裕和互惠互利的原则开展社会经济活动，投机倒把或吝啬守财都是不可取的。第三，人与人之间的债务是神圣的，因此必须履行。不过借贷活动本身不应理解为一种交易，而是一种责任。第四，生产应该在商品交易之前，因为人不能出售他没有的东西。货币只是一个价值的衡量标准，而不意味着价值本身。

单从这四点来看，伊斯兰教义所提倡的价值观并没有和当今主流商品经济发展有不可调和的矛盾，甚至带有明显的普惠金融的特质。在不许投机和不许有利息收入的两个"不"字之后，其实还有两个"共"字，即"共享利润、共担风险"。伊斯兰银行和金融机构是希望将伊斯兰教义原则、法律及传统体现在银行的日常业务中，在"共享利润、共担风险"原则下，促进对那些从事伊斯兰教法允许的商业贸易活动及企业投资。因此，单从宗教禁忌的消极面解读伊斯兰金融是不公允的，应当看到伊斯兰教所鼓励和提倡的某些行为的确对经济发展有积极的贡献。况且这里讨论的所谓禁忌，是完全站在传统金融的角度来评判的。可能对于一个虔诚的穆斯林而言，这些禁忌只是常识和习惯，根本谈不上限制。所以，我们必须对伊斯兰教所提倡和反对的两方面内容做平衡的解读，才能正确理解其具备的独特优势和特点。

表 1-2 罗列了伊斯兰金融的主要禁忌和对应的信贷原则。这些教义使伊斯兰金融与传统金融之间产生了显著的差异。

表 1-2　伊斯兰金融的主要禁忌和对应的信贷原则

主要禁忌及解释细则	信贷原则和具体实施办法
禁止利息收入： 禁止货币形式的报酬,但可能通过投资产生的实际收入获得相应的报酬	对公平交易的坚持： 收益和损失需要借贷双方共同承担 双方必须事先达成协议,但协议细则可以是不平等的 仅在借款人有过错的情况下才可对条款进行罚款和没收
禁止投机： 不可以交易存在不确定性的商品 不接受买空卖空和金融衍生品交易 允许延期交货（交易时间和发货时间不一致）	对实体经济交易的坚持： 所有资金必须以有形资产做抵押
禁止违背教规的行为： 金融业务涉及的经济活动必须是具有宗教上的"合法性" 投资对象负债比率不能过高	对道德规范的坚持： 要求每个银行都设立道德监管部门,用以审核交易宗教合规性,即符合伊斯兰教义规范

（二）伊斯兰金融的发展

截至 2021 年,全球有超过 19 亿穆斯林人口,刺激了伊斯兰金融市场的不断扩大。受限于经济发展水平,大量的穆斯林人口还处于现代金融机构服务范围之外。由于伊斯兰教法的影响,穆斯林群体排斥涉及明确支付利息的西方现代金融体系和银行业务,对符合伊斯兰教法的银行存款与伊斯兰法律认同的金融产品有着极大需求。此外,中东地区石油出口国积累了大量财富,也在不断寻找符合伊斯兰教法的投资机会。这为伊斯兰金融的发展提供了广阔的市场。

近十年来,伊斯兰金融发展迅速,发展速度远超传统金融业,资产规模保持了两位数的增长速率。2013 年,全球伊斯兰金融市场的总资产价值规模约为 1.8 万亿美元。2019 年,全球伊斯兰金融市场的总资产价值约为 2.88 万亿美元。预计 2027 年,全球伊斯兰金融市场的总资产价值将达到 6.67 万亿美元。[①] 从伊斯兰金融部门来看,截至 2019 年,全球伊斯兰银行总

---

① The Statistics Portal: "Total value of Islamic finance assets worldwide from 2012 to 2022 with a projection for 2027", Nov. 2023, https://www.statista.com/statistics/1090815/worldwide-value-of-islamic-finance-assets/。

资产占据全球伊斯兰金融总资产的比例高达82%。① 从地区分布来看,伊斯兰金融资产主要集中在中东地区的海合会国家和马来西亚等亚洲伊斯兰教国家。其中,沙特凭借庞大的经济体量,占据了中东国家伊斯兰金融总资产的43%,阿联酋占伊斯兰金融总资产的8.7%,巴林占伊斯兰金融总资产的5.3%和卡塔尔占伊斯兰金融总资产的4.8%。②

（三）伊斯兰金融资产的构成

从资产构成角度,伊斯兰金融的资产主要分为三个不同类型。第一类是现金及其等价物,第二类是利用伊斯兰金融模式进行的融资,第三类是符合伊斯兰教法的证券投资。在中东国家的伊斯兰金融市场中,银行融资资产占比最大,其次是证券投资,最后才是现金和现金等价物资产。由于受到信贷扩张和流动性紧张的状况影响,中东各国的伊斯兰银行虽然都使用了伊斯兰融资模式,但是融资部分的组成各有不同。其中穆尔巴哈③是中东地区伊斯兰银行主要的融资模式。

伊斯兰银行在伊斯兰金融体系中占据主要位置。在中东和北非国家中,巴林、科威特、卡塔尔、沙特和阿联酋的伊斯兰银行部门最为发达。伊斯兰银行的资金和业务性质与传统银行有些不同。伊斯兰金融的国际化水平也不断提升,随着穆斯林移民的全球流动,伊斯兰金融业务正超越其传统的地理边界,伊斯兰银行已开始在丹麦、法国、卢森堡、尼日利亚、瑞士、南非和英国营业。另外,欧洲和美国多家大型银行,如花旗银行和汇丰银行,均已开设伊斯兰银行业务窗口。全球信贷紧缩与紧随而至的银行业危机暴露了西方现代金融机构的缺点,而伊斯兰银行在历次经济危机中的稳健表现彰显了其独特的安全性,这又进一步提升了伊斯兰金融对于非穆斯林客户的吸引力,拓宽了全球伊斯兰金融产业的发展。

---

① The Statistics Portal："Value of Islamic banking assets worldwide from 2012 to 2022 with a projection for 2027", Nov. 2023, https://www.statista.com/statistics/1090891/worldwide-growth-of-islamic-banking-assets/.
② The Statistics Portal："Distribution of global Islamic banking assets in of 2022, by country", Aug. 2023, https://www.statista.com/statistics/649269/distribution-of-global-islamic-banking-assets-by-country/.
③ 穆尔巴哈模式是伊斯兰金融中避免利息的一种替代方案,通过成本加成的方式来实现资金的融通。

伊斯兰金融主要有以下几种业务模式：

（1）资金存管。伊斯兰银行负责保存客户资金，客户有权在任何时间提出支取要求，银行可向客户收取保管费用，也可以向客户赠送"礼金"。

（2）风险收益共担。伊斯兰银行对外贷款也不得收取利息。根据伊斯兰教义，银行可以与创业者（资金需求方）结成伙伴关系，银行提供资金，创业者提供劳动。如果有盈利，则银行与创业者按约定比例分成；如果出现损失，则由银行负担，因创业者自身疏忽或错误情况除外。创业者对其经营实体有最终控制权，但是经营过程中的重大决定要由银行批准。

（3）股权投资。伊斯兰银行与创业者共同投资某一符合教义的实体项目，项目可有多个股东。如经营成功，利润按事先约定的比例分成；如遭受损失，则各股东按出资比例减值，因管理团队经营失误的除外。

（4）成本加销售费用。根据伊斯兰教义，伊斯兰银行不得直接贷款给消费者购买商品并收取利息。但伊斯兰银行可以购买商品转售给消费者，消费者需要支付商品购置成本和事先约定的销售费用，可以分期付款。由于伊斯兰银行不得催缴还款，一般情况下伊斯兰银行要求消费贷款方提供足够抵押品。

（5）租赁。伊斯兰银行与房屋、生产线或设备需求方共同出资购买相关资产，然后由需求方分期支付租金，购买伊斯兰银行拥有的权益，直至全部购买完毕，产权完全转移。

（6）伊斯兰债券。它通称苏库克，在阿拉伯语中指金融凭证，中文通常翻译成为伊斯兰债券，但实际上是一种资产证券化产品。伊斯兰教义禁止收取利息，伊斯兰债券代表了持有人对基础资产、使用权或其他权益的所有权。资金需求方（资产供应者）以资产未来现金流作为对资金供应方（债券持有者）的回报。伊斯兰债券的基础是资金供应方和资金需求方之间的协议。协议关系可以是资产买卖、租赁或是合股公司。

苏库克是一种兼有债券和股票特征的投资工具，其发行目的是为有形资产的生产和贸易活动融资。苏库克市场发展迅速，年均发行量由2011年的450亿美元增至2014年的1188亿美元，2021年发行的伊斯兰债券总额同比增长36.1%，达到2 523亿美元。① 苏库克市场规模迅速扩大，覆盖范围已经超出了传统伊斯兰教国家，向非伊斯兰教国家拓展。在全球范围内，中东地区的海合会国家是苏库克市场的第二大发行方，仅次于马来西亚。以2021年苏库克市场为例，全球发行总量前十中，海合会国家占据了其中五席。

在伊斯兰银行领域，中东是全球伊斯兰融资的中心地区。受益于石油需求推动的区域繁荣，海合会国家伊斯兰银行资产占据了全球伊斯兰银行资产的40%，迅速发展成了全球伊斯兰金融领域的领导者。② 伊斯兰银行业在中东各个国家的规模和范围不尽相同。就总资产而言，中东地区的伊斯兰银行资产均处于上升阶段。

沙特和科威特的银行拥有较大的资产规模和较大的客户存款基础，与中东和北非其他国家的银行相比，它们的股权非常高，更加稳定。享有较高经济自由度的巴林，是中东地区最自由的经济体。在海合会国家当中，巴林发展伊斯兰金融产业的时间较长，大量的伊斯兰金融机构集中于此，伊斯兰银行资产在其国内金融资产的比例越来越高，推动巴林迅速成了伊斯兰金融领域的佼佼者。巴林伊斯兰银行的平均资产规模和客户存款基础都相对较低，这是由于巴林有着数量众多的伊斯兰银行，竞争较为激烈。巴林的伊斯兰银行的总资产从1990年的不到70亿美元增长到2021年的346亿美元，业绩增长强劲，成长为该地区最大的伊斯兰金融与银行市场之一。③ 卡塔尔的伊斯兰银行发展相对较晚，但增长速度极快，总资产从1990年不到500万美元迅速增长至2020年1 217亿美元。④ 阿联酋是中东国家中经济增长率较高的国家之一，伊斯兰银行在其银行系统的资产中占有很大比例，

---

① https://www.zawya.com/mena/en/markets/story/Global_sukuk_issuance_hits_record_100bln_in_H1_2021_Refinitiv-ZAWYA20210718052824/.
② https://www.statista.com/statistics/649269/distribution-of-global-islamic-banking-assets-by-country/.
③ BAHRAIN Economic Development Board："Bahrain, a global Islamic finance pioneer"，https://www.bahrainedb.com/business-opportunities/financial-services/islamic-finance/.
④ Islamic Corporation For The Development Of The Private Sector："REFINITIV & ICD 2020 REPORT: Global Islamic Finance Assets Expected To Hit $3.69 Trillion In 2024"，Dec. 9, 2020, https://icd-ps.org/fr/news/refinitiv-icd-2020-report-global-islamic-finance-assets-expected-to-hit-369-trillion-in-2024.

增长速度远超传统银行。阿联酋的经营环境在中东处于领先水平,经济增长迅速,信贷需求强劲,伊斯兰银行资产保持10%以上的年均增长率。迪拜伊斯兰银行与阿布扎比伊斯兰银行是其境内规模最大的两家专门开展伊斯兰金融活动的银行,国内其他常规银行机构也均有设置提供伊斯兰金融服务的窗口。

（四）伊斯兰金融快速发展的原因

中东地区伊斯兰金融的快速发展得益于以下几个方面原因。

首先,中东地区经济的不断发展,可投资盈余增加,海合会国家的房地产市场蓬勃发展,推动了对符合伊斯兰教法的金融活动的需求。其次,伊斯兰银行在数次经济危机中的优异表现,提振了金融市场对于这一种新金融形式的信心。最后,自"9·11"事件以后,美国在全球范围内推动反恐行动,与中东日趋疏远,对来自中东的资金进行审查,这使得大量资金从美国银行和金融市场回流中东。海合会国家经济的持续发展催生了大量的基础设施投资,包括高速公路、石油化工项目在内的基础设施建设需要大量的符合伊斯兰教法原则的金融产品,这为伊斯兰金融活动提供了广阔的市场。伊斯兰银行较为保守的投融资风格在经济危机中凸显了其独特的安全性,这一方面提振了市场对其的信心,吸引了大量全球范围内大量的非穆斯林客户,另一方面强化了当地政府支持伊斯兰银行业发展的政治意愿。中东地区非海合会国家也迎来了大批新注册的伊斯兰银行,海合会国家的伊斯兰银行通过其子公司进行大规模的跨境扩张。

在中东地区,海合会国家的伊斯兰金融发展水平较高,而北非阿拉伯国家地区的伊斯兰金融发展水平相对较弱。这种发展差距主要受三个不同方面影响。

首先,各国金融发展基础不尽一致。总体上,金融市场发展水平越高的国家,金融监管制度相对更加成熟。海合会国家较为发达的金融业发展基础,为伊斯兰银行业的发展与监管提供了更为公平的环境,例如,其可以为伊斯兰银行提供单独的许可和监管要求,避免对伊斯兰银行的业务进行双重征税,允许伊斯兰银行直接参与贸易和直接投资等形式。

其次,各国政府推动伊斯兰金融发展的政治意愿强度不同。政府机构和政治制度积极转变的国家,比起对伊斯兰金融发展漠不关心的国家,更有可能积极支持伊斯兰金融业的发展。

最后,各国对伊斯兰金融的经济需求不同。经济需求是指个人与企业利用伊斯兰银行服务的意愿和能力。所以,受限于经济发展水平的差异,一国对伊斯兰银行的需求不应该简单地用穆斯林人口占该国总人口的比重来衡量。以中东和北非地区国家为例,每个国家的穆斯林人口比例都很高,但其利用伊斯兰银行服务的意愿与能力水平却不尽相同。

三、全球资本市场的劲旅:中东主权财富基金

主权财富基金(sovereign wealth funds,SWFs)是 21 世纪以来在国际金融领域兴起的新现象。全球第一个主权财富基金就是科威特投资局(KIA)创设的,因此中东被认为是主权财富基金的发源地,中东确实也因此孕育了一个举世瞩目的金融现象。

(一)中东主权财富基金的发展

中东地区的海湾国家率先以石油出口收入富余资金设立政府投资基金,活跃于全球金融市场,此后那些账户经常盈余充沛的主权国家纷纷仿效,主权财富基金队伍日益壮大。21 世纪之初,主权财富基金在全球兴起,成长速度令人惊叹。截至 2019 年年底,全球主要主权财富基金共计 89 个,规模已达到 7.9 亿美元。当前主权财富基金已是全球最重要的非传统投资资产,规模已经超过了全球对冲基金和私募基金的总和。更令人惊喜的是,发展中国家成为全球主权财富基金的领头羊。主权财富基金研究所(Sovereign Wealth Fund Institute,SWFI)统计的全球主权财富基金资产管理规模中,仅有约 20% 来自欧美发达国家,其余全部来源于发展中国家。[①]

中东主权财富基金凭借悠久历史底蕴和石油资源后盾,牢牢占据全球主权财富基金的重要位置,整体已经处于全球领先水平。2021 年,中东地区先后有 16 个国家设立了 25 个主权财富基金,其中 17 个以石油和天然气为

---

① 本著文中有关于主权财富基金(SWFs)的个数与规模的数据均来自主权财富基金研究所(SWFI)。具体参见 http://www.SWFInstitute.org/fund-rankings/。2021 年 12 月最后一次访问。

基础,总规模占全球主权财富基金的 40% 左右,在全球前十大主权财富基金中占据四席。中东主权财富基金与 GDP 比超 90%,是全球水平的 10 倍多,人均主权财富基金达到 4 944 美元,是全球水平的近 5 倍。①

中东地区的经济社会发展虽然仍处在转型阶段,但是通过创设并持续发展主权财富基金,在资源出口主导的经济模式中另辟蹊径,从国际贸易向国际金融领域进军,使该地区的金融软实力和国际话语权得到了快速提升,在国际金融体系中的地位今非昔比。中东主权财富基金具有悠久的历史,涉及国家众多,受到石油资源、国内政局、对外关系等因素影响,国别主权财富基金呈现梯队分布状态。

(二) 中东主权财富基金的界定

中东主权财富基金指的是由中东地区国家设立的主权财富基金。在地理上,对于中东概念起源的说法是 16 世纪至 17 世纪欧洲殖民者向东殖民时,把距离欧洲的地理位置按远近划分成了近东、中东、远东。中东是两洋三洲五海之地,其处在联系亚欧非三大洲,沟通大西洋和印度洋的枢纽地位,五海具体指里海、黑海、地中海、红海、阿拉伯海。中东大部分为西亚,但与西亚的区别是:一是不包括阿富汗;二是不包括地处外高加索的格鲁吉亚、亚美尼亚、阿塞拜疆;三是包括非洲国家埃及;四是包括了欧洲部分的土耳其。巴林、埃及、伊朗、伊拉克、以色列、约旦、科威特、黎巴嫩、阿曼、卡塔尔、沙特、叙利亚、阿联酋和也门,巴勒斯坦、马格里布国家(阿尔及利亚、利比亚、摩洛哥、突尼斯)以及南苏丹共和国和苏丹共和国、毛里塔尼亚和索马里,由于其历史文化原因一般认为属于中东国家。中东地区石油储量丰富,主要在集中在波斯湾及其沿岸。② 从国际经济角度出发,按照国际货币基金组织(IMF)的统计口径,一般将中东、北非、阿富汗和巴基斯坦作为整体进行分析研究,具体包括阿富汗、阿尔及利亚、巴林、吉布提、埃及、伊朗、伊拉克、约旦、科威特、黎巴嫩、利比亚、毛里塔尼亚、摩洛哥、阿曼、巴基斯坦、卡塔尔、沙特、苏丹、叙利亚、突尼斯、阿联酋、也门 22 个国家和地区。③ 本书主要

---

① 该数据系按照国际货币基金组织(IMF)公布的 GDP、人口等世界经济展望数据测算。
② 周敏:《中东地图》,中国地图出版社,2009 年第 1 版,第 3 页。
③ IMF:"World Economic Outlook Database", Oct. 2017, http://www.imf.org/external/pubs/ft/weo/2017/02/weodata/index.aspx.

从货币金融角度进行分析,如在书中没有特别说明,采用 IMF 对于中东地区统计口径,进行数据采集和分析。

(三)全球资本市场中的劲旅

作为新兴资本力量代表的中东主权财富基金成为全球金融市场的新角色。在国际金融危机风暴中,其主权财富基金的表现可谓是破浪前行,为持续发酵的美国次贷危机和欧洲主权债务危机注入亟需的流动性,俨然已经成为世界资本市场中独立的一极,对于国际金融体系的影响首次集中显化,产生了广泛而显著的影响。

中东主权财富基金标志着主权国家政府在现行的国际金融体系中有所作为,开辟了新兴经济体参与全球化的新途径。全球化进程中,国际贸易体系的形成首先强化了主权国家对于国民财富创造与分配的中心地位,国际金融体系的形成再度赋予主权国家对于国民财富保持与延续的全新使命。而现实是发达国家掌握了经济金融的主导权,奉行赤字财政、赤字贸易以及海外投资政策,向发展中国家进行债务融资;发展中国家迫于应对不确定的经济金融环境,采取出口导向发展模式和超额储蓄策略,在外汇储备不断扩大的形势下成为被动的国际债权人,全球失衡问题日益突出。一方面,发展中国家固有的自然资源和制造的廉价产品向发达国家输送,部分产业向发展中国家转移,发达国家形成产业空洞化、资产泡沫化和债务不可持续,国际金融危机随时可能发生;另一方面,发展中国家面临"资源诅咒""荷兰病""奇迹破灭"等困境,背上巨额外汇储备和本币外升内贬的包袱,在全球化中举步维艰。主权财富基金在这样一种全球失衡的背景中产生,从中东到亚洲,主权国家政府在长期积累的官方外汇储备基础上,设立运作主权财富基金加强国家财富管理成为一种潮流,以一种更为主动的姿态和更为积极的手段应对金融霸权下的全球失衡状态,体现了新兴经济体在全球化中加强国际金融治理的诉求。

主权财富基金与石油天然气资源分别代表金融与贸易,成为中东经济的"鸟"之两翼、"车"之两轮,继石油天然气资源发现后,中东主权财富基金通过参与国际金融体系,为该地区经济发展再一次注入后劲,在全球化中迎来转型机遇,产生广泛的国际政治经济影响。中东主权财富基金自诞生之日起,就肩负着国家诸多战略任务,在国际金融领域开疆拓土,不仅自身金融实力大幅增强,国际金融地位也随之显著提升。近年来,迪拜、多哈、阿布扎比和巴林等区域性国际金融中心崛起,标志着中东已经成为国际金融的重要一极。中东引领全球资本流动出现方向性变化,推动世界财富形成再分配态势,减少了中东国家对于西方国家的依附,在金融霸权、金融危机和经济失衡等的全球治理中产生积极作用。中东因其与生俱来的神秘感和地域宗教文化等因素,国际上产生了"主权财富基金威胁论",使主权财富基金成为国际金融监管的又一领域。应该说,中东地区的国家政治经济情况和宏观政策目标较为混杂,中东主权财富基金作为国家金融工具的实践也较为深入,积累了许多经验和教训,是主权国家参与国际金融体系的真实教科书,值得加以系统总结和运用。

四、中东金融体系的特点与面临的挑战

在全球金融体系中,中东金融由于发展历史较短,基础设施不成熟,资本市场不发达。总体而言,中东金融处于全球金融体系的边缘地位,其银行占据金融体系主要地位,竞争不充分是中东金融体系的总体特点。

从发展历史角度来看,中东地区金融部门历史较短,基础设施尚不成熟,对中东地区居民的生活渗透率较低。以现代银行为代表的现代金融部门在中东地区的发展历史不过百余年,而且普遍服务国家政府与国有大中型企业,与当地居民的联系不够密切。受限于中东地区独特的历史与文化传统,中东地区居民对于货币兑换所为代表的传统金融服务仍有较强的依赖性,这从中东地区传统金融机构的蓬勃发展中可见一斑。现代金融服务对于当地居民的可获得性依然存在较大发展空间。

从金融体系组成角度来看,传统伊斯兰金融排斥利息收入,受此影响,中东地区的保险、证券市场等起步时间晚,并长期处于休眠状态,发展严重滞后于经济水平,未能起到主要融资平台的作用。政府债券是该地区资本市场的主要投资对象。

从市场竞争角度来看,中东金融市场欠缺竞争。受限于殖民历史与公有化运动影响,中东地区国家自独立以来,银行被视作经济命脉,大量地被

收归国有，成为政府主要控制的融资渠道。不断加强的金融监管导致西方外资银行的发展受限，中东国家普遍实行外资比例限制、分支机构限制和就业本地化限制等。不过，虽然中东地区金融监管较为严格，但随着经济的发展和金融改革的推进，许多国家，特别是海湾国家，将金融业发展作为构架经济多元发展的国家战略，各类银行进入快速发展阶段。这使得海湾国家银行成了中东地区最具竞争力的银行集团，也是国际化水平程度最高的中东银行。国有银行又在其中占据了重要部分。这一类银行普遍青睐公共部门、国资企业等，而排斥对中小型私营部门进行融资。银行国有股比例高，对信贷流向、经营效率和抗风险能力产生重要影响，这进一步导致中东地区的私营部门获得银行信贷支持的难度加大。

受到中东地区独特的地缘政治特征影响，中东金融体系面临一系列挑战。

首先，中东国家的金融发展深受油气产业发展影响。对于海合会为主的石油出口国而言，石油价格波动直接影响其国家经济增长的稳定性。长期以来，海合会国家经济表现出高速增长与增幅波动并存的现象，能源价格波动是海合会国家经济波动的根源。能源价格高位运行期，海合会国家国际收支和财政状况显著改善，国内流动性增强，消费和投资信心指数上升，甚至引发了信贷和资产价格泡沫。相反，国际能源价格下滑，海合会国家经济周期逆转，财政盈余大幅收缩，非石油部门发展受到影响，信贷和资产价格泡沫破灭。油价暴跌会冲击其国家银行系统的流动性，动摇其金融体系发展的基础。这些石油出口国的房地产等非石油部门的发展都高度依赖其国家银行的投融资。石油收入直接影响银行系统的稳定发展，从而将风险传导至股票市场、房地产等其他部门。对于中东地区其他非产油国而言，其金融发展相当大程度受益于石油出口国的石油收入带动。而石油价格的波动容易受到复杂的地缘政治影响，这对中东金融体系的发展的稳健性造成了一定挑战。

其次，中东国家储蓄率极高，过多的储蓄并没有全部转化为投资。2013—2020 年，IMF 的数据显示，卡塔尔、沙特等中东石油出口国的储蓄率长期位居全球前十。海合会国家拥有长期的财政和外部盈余，这意味着国债需求不强，国债市场发展缓慢。海合会国家经济结构单一，也阻碍了其他固定收益市场的发展。此外，抵押贷款市场发展滞后，基础设施融资和中小企业融资也面临困难。

最后，风险过度聚集。由于缺乏发达的资本市场，中东各国普遍将房地产作为投资品和银行系统抵押品。为促进经济增长，特别是实现多元化发展，各国大量增加公共项目投资，带来了短期内投资过热的可能性，以及中期低回报率和产能过剩的风险。2008年国际金融危机前，海合会国家普遍出现房地产市场过热及产能过剩的现象。资本市场高度集中于部分板块，导致系统性风险不断累积。

总体而言，中东金融发展尚未能有效发挥其对中东地区经济增长的刺激作用，更加彻底的金融体系结构性改革迫在眉睫，要实现金融和经济绩效的提升，需通过不断完善和健全金融基础设施，提升其对中东经济发展的作用。

第二节 中东金融国际化

处于全球金融市场边缘的中东金融，其国际化发展却是独树一帜的。伴随金融全球化进程及随之而来的巨额石油美元积累，中东地区的金融面貌发生了根本性改变。以国际投资银行、主权财富基金、伊斯兰金融等兴起为标志，中东形成以国际化发展为主要特征的独特金融版图，在全球市场占有举足轻重的地位。这一新兴市场的金融力量推动地区与全球金融体系的变迁，成为当今中东与世界沟通合作并进一步融入全球的重要路径，也为中国与中东构建新时代的合作关系提供了机遇。[①]

一、中东金融国际化的表现

"金融国际化"主要体现在一国金融市场的对外开放和金融资本的跨境流动的程度上。具体而言，这种国际化通常表现为经济全球化进程中一国金融机构、金融业务与金融市场的向外扩展与国际合作。中东金融部门的出现时间虽然相对较晚，但其国际化的步伐却令人瞩目。20世纪70年代

---

① 杨力、梁庆：《中东金融国际化对中国的机遇与挑战》，载《国际观察》，2019年第1期。

起,伴随全球化进程,中东凭借其得天独厚的自然资源禀赋,积累了庞大的石油美元储备,为地区金融的国际化发展创造了基础。经过50多年的发展,中东各国相继建立起了较为完整的金融体系,国际金融机构渐成规模,跨境投资日趋活跃,多个较为成熟的国际金融中心先后崛起。

（一）金融机构国际化

金融机构的现代化与国际化齐头并进,是中东地区金融发展的显著特征。20世纪20年代以前,中东地区的商业银行主要由西方投资者控制,外国银行控制地区金融资本,客观上也使中东在金融发展初期吸收了西方银行的经营架构与管理理念。时至今日,外资银行在中东金融体系中仍占较高比重,尤其是海合会国家的外资银行,在数量与规模上均占主导地位。这既与中东金融发育早期国内政治经济被西方国家控制有关,也与海湾国家金融监管相对宽松、外资进入壁垒较低有关。目前,海合会国家外资银行的资产规模高达地区银行体系资产总额的一半左右。其中,巴林的外资银行占比最大,在该国103家银行中,57家为外资银行,资产规模约占该国银行总资产的74%;埃及、阿联酋等国的外资银行数量与所持资产规模也较高(图1-5)。

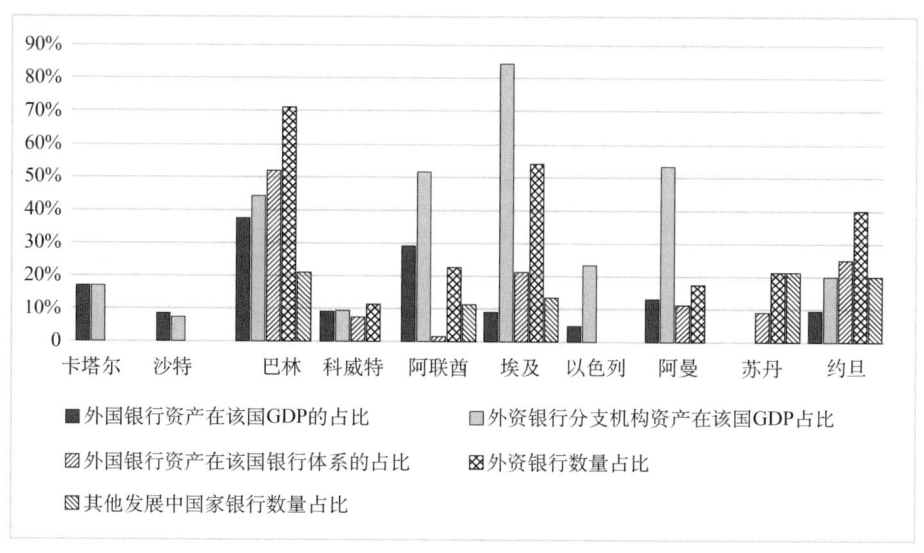

图1-5 中东部分国家银行体系的外资成分

资料来源:根据世界银行及各国中央银行数据整理。

另外，中东地区全球主权财富基金自发起之初就具有显著的国际化色彩。以最早的由科威特投资局创设的全球主权财富基金为例，1953年创设时即选址英国伦敦建立其投资委员会。迄今为止，中东已经成为全球资本市场具有相当影响力的重要参与者。

（二）金融业务国际化

受益于全球化进程中的巨额储备积累，中东资本以国际投资银行、主权财富基金为主体，积极向外拓展业务，跨国并购活跃，投资规模与产业领域不断扩大。尤其是2008年全球金融危机后，中东全球主权财富基金跨境投资步伐加快，海外并购积极主动且规模庞大，投资组合也日趋分散及多样化。在产业布局上，中东全球主权财富基金所持风险资产占比有所扩大，业务范围涉及全球市场的化工、地产、食品、电信、金融服务等众多领域。在地区分布上，中东全球主权财富基金的投资地域由传统发达国家市场拓展至亚洲等新兴市场国家。主要中东国家银行在跨境投资程度上都较为活跃[①]（表1-3）。借助石油美元蓬勃之力，中东伊斯兰金融亦不再局限于满足传统穆斯林客户的范围，业务拓展更加活跃，与传统金融竞合发展。

表1-3　中东部分国家银行跨境投资活跃程度

国家	外国负债率	发展中国家负债率	分支机构设立的国家数（个）
巴林	27.4%	17.3%	6
科威特	10.4%	7.7%	8
阿联酋	0.4%	0.4%	7
卡塔尔	1.1%	0	5
沙特	0.04%	0.04%	3
以色列	10.8%	0.2%	6
埃及	1.7%	0.8%	4

资料来源：根据2021年世界银行及各国中央银行等相关数据整理。

[①] World Bank Group, Global Financial Development Report："Bankers without Borders", World Bank Publications, 2018, p.1-159。

(三) 金融市场国际化

中东金融市场的开放程度也在逐步提高。基于金融强国的发展战略，中东地区积极推动国际金融中心建设。目前，巴林已经建设成为全球著名的国际金融离岸中心。迪拜国际金融中心在基础设施建设、资产透明度管理及金融监管方面均达到了较高的国际化程度，成为中东的金融枢纽。卡塔尔多哈金融中心在金融服务上表现抢眼，在保险与再保险业务、资产管理服务等领域上的成绩令人瞩目。阿布扎比国际金融中心近年也发展成为充满活力的金融服务中心。根据2018年9月英国商业智库发布的第24期全球金融中心指数（global financial centers index，GFCI）排名，迪拜、阿布扎比和多哈金融中心与上期相比取得明显进步，营商环境、人力资本、基础设施、金融发展及声誉等竞争力表现均获改善，在联结度、多元化服务及专业性方面都有所发展。[1]

二、中东金融国际化发展的特征

基于资源禀赋上的比较优势，中东地区结合自身实际大胆创新，利用金融全球化与国际市场机会实现优势转换、优化资产配置。中东主要国家在国家经济发展进程中，都将金融成长与战略愿景相结合，探索油气资产向金融资本与综合竞争力的转化，在金融的国际化道路上形成了独具特色的地区风貌。

（一）呈现公私部门二元并立、分工明确的基本格局

石油美元创造的资本流入给以海湾国家为核心的中东地区金融发展创造了条件。但是，受限于各类有形及无形的壁垒，中东地区私营部门国际投资的总体参与度不高，海外投资多由主权货币管理当局实施，且投资金额巨大。因此，中东金融业在公共与私人部门之间形成国际与国内投资的相对分工，总体而言，在对外金融扩张步伐上公共部门远超私人部门，形成明显的二元格局。在国内层面，由于国有成分占主导，私营部门在资本供给与获取上均门槛甚高、占比甚微，金融服务不足，资源配置功能不强，居民

---

[1] Z/Yen Group: "The Global Financial Centres Index 24", Sep. 2018, Long Finance, https://www.longfinance.net/media/documents/GFCI_24_final_Report.pdf。

的金融普惠程度不高。中东主要产油国自 2008 年以来的经济增长率为 -3% 至 -6%,总体失业率超过 10%,[①]金融体量扩张与实体经济不振构成矛盾,金融发展对国内经济增长的作用有待深化。但在全球层面,中东金融的国际化拓展则颇有建树且方兴未艾。这一方面得益于中东国家油气出口创造的大量外汇储备,另一方面也与其特殊的金融发展进程与相应的政府战略导向有关。鉴于对油气资源枯竭的担忧,中东国家较早就认识到借助石油资本提升金融实力、实现财富代际分享、提高国家经济抗风险能力的意义。通过设立主权财富基金,中东国家广纳全球资产管理专业人才,在全球范围内配置资源,寻求储备资产的保值增值。

(二)承接国家战略愿景,是实现国家战略目标的重要手段

中东金融产业的国际化与国家发展战略愿景相辅相成。由于中东地区国家大多对地下资源依赖度极高,产业结构单一、国内经济脆弱,其发展长期受制于国际大宗商品市场的供求影响。油气价格波动的困扰以及资源枯竭的潜在风险,使中东国家迫切希望推动经济转型、实现可持续增长。因此,中东地区尤其是海湾国家的发展战略,十分强调石油经济与金融经济的结合,将金融国际化与化解"资源诅咒"的关键问题紧密联系。综观中东各国的国家战略愿景,不论是发展多元经济,或是提升国际竞争力,无一不以金融发展为重要支柱,以推进金融国际化为重要目标。例如,沙特在国家发展的 2030 年愿景中,表达了积极融入全球金融体系的意愿,并提出进一步调动国内外资本、增加对外直接投资、明确关键绩效的倡议,在主权财富基金的资产管理上,确立了增强全球主权财富基金资产透明度、加强对战略性行业投资力度的发展目标,同时明确提出将公共投资基金(public investment fund, PIF)的资产总额从 1 600 亿美元提升至 18 667 亿美元;科威特的 2035 年远景规划中指出,要减少石油依赖、推动经济多元化发展,将科威特建设成为区域贸易金融中心;阿布扎比的 2030 年经济愿景提出将非石油部门占 GDP 的比重提高至 60%,建设可持续发展、多样化、面向全球的开放经济。在实践中,中东国家以金融为工具,重视资本的国际化运作,积极向外

[①] 根据国际货币基金组织(IMF)的世界经济展望数据测算。

拓展业务,持续加大海外并购力度,将自然资源收入转化为多样化的资产配置组合。通过在全球范围大规模的金融资产投资,中东国家将生产要素与资本要素相结合,推动经济多元发展,为实现可持续增长的战略目标提供实质支持。①

（三）伊斯兰金融与世俗金融相互补充、竞合发展

伊斯兰金融与世俗金融并存,是中东地区金融发展的显著特点。伊斯兰金融秉持禁收利息、稳健投资、收益分享和风险共担等基本原则,将宗教理念、伦理规范与金融业务相结合,建立了独特的金融模式。在中东金融的国际化发展进程中,伊斯兰金融与世俗金融形成既竞争又合作的关系。一方面,中东各国鼓励穆斯林民众通过伊斯兰金融系统,利用资本市场的金融工具参与投资,也允许世俗银行基于现有的基础设施开展伊斯兰金融业务,丰富金融产品与服务。另一方面,伴随经济全球化进程,伊斯兰金融也不再局限在本国及本地区内的发展,而是积极与各国开展金融合作,业务范围触及全球主要市场。近年,中东伊斯兰金融产品不断创新,资本跨境流动活跃。同时,体量庞大的中东金融资本也吸引着全球投资者的目光,伊斯兰金融与国际金融市场合作加深。不仅马来西亚等伊斯兰国家主动吸引中东地区的伊斯兰资本流入,英国伦敦、中国香港地区等传统国际金融中心也看到潜在的市场机会,寻求开拓伊斯兰金融资产管理服务市场。2014年,英国成为首个发行伊斯兰主权债券的非伊斯兰国家。同年,日本的三菱东京日联、瑞穗和三井住友三大金融财团也宣布开启伊斯兰金融业务。中国香港地区已经推出了伊斯兰业务窗口和针对个人投资者的伊斯兰基金,并积极推动伊斯兰债券的发行。伊斯兰金融在与世俗金融的合作竞争中日益融入全球体系,成为国际资本市场上一支活跃的新兴力量。

（四）发挥全球金融投资中心功能,不断优化资产布局

伴随金融全球化进程,伊斯兰金融跨越地理和宗教疆域,开始走上国际化道路。伊斯兰金融业已经形成以中东和东南亚为中心的多层次体系,辐射全球75个国家和地区。全球共建立伊斯兰银行200多家,并渐次发展了

---

① Arab Times: "Vision for 2035", Mar. 20, 2018, http://www.arabtimesonline.com/news/vision-for-2035/.

100多家国际投资银行、保险公司与资产管理公司等金融机构,其中相当部分来自中东地区,管理资产规模以年均30%的速度增长。[①]

长期以来,中东地区油气出口积累的石油金融资本,大量回流投资美欧发达市场。但近年,在主要发达国家保护主义抬头、对主权资本跨境流动疑虑加深、投资监管趋紧、市场准入门槛提高的背景下,中东金融机构逐渐开始调整投资偏好与资产布局。中东全球主权财富基金对经济合作与发展组织(Organisation for Economic Co-operation and Development,OECD)国家投资规模出现下调趋势,对非经合组织国家的投资小幅增加。在金融领域,主要中东国家纷纷采取"向东看"的投资策略,寻求在经济前景可期的亚洲等地资本市场的投资机会,与中国、印度等新兴经济体加强金融合作。在资产配置方面,中东金融投资愈加分散多元,从传统固定收益领域拓展至多领域的另类资产组合,同时积极参与国际能源与基础设施建设投资。

三、中东金融国际化为中国与中东金融合作创造机遇

蓬勃的国际化发展是中东金融最为突出的特征之一,也是中东地区与各国开展经济合作的重要切入点。以持续油气出口取得的金融资本为基础,中东地区积极寻找跨境投资机会,深度融入全球化进程,也为中国与中东加强国际金融合作创造了多方面的合作机遇。

1. 中东地区以金融国际化融入全球市场,为各国与中东深化合作提供普遍性机遇

为实现"地下"资源向"地面"资本的转换,打破本国经济对资源产业的绝对依赖,中东国家选择以金融国际化为基本路径,谋求经济健康多元发展。中东各国制定的国家发展规划中,都体现了这种以合作开放实现经济可持续发展的战略憧憬。作为主要国家战略愿景的关键性支柱,金融领域的全球化是中东对地区经济结构调整的规划设计与建设目标。同时,中东以金融促发展的国家经济转型战略需要地区及世界其他主要金融力量的支

[①] Hani El and Nashwa Shaker Ragab:"Financial Resistance of Islamic Banks in Middle East Region: A Comparative Study with Conventional Banks during the Arab Crises", International Journal of Economics and Finance, Issues 8, Vol. 3, 2018, p. 207.

持,为加深区域与国际经济合作提供现实可能。以石油美元为纽带,以主权财富基金、伊斯兰银行等国际金融机构为代表,中东地区积极融入金融全球化进程,在国际市场进行多元投资,不断拓宽石油美元投资渠道。地区跨境资本流动频繁、海外并购主动活跃、全球金融市场参与度提高,中东地区与各国发展金融合作的意愿上升。此外,中东各国政府也致力扩大金融市场的开放程度,不断完善金融基础设施建设,打造国际金融中心。通过打造金融核心竞争力,中东国家引导金融资本为实体经济发展提供支持,并创造更多就业机会。中东地区金融已经从全球金融体系的边缘角色上升至国际金融体系不可或缺的组成部分,成为世界金融价值链上的重要环节,是推动全球金融发展的重要力量。目前,海合会国家在金融市场的投资专业化、监管国际化与管理法制化等建设上处于新兴市场前列。中东地区开放的金融市场与建设全球金融中心的努力,为世界各国与中东深化经济合作提供重要契机,也为中国与中东的金融合作提供普遍性的合作机遇。

2. 中东金融"向东看",为彼此合作提供战略性机遇

中东的金融国际化受益于经济全球化进程,也需要稳定的地区与世界秩序。但是,西方国家的单边主义政策导致中东地区常年处于动荡局面之中,对中东国家经济发展产生不利影响。为平衡并建立新的地区稳定格局,加强与亚洲新兴市场国家的合作成为中东国家对抗政治压力的一项战略选择。一方面,西方国家强调自身绝对利益优先的政策导向,在全球公共产品供应上采取收缩措施,在地区政治实质问题上与其传统中东盟友分歧加剧,双方信任关系发生微妙变化;另一方面,西方国家能源革命及战略重心的转移,也使中东国家产生平衡地区格局,向其他新兴大国力量倾斜的政治经济倾向。在外交领域,中东国家开始调整政策倾向,采取以"向东看"为主要内容的"大国平衡"策略。在金融领域,中东也开始转变投资偏好,主动邀请包括中国在内的其他大国参与中东金融合作,为新兴市场国家间开展经济合作创造了广阔的空间,也为中国进入中东金融领域提供了战略性合作机遇。

当前,多数中东国家对继续推动全球化进程及开展区域经济合作持积极态度,它们日益意识到地区经济发展需要在国际舞台上与更多经济体建立合作,实现互惠共赢。尤其在当前以美欧为首的主要发达国家内部分歧

加剧、贸易保护主义思潮抬头、政治经济政策不确定性增强、国际治理格局变动的大背景下，中东和以中国为代表的新兴市场国家，在利益诉求上存在相对更高的一致性。传统上，中东国际金融机构偏好成熟的美欧资本市场，巨额石油美元通过海外投资回流发达国家。然而，2008年全球金融危机后，中东金融资本开始更多地将目光投向亚洲新兴经济体，积极寻求进入中国等新兴市场的金融投资机会，与新兴大国合作意愿上升。深化与新兴市场国家的金融合作，本质上是中东地区外交政策调整的逻辑结果。中东国家"向东看"的政策调整，为中国与中东加深经济金融合作创造了难得的机遇。尤其是在中国"一带一路"倡议的共建中，双方在发展战略对接、融资平台共建、国际产能合作、基础设施共投等领域均存在合作空间，区域金融合作迎来重要机遇。

3. 中东金融发展要求变革治理秩序、共建监管规则，为合作提供技术性机遇

中东金融国际化发展客观上要求开放透明的国际投资环境。在西方主导的全球金融治理体系下，中东国家在发展金融及参与全球化进程中屡遇投资保护壁垒。主要承担中东国家金融国际化使命的中东主权财富基金因投资金额大、涉及地域广及特殊的政府资金背景，最先引发国际社会"主权财富基金威胁论"等政治争议，并滋生了外资安全审查及监管透明度等问题。随着金融实力的提升，中东国家对国际金融监管话语权与影响力的要求更加迫切，渴望从监管对象转变为监管的合作者，改变传统由发达国家完全主导全球金融规则的局面。中东对国际金融治理体系变革与监管规则共建的要求，为中国与中东开展金融合作提供了机遇。从全球来看，西方大国主导共商全球经济的传统治理模式陷入困境。在全球经济失衡发展的背景下，国家间宏观经济金融政策的协调难度加大，协调有效性成为国际治理的关键问题。一方面，西方大国霸权实力相对衰弱，作为第二次世界大战后国际公共产品的主要供应者，其承担国际责任的能力与意愿均有所下降；另一方面，新兴经济体自20世纪90年代以来迅速崛起，已经成为国际经济舞台中不容忽视的重要力量，参与全球经济治理变革的能力与意愿增强。特别是中国作为新兴经济体的代表，在全球经济格局中的重要性增强，在国际经

济协调中的作用也愈加受到重视。由一国或少数大国独自掌握制定全球经济金融规则的传统治理模式,显然无法适应全球格局的变化需求,也不利于中东金融国际化战略目标的顺利实施。在全球治理体系亟需变革之际,中国正在以负责任的大国形象积极参与国际经济金融秩序重建,回应国际社会对中国的期待。中国的"一带一路"倡议以打造政治互信、经济融合、文化包容的利益共同体、责任共同体和命运共同体为宗旨,排除民族宗教歧视,不设国别限制,鼓励各方积极参与和融入,顺应了中东金融国际化对金融治理平等包容的变革诉求。在中东以金融国际化推动经济转型的国家发展战略下,中国与中东在变革全球经济治理及推动金融投资全球化上存在利益趋同与合作空间。

4. 中东与中国发展战略契合,比较优势互补,为合作提供意向性机遇

实现国家经济的可持续增长是中东地区国家的根本战略目标。中国经济的崛起与国家实力的上升,客观上对中东地区产生强大的吸引力。中东国家也逐渐认识到中国在全球经济金融治理中的角色,欢迎中国在全球与地区事务中发挥更大作用。在地区格局复杂动荡的背景下,中东对与中国开展经济合作的期待也有所提升。中国共建"一带一路"倡议聚焦发展问题,与中东国家战略愿景契合,与其向东发展需求适应,与中东金融国际化发展目标一致。尤其是中国在国际经济金融合作中始终立足于平等、务实、互利,支持各国自主探索经济发展道路。区别于以往的国际经济合作方式,"一带一路"倡议下的合作是全方位的务实合作,强调包容共赢,秉持和平合作、开放包容、互学互鉴、互利共赢的理念,以共商、共建、共享为原则,致力推进政策沟通、设施联通、贸易畅通、资金融通和民心相通。在与中东国家的交往中,中国也走出了一条特色外交之路,重视与"一带一路"共建国家的战略对接,以发展看合作,以协作促发展,倡导多元开放的区域经济合作。中国提出的加强政策沟通协调、消除贸易投资壁垒、实现基础设施互联互通、创新金融领域公共产品供给、构建多边多元融资机制的建议方案,与中东金融国际化的实际需求吻合。

此外,中东地区经济结构与中国互补性强,中国产业发展依赖油气资源,作为全球最大的石油消费与进口国,中国视中东地区为获取能源的关键

通道。而中国稳定的能源进口需求，也保障了中东金融国际化的资金基础，为中东各国将自然资源向金融资本的转化提供支持。同时，中国的经济实力、产业升级、资本市场发展，以及共建"一带一路"框架下的基础设施建设、国际产能合作等，也为中东金融资本的跨境投资与向外拓展提供了合作的产业领域与市场空间。中国与中东的经济关系已经从传统能源贸易领域，拓展至金融投资等多领域，双方合作存在巨大潜力和发展空间。

四、对中国与中东开展国际金融合作的思考

全球化进程中的中东金融国际化发展，既是其维护民族及国家利益的行动所在，又对国际治理体系变革形成推动力量。同时，中东金融国际化进程的加深也为中国与中东地区提供了开展金融合作的机遇，双方在金融领域进一步加深合作，有助于全球金融治理变革与国际投资环境的改善。总体而言，中国与中东的金融合作可以考虑以下几方面的建设重点。

1. 重视国际金融合作与国家发展战略的对接，让国际金融合作成为国家发展战略的一项主要内容

国家发展战略对接是实现区域经济合作的必要基础和实施保障。中国与中东在发展战略上存在共同利益，容易找到合作的契合点。在安全层面上，双方对维护地区秩序稳定有共同要求；在政治层面上，双方对改善全球治理与规避西方霸权约束存在一致诉求；在经济层面上，双方在完善国际投资环境、推动市场开放、促进可持续增长方面，存在利益交集。在中东各国以金融国际化助推经济结构调整的发展机遇下，中国与中东加深国际合作存在有利的战略时机。中国应重视中东国家金融国际化发展的战略需求，加强双方在国家经济发展战略上的对接，寻求多领域的合作机会，建立全面金融合作框架。中东主要国家的战略愿景与中国的国家发展战略以及共建"一带一路"倡议，都致力于实现经济的可持续发展，重视资源合理配置对国家发展的重要意义，存在对接可能。未来，中国与中东各国的国际合作，应在相互尊重各自发展道路的基础上，以区域金融合作为推手，以政策协调为关键，充分发挥金融资本的桥梁与纽带作用，形成密切联系、共商共建、互利共赢的利益共同体。双方应加强国家重大发展战略规划与宏观经济金融政

策上的沟通交流与协调,建立多层级的定期对话机制,推动国家战略与金融政策的对接与融合。中东与中国在能源、投资、产能合作及基建融资平台上的金融合作存在巨大的发展空间。在政策实践上,应充分挖掘区域金融合作潜力,双向开放市场,引导金融资本有效配置,发挥双方在资本市场与金融基础设施建设上的比较优势,实现资源共享与优势互补。

2. 促进国际金融合作与国际产能合作的互动,以金融合作支持产能合作,以产能合作巩固金融合作

中东是共建"一带一路"的重要地区,中东各国的参与是共建"一带一路"的关键。在以资金融通、设施联通为重点目标的共建"一带一路"倡议下,中国与中东国家间的区域金融合作有助于切实推动建设方案的落实。双方应该以金融合作促进产业合作,共建亚投行、新开发银行和丝路基金等基础建设融资平台,加大在产能、基础设施建设、贸易本币结算等方面的合作。双方在金融领域的合作,既有利于提升新兴市场国家在全球经济治理与规则制定中的话语权,打造更加公平普惠的世界经济新秩序,也有利于中国与中东各国经济发展战略和投资规划的顺利落实。特别是作为共建"一带一路"倡议的一项重要内容,国际产能合作是中国与中东产油国家开展切实合作的抓手,符合区域经济共同利益。在共建"一带一路"倡议下,适当引导来自中东地区的主权财富基金等金融资本向产能合作、基础设施建设投资领域倾斜,以金融合作推动区域设施联通,将金融合作与产业合作相联系,实现惠及民生的有效合作,是中国与中东金融合作的重要方向。中国已经宣布成立"中国—阿拉伯国家银行联合体",并配备 30 亿美元的合作专项资金,主要支持双方在共建"一带一路"倡议下的产能合作与互通互联。未来,双方可以进一步促进金融机构与国际金融中心间的业务合作,共建多层次国际金融合作平台,建设区域金融支持体系,为共建"一带一路"倡议下的国际产能合作与基础设施互通互联提供金融服务。此外,双方可以积极探索新型合作路径,推进投融资模式创新,建立产能合作金融平台,探索共同基金,以更好地支持合作项目的投资需求。

3. 加强金融治理规则的监管合作,扩大双方在全球金融治理中的影响力

第二次世界大战以来建立的以美元霸权为特征的国际货币体系存在先

天缺陷,对全球金融安全与稳定存在潜在威胁。同时,国际货币基金组织等传统国际金融组织革新步履迟缓、作用式微,国家间协调机制代表性不足,尤其是不能反映新兴市场国家诉求,客观上要求全球金融治理机制的有效变革,通过加强各国在全球层面上的金融监管协调,对话协商解决国际金融问题,促进国际金融合作。中国和中东在《圣地亚哥原则》的制定和主权财富基金国际论坛(International Forum of Sovereign Wealth Funds,IFSWF)的建设过程中实现了从配合参与到主导推动的角色转变,代表新兴市场国家迈出了监管合作的重要步伐。但是,主权财富基金国际论坛目前仍旧属于约束力和执行力不强的自愿组织,尚未对新兴市场国家的国际化发展形成真正有效的机制支撑。中国可以与中东国家继续共同努力,加强金融监管与金融规则合作,携手参与全球金融监管的议程设置,代表新兴市场国家与发展中国家提出合理诉求,实现金融治理规则的共建共享。作为主权财富基金国际论坛的重要成员之一,中国还应与中东共同深化国际监管对话机制建设,探索建立多领域的双边或多边对话机制和平台。一方面,在现行全球治理框架下与发达国家展开投资金融监管的协调博弈,建立完善新兴市场国家与发达国家金融治理的双向对话平台,同时将发展问题列为全球金融治理的重点议题,增加凸显发展元素的金融监管议题;另一方面,中国还可以与中东各国继续探索新型资本监管与金融治理模式,推动议题设置、利益分配向有利于新兴市场国家的方向倾斜。

第二章
中国与中东的金融合作

近年来中国与中东地区国家开展了不同程度的金融合作,在金融机构合作共建、联合开展金融合作业务等领域已经取得一定成果并积累了宝贵经验,这些为中国与中东地区进一步深化金融合作提供了坚实基础。同时,中国—阿拉伯国家银行联合体的运行实践,尝试推动中国与中东地区国家金融合作向纵深发展。

第一节　中国与中东国家金融机构的合作

一、中国与中东国家银行互设分支机构

1999年,中东国家银行瞄准中国市场,如埃及国民银行股份有限公司、土耳其担保银行、摩洛哥外贸银行股份有限公司等,率先在中国开设代表处。此后,科威特、卡塔尔、阿联酋、沙特、约旦等中东国家银行,陆续在中国开设分行或设立在华代表处。在华开设分支机构的这些中东国家银行的资质普遍较好,例如,科威特国民银行在2014年就被环球金融杂志评为年度阿拉伯地区最安全的商业银行,而且是唯一一家连续9年入选全球50家最安全商业银行的阿拉伯银行。科威特国民银行也是中东地区在穆迪、惠誉和标准普尔等三大国际评级机构中评级最高的银行。

其中,部分在中国设立在华代表处的中东国家银行,又陆续将在华代表处升级为在华分行。由在华代表处升级为在华分行的意义重大,代表处主要业务为联络沟通以及为母公司提供信息,而分行在我国可获得的外汇业务有:①吸收公众存款;②发放短期、中期和长期贷款;③办理票据承兑与贴现;④买卖政府债券、金融债券,买卖股票以外的其他外币有价证券;⑤提供信用证服务及担保;⑥办理国内外结算;⑦买卖、代理买卖外汇;⑧代理保险;⑨从事同业拆借;⑩提供保管箱服务;⑪提供资信调查和咨询服务;⑫经中国银行业监督管理委员会批准的其他业务。① 中东国家银行在华开设分支机构情况如表 2-1 所示。

表 2-1 中东国家银行在华开设分支机构情况

国家	银行名称	在华机构
埃及	埃及国民银行股份有限公司 National Bank of Egypt	1999 年设立上海代表处 2008 年 2 月开设上海分行
土耳其	土耳其担保银行 Garanti Bank	1999 年 1 月设立上海代表处
摩洛哥	摩洛哥外贸银行股份有限公司 Banque Marocaine du Commerce Exterieur Holding Company Limited	1999 年 5 月设立北京代表处 2019 年 1 月开设上海分行
科威特	科威特国民银行股份有限公司上海分行 National Bank of Kuwait, S. A. K. P.	2005 年 1 月设立上海代表处 2017 年 3 月开设上海分行
卡塔尔	卡塔尔多哈银行有限公司 Doha Bank Q. P. S. C.	2007 年 7 月设立上海代表处
卡塔尔	卡塔尔国民银行公共有限公司 Qatar National Bank S. A. Q.	2012 年 12 月设立上海代表处
阿联酋	阿联酋联合国民银行公开合股公司 Union National Bank P. J. S. C.	2008 年 2 月设立上海代表处 2017 年 5 月开设上海分行
阿联酋	阿联酋国民银行公开合股公司 Emirates NBD Bank P. J. S. C.	2012 年 3 月设立北京代表处

---

① 《上海银监局关于科威特国民银行股份有限公司上海分行开业的批复》,沪银监复〔2016〕495 号。
《上海银监局关于阿联酋联合国民银行公开合股公司上海分行开业的批复》,沪银监复〔2017〕84 号。2018 年 3 月,中国银行业监督管理委员会撤销。

（续表）

国家	银行名称	在华机构
阿联酋	阿联酋阿布扎比第一银行上市股份公司 First Abu Dhabi Bank P. J. S. C.	2012年5月设立上海代表处 2021年9月开设上海分行
沙特	沙特阿拉伯国家商业银行股份有限公司 National Commercial Bank, Saudi Arabia, J. S. C.	2013年5月设立上海代表处
约旦	约旦阿拉伯银行公众有限公司 Arab Bank plc, Jordan	2019年7月开设上海分行

数据来源：中央人民银行、银保监会、商务部等网站。

同时，中国的商业银行在中东地区陆续设立分支机构。中国银行于2004年7月率先在巴林设立代表处，这是最早在中东地区设立分支机构的中国的银行，中国银行也成为首家在中东地区投资的中资银行。此后，中资银行陆续在中东地区设立地区分行或者地区分公司，这些机构在当地经营状况良好。以2015年6月营业的位于沙特的中国工商银行利雅得分行为例，该行在沙特获得了全功能银行牌照，可以在沙特全面开展商业银行业务，其中包括金融、零售金融、资产管理等。该银行以在沙特的中资企业为主要对公业务对象，为其提供存款、结算、授信、保函等业务服务。至2016年12月，中国工商银行利雅得分行总资产达13亿美元，累计投放贷款金额32亿美元，实现营业收入881万美元，拨备前利润317万美元，净利润180万美元。[①] 中资银行在中东国家开设分支机构情况如表2-2所示。

表2-2 中资银行在中东国家开设分支机构情况

国家	银行名称	在当地机构	开设日期
巴林	中国银行	中国银行巴林代表处	2004年7月
卡塔尔	中国工商银行	中国工商银行多哈分行	2008年10月
阿联酋	中国工商银行	中国工商银行中东有限公司（工银中东）	2008年10月
		中国工商银行阿布扎比分行	2009年12月
		中国工商银行迪拜国际金融中心分行（与原工银中东并行运营）	2013年11月

① 《中资金融机构在沙特业务发展机遇及挑战浅析》，https://mp.weixin.qq.com/s/21iEhi8gP0eXj8-GavM_tw，2017年11月1日。

(续表)

国家	银行名称	在当地机构	开设日期
阿联酋	中国银行	中国银行迪拜代表处	2010年3月
		中国银行中东(迪拜)有限公司	2012年12月
		中国银行阿布扎比分行	2014年10月
		中国银行迪拜分行	2015年11月
	中国农业银行	中国农业银行迪拜国际金融中心分行	2013年3月
		中国农业银行迪拜分行	2017年5月
	中国建设银行	中国建设银行(迪拜)有限公司	2013年5月
		中国建设银行迪拜国际金融中心分行①	2015年11月
科威特	中国工商银行	中国工商银行科威特分行	2014年9月
沙特	中国工商银行	中国工商银行利雅得分行	2015年6月
土耳其	中国工商银行	中国工商银行(土耳其)股份有限公司	2015年11月

数据来源：根据各大中资银行网站信息整理。

二、双边银行业监管合作关系的建立

中东国家中阿联酋、卡塔尔、巴林等国金融市场比较发达，如阿联酋和卡塔尔建立了金融自由区，并拥有独立的监管体系。中国银监会与土耳其、阿联酋、卡塔尔、巴林、科威特和以色列等国银行业监管机构分别签署了谅解备忘录(Memorandum of Understanding，MOU)。

(一) 中东国家银行业监管体系

中东国家的银行业监管存在不同体系，以银行业较发达的海合会国家为例来阐述。

阿联酋设有两套监管体系：一是传统监管体系，由阿联酋中央银行负责制定并实施货币、信贷和银行政策，支持国民经济发展和维持币值稳定；二是迪拜国际金融中心监管体系，在迪拜中心区域的金融机构由迪拜金融服务局负责其市场准入及监管工作。除迪拜以外的阿联酋其他地区的金融机

---

① 该分行承接了中国建设银行(迪拜)有限公司全部业务。

构,由阿联酋中央银行负责监管。

沙特银行业的监管机构是沙特货币管理局,负责制定并实施货币、信贷和银行政策,支持国民经济发展和维持币值稳定。

卡塔尔银行业监管系统包括卡塔尔央行系统和卡塔尔金融中心系统。其中卡塔尔央行系统的监管范围为18家取得卡塔尔央行牌照的银行。卡塔尔金融中心由金融中心监管局进行监管,参照西方金融监管体系建立了独立的监管法规,监管规则完全独立于卡塔尔央行,通过确保各金融机构自身内部控制机制有效发挥作用来达成监管目标。

巴林在中东地区拥有相对较好的金融监管环境。巴林中央银行负责制定国家货币政策和外汇政策,管理国家外汇储备和国债发行,监管国家支付系统、各类金融机构、资本和证券市场。巴林对金融机构的监管重点是确保巴塞尔(BASEL)协议基本原则和反洗钱法令得到贯彻实施。巴林中央银行从2016年起实施BASEL协议Ⅲ。巴林政府于2001年颁布并实施了反洗钱法,巴林中央银行、内政部反洗钱局根据本国和国际反洗钱法令,对金融机构的业务实施监控。

科威特中央银行作为科威特金融体系的监管机构,其主要职责为:货币政策的制定和执行、金融监管和金融市场风险控制等。科威特中央银行主要监管重点为:资本充足率(不得低于12%)、敞口限制、贷款利率、流动性要求、信贷集中度、反洗钱、内部控制等。

阿曼中央银行作为阿曼金融体系的监管机构,其主要职能是制定金融货币政策,对金融机构进行监管,稳定金融市场,以及创造良好的投资环境。阿曼中央银行保持金融稳定的主要措施是根据国际惯例和准则制定商业银行的监管规范。阿曼中央银行的金融监管不仅针对金融机构,还包括金融市场和金融创新产品。为了预防金融危机,阿曼正在建立更加严格的监管机制,包括拨备、经济周期缓冲资本,以及根据资产负债规模和风险敞口补充资本与拨备等一系列规定。

(二)原中国银监会与中东国家银行业监管机构的MOU

谅解备忘录是国际协议中的一种名称,意指双方经过谈判、协商达成共识,强调协议双方相互体谅,妥善处理彼此的分歧和争议。中国银监会与外国监管当局签署的双边监管谅解备忘录,促进双方不断加强跨境监管合作和信息交流,同时也有效维护互设的银行分支机构的稳步、健康地发展。

中国银监会与中东国家银行业监管机构陆续签署了MOU:2006年7月11日,与土耳其银行监理署签署了MOU;2007年5月11日,与卡塔尔金融中心监管局签署了MOU;2007年9月24日,与迪拜金融服务局签署了MOU;2011年7月13日,与阿联酋中央银行签署了MOU;2011年7月15日,与塞浦路斯中央银行签署了MOU;2013年5月27日,与以色列银行签署了MOU;2013年9月16日,与巴林中央银行签署了MOU;2014年11月13日,与卡塔尔中央银行签署了MOU;2015年3月28日,与科威特中央银行签署了MOU。①

这些谅解备忘录涵盖了信息共享、监管合作、资本流动等多个合作领域,旨在加强中国与中东国家之间的金融合作和监管协调。

三、亚洲基础设施投资银行的合作共建

亚洲基础设施投资银行(Asian Infrastructure Investment Bank,AIIB,简称亚投行)是首个由中国倡议设立的多边金融机构,②由中国国家主席习近平于2013年10月首次提出倡议并于同年11月正式启动筹建。中国秉承"开放、包容"的原则,多次召开广泛的多边磋商会议,亚投行于2015年12月25日正式成立。

亚投行是一个政府间性质的亚洲区域多边开发机构,重点支持基础设施建设,其宗旨是"促进亚洲区域的建设互联互通化和经济一体化的进程,并且加强中国及其他亚洲国家和地区的合作"。根据亚投行官网显示的数据,截至2022年1月18日,亚投行成员数为105个。

自亚投行创始之初,中东地区国家积极加入亚投行,现中东地区共21个国家成为亚投行的成员。中东国家主要为产油大国,外汇储备充足,成为了亚投行重要的资金来源。

---

① 中国银行业监督管理委员会国际监管动态,http://www.cbrc.gov.cn/chinese/home/docView/C4119AAB115D4ACCB6B540D1BA268E2B.html。
② 亚投行官网,https://www.aiib.org/en/about-aiib/index.html。

目前世界上约 1/3 的主权财富基金集中在中东地区。而亚投行长期而稳定的基建收益，无疑对这些基金产生了巨大的吸引力。[①]

亚投行积极寻求与中东国家的合作。2016 年，亚投行向阿曼提供了两笔贷款，总额高达 3.01 亿美元，用于港口及铁路建设项目，为中国与中东地区融资合作迈出了关键一步。2023 年，亚投行在阿布扎比全球市场设立的首个海外运营办事处正式开业，有利于拓展在中东等地区的投资业务。

第二节 中国与中东国家开展金融业务的合作

一、双边本币互换协议

中央银行间的本币互换协议指的是：两国（或地区）的中央银行（或货币当局）签订协议，约定在一定的条件下，任何一方可以一定数量的本币交换等值的对方货币，用于双边贸易投资结算或为金融市场提供短期流动性支持，到期后双方换回本币，资金使用方同时支付相应利息。[②] 通过该协议，协议的任何一方可以发起交易，以一定数量的本币交换等值的对方货币，期满后换回本金并支付利息，期间不承担汇率风险，协议双方会定期根据最新的双边汇率调整互换金额，以减少因某一方货币汇率波动引起的质押物减值风险。

在经济全球化背景下，国家间贸易金融往来不断深化。双边本币互换就是为便利两国在贸易往来和相互投资的过程中能使用本币，规避汇率波动带来的风险。它有效地避免金融不稳定带来的不利影响，促使双边贸易健康发展。

2001 年 12 月 6 日，为应对亚洲金融危机，减轻外汇储备压力，中国人民银行与泰国央行签订了第一份双边本币互换协议。截至 2024 年 8 月末，中

---

① 《中东土豪——亚投行成功背后的重要力量》，https://wallstreetcn.com/articles/223803。
② 中国人民银行宏观审慎管理局：《中央银行双边本币互换协议简述》，2015 年 7 月 16 日，http://www.pbc.gov.cn/huobizhengceersi/214481/214511/214541/2813814/index.html。

国人民银行共与 42 个国家和地区的中央银行或货币当局签署过双边本币互换协议,其中有效协议 29 份,互换规模超过 4.1 万亿元人民币。[①]

中国陆续签订的这些双边本币互换协议有效缓解了贸易融资,有效应对了短期流动性问题,有助于稳定区域经济,同时也对人民币实现国际化战略产生了积极影响。中国与中东国家也陆续签署双边本币互换协议。

2012 年 1 月 17 日,中国人民银行与阿联酋中央银行在迪拜签署了中阿双边本币互换协议。互换规模为 350 亿元人民币(200 亿迪拉姆,约合 55.4 亿美元),有效期 3 年,经双方同意可以展期。2015 年 12 月 14 日,中国人民银行与阿联酋中央银行续签了双边本币互换协议,互换规模维持 350 亿元人民币不变,有效期 3 年,经双方同意可以展期。

2012 年 2 月 21 日,中国人民银行与土耳其中央银行签署了规模为 100 亿元人民币(30 亿土耳其里拉)的双边本币互换协议,有效期 3 年,经双方同意可以展期。2015 年,中国人民银行与土耳其中央银行续签了双边本币互换协议,互换规模由原来的 100 亿元人民币扩大至 120 亿元人民币(50 亿土耳其里拉),有效期 3 年,经双方同意可以展期。

2014 年 11 月 3 日,中国人民银行与卡塔尔中央银行签署了规模为 350 亿元人民币(208 亿里亚尔)的双边本币互换协议。中卡双边本币互换协议有效期 3 年,经双方同意可以展期。

为方便中国与外国的企业和金融机构使用人民币进行跨境交易,进一步加快推动人民币在国际贸易和投资中的使用,中国已在欧洲、北美、东南亚、中东、大洋洲的 19 个国家和地区建立了人民币清算安排。中国也早已在中东国家建立了人民币清算安排。

2014 年 11 月 3 日,中国人民银行与卡塔尔中央银行签署了在多哈建立人民币清算安排的合作备忘录,并同意将人民币合格境外机构投资者(RQFII)试点地区扩大到卡塔尔,初期投资额度为 300 亿元人民币。之后,确定中国工商银行多哈分行担任多哈人民币业务清算行。

2015 年 12 月 14 日,中国人民银行与阿联酋中央银行签署了在阿联酋

---

① 《中国人民银行:截至 8 月末双边本币互换协议规模超过 4.1 万亿元人民币》,人民网,2024 年 10 月 7 日,http://finance.people.com.cn/n1/2024/1007/c1004-40333653.html。

建立人民币清算安排的合作备忘录,并同意将人民币合格境外机构投资者(RQFII)试点地区扩大到阿联酋,投资额度为 500 亿元人民币。

此外,目前伊朗已经正式使用人民币对石油等进行结算,而中国政府与沙特方面就两国之间的原油贸易协议条款进行修改磋商,考虑未来两国的石油贸易用人民币进行结算。使用人民币作为购买原油的直接货币,不仅能大大推动中国与石油输出国之间的石油贸易,更能改变目前石油美元的国际格局,为人民币实现国际化进一步扫清障碍。

二、QFII/RQFII 投资

合格境外机构投资者(Qualified Foreign Institutional Investors,QFII)是在一国资本项目尚未开放没有实现货币可自由兑换的情况下,有限度地引进外资进入本国资本市场的一项过渡性的制度,经该国审批通过后,外国投资者可汇入一定额度的外汇资金并转换为当地货币,通过专门账户投资到该国证券市场。QFII 是一种通过资本市场稳健引入外资的方式。

早前,中国就开始有限度地引进中东国家资金进入中国市场,如 2015 年 12 月 25 日批准阿联酋的阿布扎比投资局 25 亿美元,2014 年 1 月 22 日批准科威特的科威特政府投资局 15 亿美元,2012 年 11 月 21 日批准卡塔尔的卡塔尔控股有限责任公司 10 亿美元。

人民币合格境外机构投资者(RMB Qualified Foreign Institutional Investors,RQFII)是指经中国证券监督管理委员会批准,运用来自境外的人民币资金进行境内证券投资的境外法人。2019 年 9 月 10 日,国家外汇管理局宣布,经国务院批准,决定取消 QFII/RQFII 投资额度限制。

三、国际债券

中国商业银行和金融机构自 2014 年起陆续在中东国家发行债券,如 2014 年 9 月 21 日,中国农业银行迪拜分行在迪拜发行 10 亿元人民币债券,成为中资金融机构在中东金融市场上的第一支人民币债券。

2015 年 6 月 8 日,中国工商银行迪拜国际金融中心分行成功挂牌交易总值为 5 亿美元的中期票据。而此次美元债券最终成功获得了 5 倍的超额认购。此举不仅有效降低了融资成本，而且还扩大了中资银行在中东地区金融业的影响力。

2016年9月27日，中国建设银行在迪拜成功发行6亿美元3年期的优先无抵押债券，极大地体现了中资银行的融资能力。

2015年7月1日，中国银行在迪拜发行了价值3.22亿美元的债券，所筹集的资金用于支持"一带一路"相关国家的跨国贸易和基础设施建设。2017年4月13日，中国银行再次响应"一带一路"倡议，多机构、多币种、多品种同步发行债券，其迪拜分行宣布已成功完成6.5亿美元浮动利率债券发行，募集资金将主要用于中东地区相关信贷项目，以支持中国银行本地化发展策略。

2017年10月30日，银川通联资本投资运营公司在迪拜成功发行了3年期3亿美元无抵押的债券。该债券发行利率3.688%，票息3.5%，获认购额逾15亿美元（超额认购5倍），成为国际资本市场2017年同一国际评级发行票面利率最低、认购倍数最高的一支美元债。

中国金融机构主要在迪拜发行债券。商业杂志 Arabian Business 曾报道分析称，到2017年11月，共有8家来自中国机构的债券在迪拜发行，总值达42.6亿美元。显示了中国与阿联酋在资本筹集、投资方面的密切联系与合作。

中国银行迪拜分行于2024年8月20日成功发行4亿美元境外绿色债券，品种为3年期SOFR浮息，募集资金全额用于阿联酋境内可再生能源和清洁交通类型的合格绿色项目。

其他中东国家，如沙特，已向中方表达了使用人民币进行投融资的意愿，希望在中国发行熊猫债券①。与此同时，中资金融机构也表示，愿意为沙特发行熊猫债券担任保荐人。

2024年，中国财政部在沙特利雅得成功发行了20亿美元的主权债券，这是首次在中东市场发行美元债。

---

① 熊猫债券是指非中国发债企业所发行的人民币计价债券，在中国境内销售。

四、共同投资基金

近年来,中国与中东国家建立了大规模的共同投资基金,在多个国家和地区的基础设施、能源等领域开展投资,共享利润。

2008年,中国批准中国国家开发银行与以色列无限投资基金共同出资3.5亿美元设立一项共同投资基金。这项新的基金将投资对象确定为处于技术开发高级阶段的企业,资金可投入以色列企业,也可投入与以色列无关的中国企业。

2014年,中信集团与中东最大的主权财富基金卡塔尔投资局(Qatar Investment Authority,QIA)签署了谅解备忘录,同意各出资50%设立规模达100亿美元的地区投资基金,主要投资中国和中东地区的互联网产业、银行、油气和运输业。

2015年,中国与阿联酋成立了一支规模达100亿美元的合作投资基金,即阿联酋—中国联合投资合作基金,在全球进行战略投资。该基金中方和阿方各承担50%的资金,由阿布扎比的穆巴达拉开发公司(Mubadala Development Company)、国开金融与中国国家外汇管理局共同管理,主要寻求在常规和可再生能源、基础设施、科技与先进制造等多个领域进行投资,投资地域以中国、阿联酋以及其他高增长国家和地区为主。

2023年,巴林萨拉姆银行(ASBB)与中国和玉资本(MSA)共同设立5 000万美元的风险资本基金,旨在促进中国创新科技与商业模式在巴林落地,充分发掘中东地区的广阔市场。

2024年4月,中投公司携手中东最大的另类资产管理机构Investcorp设立了一个规模为10亿美元的基金——中海基金,该基金将投资于海合会国家和中国的高成长企业,覆盖消费、医疗、物流和商业服务领域的标的。

五、丝路基金

丝路基金是由中国外汇储备、中国投资有限责任公司、国家开发银行、中国进出口银行共同出资,于2014年12月29日在北京注册成立的投资基金,通过股权、债券、基金、贷款等多种投融资方式,重点围绕"一带一路"建设推进与相关国家和地区的基础设施、资源开发、产能合作和金融合作等项目,确保中长期财务可持续和合理的投资回报。

丝路基金成立之后,中国就积极与中东地区国家寻求合作。

2016年1月,丝路基金与沙特国际电力和水务公司在利雅得签署了关于共同投资开发阿联酋及埃及电站的谅解备忘录,丝路基金以股权加债权的投资方式,与沙特国际电力和水务公司共同开发阿联酋 Hassyan 清洁燃煤电站和埃及 Dairut 天然气电站。这也是丝路基金在中东地区投资合作的第一个项目。[1]

截至 2024 年 9 月底,丝路基金投资项目遍及 70 多个国家和地区,承诺出资额超过 253 亿美元。[2]

可以说,中国与中东国家在金融合作上已经取得一定成果。但是总的来说,合作程度还处在较浅的层面上,还有很大发展空间,主要表现在以下方面。

1. 起步较晚

严格意义上来说,中国与中东金融合作起步于 2004 年 7 月中国银行在巴林设立代表处,该代表处成为中资银行在中东地区设立的首个分支机构。接下来的数年间,中国与中东地区国家互设银行分支机构的数额逐年增长,但增长幅度有限。自 2012 年以来,中国与中东地区国家在货币互换金额、QFII、人民币清算安排额度、设立共同投资基金等方面快速增加,使双方的金融合作领域得以拓宽。

2. 总量不足

相比于其他国家在中国设立的银行等分支机构星罗棋布,中东地区国家在中国的分支机构就显得单薄了。中国四大国有银行虽然均有在中东国家开设分支机构,但是数量有限,而且也不是遍布整个中东地区,主要集中在海合会国家。单一协议下的本币互换额度、单一机构 QFII 被批准的额度不算少,但是放在整个中东地区来说这些额度就显得不足了。

---

[1] 丝路基金新闻中心:《杨泽军主席会见沙特能源、工业和矿产资源部部长法利赫》,2017年5月18日,https://www.silkroadfund.com.cn/cnweb/2017-05/19/article_35112.html。
[2] 丝路基金:投资动态,https://www.silkroadfund.com.cn/cnweb/tzdt/tzgl/。

3. 国家间合作程度有差异

从中国与中东地区国家之间的金融合作项目和数额来看,中国与阿联酋的互设银行分支机构最多,货币互换、QFII 被批准额度、人民币清算安排以及共同投资基金涉及金额最大且项目最全面;其次是卡塔尔。中国与中东地区很多国家暂时还没有开展金融合作,这也说明中国与中东地区国别之间的合作难易程度有所不同。

4. 合作结构有待升级

金融合作项目来看,互设银行分支机构、银行业监管合作、QFII、本币互换,以及借助亚投行、丝路基金等平台进行融资等都属于结构层次较初级的合作,在货币合作、金融创新、参与国际金融秩序治理等较高层次的合作比较少。这不利于中国与中东地区的金融合作向纵深发展。

因此,中国与中东地区金融合作虽有一定基础,但质、量和结构上都有待升级,这也是双方在未来开展合作中应当予以改善的关注点。

第三节　中国—阿拉伯国家银行联合体

2018 年 7 月,中国—阿拉伯国家银行联合体(以下简称"中阿银联体")正式成立。中阿银联体由中国国家开发银行牵头成立,阿布扎比第一银行、埃及国民银行、摩洛哥外贸银行、黎巴嫩法兰萨银行四大具有区域代表性和影响力的阿拉伯国家银行率先加入。作为中国与阿拉伯国家金融市场间真正意义上的首个多边金融合作机制,中阿银联体自成立之初就引起了国际社会的高度关注。但是,自成立以来,中阿银联体的发展似乎鲜有实质性突破。

一、中阿银联体机制的形成及运行

2018 年 7 月 10 日,中国国家领导人习近平在中阿合作论坛第八届部长级会议开幕式上发表题为《携手推进新时代中阿战略伙伴关系》的重要讲话,宣布成立"中国—阿拉伯国家银行联合体",以推动金融同业交流合作。7月12日,中阿银联体首届理事会成员行于北京共同签署了《关于中国—阿拉伯银行联合体成立宣言》,中阿银联体正式成立。中国国家开发银行表示除了提供首期30亿美元中阿金融合作专项贷款,还研究提供100亿美元以支持重建与产业振兴贷款。① 以中国国家开发银行为典型代表,中阿银联体成员行清晰的功能定位决定了该机制自建立之初,便承载了为多边及双边务实合作提供多样化融资和金融服务支持的时代使命。

银联体合作机制定位于不同国家间开发性和重要商业性金融机构的多边合作机制。从供需层面考察中阿银联体机制的形成,需要首先分析其成员行的机构特性和基本职能。不同于政策性金融机构或单纯的商业性金融机构,无论是在发达国家还是发展中国家,开发性金融机构都以国家信用为基础、以市场业绩为支柱,肩负着通过信贷融资贯彻和配合国家经济建设及对外合作政策,重点支持国家优先发展领域和重点行业的多重使命。换言之,拥有国家信用背书的开发性金融机构有着自身特定的融资领域和盈利模式:从融资领域看,开发性银行提供融资支持的领域多为国家经济政策新兴扶植领域的重大建设项目。这些项目建设风险较高、建设周期较长、建设投入较大,对融资主体的信用有极高的要求,因此单纯的市场力量或商业性信贷支持力度难以覆盖完全;从盈利模式看,开发性金融机构的融资主要依托项目,通过建设市场、建设制度、建设信用的方式为项目主体提供融资支持和金融服务,与项目融资主体同进退、共发展,帮助其提高项目盈利能力,进而得到融资收益。显然,开发性银行组成的银行联合体通过为各国开发性金融机构提供开放型、俱乐部式合作平台,开辟了新时期区域金融合作机制建设的新模式。

1. 中阿银联体机制形成的需求逻辑

在梳理了开发性银行的融资领域和盈利方式之后,我们对于中国与阿拉伯国家对银行联合体机制的需求逻辑有了更清晰的认知。

从中国的角度看,一方面,"一带一路"倡议为中国与阿拉伯国家间的基础设施建设、跨境产能合作等创造广阔的战略空间。然而,中国在阿拉伯国

---

① 《中国—阿拉伯国家银行联合体今天成立》,中国经济网,2018年7月12日,http://www.ce.cn/xwzx/gnsz/gdxw/201807/12/t20180712_29726121.shtml。

家的投资合作项目通常面临着地缘政治紧张、营商环境复杂、商业文化迥异等多重风险冲击,对稳定的项目融资、完善的金融服务存在迫切的需求。以往作为先行力量的大型央企和国有企业往往依靠财政、捐赠或政策主导下"中资银行/银团有追索权贷款+中信保险"的一次性项目融资模式带资进入。但这一模式属于"表内融资"范畴,成本较高、周期受限,易给投资企业带来较大的资金和担保压力。又因阿拉伯国家金融力量参与度不够,金融风险基本由中国企业和中资银行承担,很难满足项目开发对资金稳定性和可持续性的要求。世界银行曾在分析发展中国家基建领域投融资问题后给出建议,随着投资国资本市场的日益成熟和政府行政管理能力的不断提升,基础设施领域融资方案应实现从一次性项目融资模式向银行与专业性基础设施投融资机构融资,再向多元资本市场融资渠道融资转变(图2-1)。① 通过银联体机制,可以更顺畅地把当地银行、第三方银行力量纳入中国在阿拉伯国家海外项目投融资的合作框架中,助力中国企业以更低的成本融入当地的政治经济环境,突破项目资金刚性约束,降低项目融资成本,分担和化解潜在风险。②

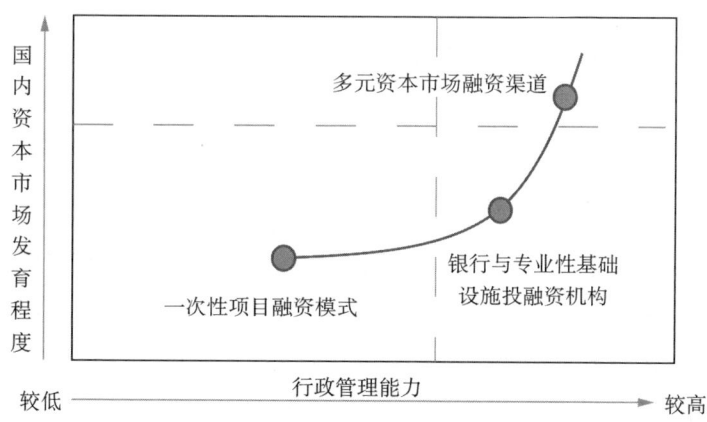

图2-1 发展中国家基础设施建设领域融资体系培育路径图

另一方面,涉及项目开发、生产线建设、技术支持等系列环节,中国与阿拉

---

① The World Bank: "World Development Report-Infrastructure for Development", Oxford University Press, 1994, p. 107-108。
② 徐奇渊:《中国应推动设立"10+3"银联体机制》,载《东北师大学报》,2017年第6期,第72页。

伯国家间的合作项目除优势产能和市场推动外，十分倚重跨境金融服务的综合支持。金融服务的支持对产业资本的合理流动和优化配置有着重要的影响，进而对国际项目合作发挥着积极的引领和保障作用。从项目前期开发阶段的信息咨询、并购融资等，到项目后期运营阶段的国际结算、债券融资、贸易融资等（图2-2），中国企业在项目合作进程中对跨境金融服务的需求是与投资阶段相匹配的。① 然而，相较于较早积极开拓阿拉伯市场的中国企业，国内金融机构对阿拉伯地区海外市场的了解程度不足，开拓力度偏弱。从业务范围看，主要停留于提供存取款、结售汇等基础业务，海外投资企业迫切需要的自助化、个性化金融解决方案供给不足。而考虑到阿拉伯国家复杂的投资环境，信用担保、离岸证券、海外保险等其他类型金融机构提供的跨境金融服务更为滞后。作为一种"融资"与"融智"相结合的区域多边金融合作机制，中阿银联体无疑将通过帮助中国开发性金融机构实现与阿拉伯国家本地金融力量的有效结合，因地制宜地破解跨境融资和金融服务供需矛盾。

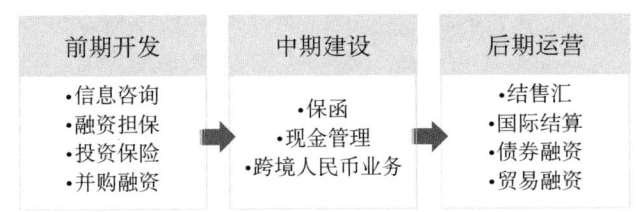

图 2-2　中国与阿拉伯国家开展跨境项目合作的金融服务需求

从阿拉伯国家的角度看，一方面，加快能源产业、高端制造、电子通信等行业基础设施建设和产业结构升级是其新时期产业转型战略下的核心关切。然而，深陷财政状况吃紧、流动性不足的困境，阿拉伯国家普遍面临建设资金紧缺、项目融资困难的现实挑战，难以自主负担投资扩张带来的资金和技术需求，因而对国际先进合作力量需求强劲。而中国在这些领域具有传统技术、制造和资金的比较优势。加强与中国开发性金融机构在多边合作机制下的积极合作，推进本国重大工业项目布局、重要基础设施及资源整合，以契合阿拉伯国家提升工业化进程的现实需求和未来规划。

---

① 巴曙：《中资企业国际化状况与金融支持路径规划》，载《21世纪经济报道》，2016年10月25日第4版，第2页。

另一方面,坐拥石油经济带来的红利,阿拉伯国家积累了巨额的石油美元,但受限于长期存在的单一经济结构,并没能有效转化为区内投资。依托国家重点项目,经由阿拉伯金融体系中发育程度相对较高的银行业率先发展业务,能顺势推动其他金融部门如区域债券市场的良性发展,形成联动效应。

2. 中阿银联体机制形成的供给逻辑

中阿银联体由中国国家开发银行牵头成立,中国在中阿银联体的建构进程中发挥着"建设性的先行者"的角色。这一方面是由中国国家开发银行较强的机构体量、资金实力和合作意愿决定的,另一方面也是阿拉伯世界对中国开发性金融机构影响力的认可和肯定。事实上,在牵头成立中阿银联体之前,中国国家开发银行积极参与全球金融治理,已发起设立了上海合作组织银行联合体(以下简称"上合组织银联体")、中国—东盟银行联合体(以下简称"中国—东盟银联体")、中日韩—东盟银行联合体(以下简称"中日韩—东盟银联体")、中国—中东欧银行联合体(以下简称"中国—中东欧银联体")、中国—非洲银行联合体(以下简称"中非银联体")等银行联合体机制,覆盖60多个"一带一路"共建国家金融机构,在开发性金融合作为特征的区域多边金融合作机制建设方面积累了相对丰富的经验。

而从阿拉伯国家的角度看,银行部门在其金融体系中占据主导地位,银行业是其金融行业的中流砥柱。由于阿拉伯国家银行国有资产占比较大,普遍认为其在困难时刻将得到阿拉伯国家主权支持,国际评级机构给予了海合会等阿拉伯主要国家银行相对较高的信用评级。率先深化中国国家开发银行与重点阿拉伯国家开发性金融机构之间的协同合作,显然具备相对良好的基础条件。

3. 中阿银联体机制的运行现状

2018年7月12日,中阿银联体成立仪式暨首届理事会会议在北京举行,各成员行共同签署了《关于中国—阿拉伯银行联合体成立宣言》,中阿银联体的正式成立。中阿银联体的成立意味着中国与阿拉伯国家间历来以财政和捐赠等融资方式支持区域合作项目的时代的落幕,也是双方积极探索开发性金融领域机制性合作序幕开启的积极信号。[1] 阿布扎比第一银行、埃

---

[1] 秦放鸣:《中国与中亚国家金融合作研究》,中国经济出版社,2017年,第166页。

及国民银行、摩洛哥外贸银行、黎巴嫩法兰萨银行等具有区域特色和号召力、影响力的阿拉伯国家银行作为初始成员行加入。

中阿银联体将以"平等相待、相互尊重、互利公平、共同发展"为原则,以"自主经营、独立决策、风险自担"为前提,通过开放式、俱乐部式的运作模式,密切联系交流、分享客户资源、孵化合作机遇,为中阿各国重大项目提供融资支持及金融服务。① 这也基本明确了中阿银联体的机制定位、运作模式、运作原则等底层逻辑(表2-3)。换言之,根据机制设置,中阿银联体的主要职责大致集中在三个方面:推动区域金融机构建立合作关系;加强机构间的信息交流和共享,建立银联体项目库;共同支持区域内多方参与、多边受益的重点项目建设合作,为多边和双边务实合作提供有效的融资支持和金融服务。

表2-3 中阿银联体机制的设置及运行机制

成立情况	2018年7月12日,北京
创始成员行	中国国家开发银行、阿布扎比第一银行、埃及国民银行、摩洛哥外贸银行、黎巴嫩法兰萨银行
机制定位	开发性金融合作为特征的区域多边金融合作机制
运作模式	开放式、俱乐部式
运作原则	平等相待、相互尊重、互利公平、共同发展
机制职责	推动区域金融机构建立合作关系; 加强机构间信息交流与共享,建立银联体项目库; 共同支持区域内多方参与、多边受益的重点项目建设合作,为多边和双边务实合作提供有效的融资支持和金融服务
组织架构建设	尚处于成员行扩容阶段,建立有轮值主席行机制;设立理事会,但未形成常态化

资料来源:根据公开信息整理绘制。

随着国内外企业之间开展新项目合作的复杂性激增,对项目资金量和稳定性的要求也势必越来越高。但中阿银联体的建设进程存在停滞现象,原因是除设立银联体理事会外,未能就制度建设、组织架构建设方面形成更

---

① 《中国—阿拉伯国家银行联合体正式成立》,中国"一带一路"网,2018年7月12日,https://www.yidaiyilu.gov.cn/xwzx/gnxw/59974.htm。

明确的进展。回溯中阿银联体的建设历程,中国虽然是中阿银联体的主要倡导者和主要出资国,但其他阿拉伯国家的参与度不够,使得金融合作风险主要由中国承担,长期看不可持续。①

岁寒知松柏,风雨见真情。中阿伙伴关系基础越来越牢固,携手继续开展双边对话与加强务实合作,打造"健康、绿色、数字"丝绸之路的决心和信心更加坚定。中阿如何积极发挥开发性金融逆周期调节作用,完善和优化银联体多边金融合作平台的组织协调优势,携手互利共赢,是助推中阿金融全面合作迈进提质升级的新阶段的题中之义。

二、中国发起的银联体机制

在上合组织银联体、中日韩—东盟银联体、金砖国家银行合作机制等多边金融合作机制平台上,中国发起建立的银联体合作机制已经取得了一定的进展。这种以开发性金融合作为特征的区域多边金融合作机制为成员国加强金融交流和项目合作、解决项目融资和金融支持问题、深化多领域的务实合作、实现各国政府发展目标发挥了积极作用,也为年轻的中阿银联体的结构优化和未来发展提供了多角度的经验借鉴。

(一)中国发起的银联体机制类型

目前,中国牵头成立的银联体机制均取得了一定的进展,如在上合组织(2005 年 10 月)、东盟(2010 年 10 月/2019 年 10 月)、②中东欧(2017 年 11 月)、非洲(2018 年 9 月)等建立的银联体,标志着中国通过开发性金融深化与周边国家的多元合作方面取得了实质性的突破。在这一主动邀请地区重要金融机构参与多边金融合作机制建设,构筑起支持共建"一带一路"朋友圈的过程中,中国的倡议遵循了"优势互补、互利共赢、多边受益"的理念,顺应了各成员行所在国家和地区经济发展的现实需要,为其社会经济发展

---

① 秦放鸣:《中国与中亚国家金融合作研究》,中国经济出版社,2017 年,第 160 页。
② 中国—东盟银行联合体(10+1 银联体)于 2010 年 10 月在第 13 次中国—东盟领导人会议期间正式成立,首批成员行为中国和东盟各国的重要金融机构。在此基础上,中日韩—东盟银联体(10+3 银联体)于 2019 年 10 月在中国—东盟银联体理事会第九次会议期间正式成立,其中东盟 10 家成员行与"10+1"银联体成员行相同,日本成员行为日本国际协力银行,韩国成员行为韩国产业银行。此后,两大银联体同时存在,并基本同步开展合作。

注入了新的活力。① 考察和梳理这些具有代表性的银联体的实践历程,可以帮助我们更准确把握中国发起的银联体合作机制建设发展的主要脉络。从实践经历看,依照银行联合体的发育情况,可大致分为相对成熟、稳步推进中和起步阶段的三种机制类型(表 2-4)。

表 2-4 中国发起的代表性银联体合作机制建设情况

机制类型	代表性机制	代表性银联体机制建设情况	
相对成熟的银联体	上合组织银联体等	制度建设	完成制度建设工作,制定《理事会工作条例》《项目库建立和管理的总原则》《成员行间授信的框架原则》等系列界定组织职能的章程性文件,以及《关于克服疫情对上合组织各国经济影响的路线图》《关于扩大上合组织区域本币使用的共同立场》等机制发展规划性文件
		组织架构建设	上合组织成员国均指定本国重要银行加入,并扩容吸收区域伙伴行,建立轮值主席行机制和包含理事会会议、高官会、专家组会议、协调员会议在内的完善的会议机制,每年定期展开磋商
		业务合作	成员行在银联体框架下深化项目融资、出口信贷、银行授信等领域业务合作;中国国家开发银行设立有专项贷款,支持合作国重点领域的重大项目和经贸合作
		交流培训	"请进来,走出去",互派代表团开展经验交流学习和业务培训,为上合组织开发银行的建立培养和储备专业人才
稳步推进中的银联体	中国—东盟、中日韩—东盟、中国—中东欧银联体等	制度建设	签署有《中国—中东欧银联体 2021—2025 年合作行动纲领》《中国—东盟银行联合体合作协议》等机制发展规划性文件
		组织架构建设	基本完成了成员行的扩容,建立轮值主席行或联合主席行机制;将银联体理事会会议机制嵌入中国—东盟峰会、中国—中东欧国家领导人会晤合作框架
		业务合作	采取项目融资、出口信贷、银行授信等多种形式开展融资合作;中国国家开发银行设立开发性金融合作贷款
		交流培训	就经验共享和交流培训、建立专项工作组等达成共识

① 徐奇渊:《中国应推动设立"10+3"银联体机制》,载《东北师大学报》,2017 年第 6 期,第 71 页。

(续表)

机制类型	代表性机制	代表性银联体机制建设情况	
起步阶段的银联体	中阿银联体、中非银联体等	制度建设	签订成立宣言
		组织架构建设	尚处于成员行扩容阶段,建立有轮值主席行机制;设立理事会,但未形成常态化
		业务合作	中国国家开发银行设立有专项贷款,支持金融合作、合作国重建与产业振兴等
		交流培训	尚未开展系统化的交流培训活动

资料来源:根据公开信息整理绘制。

其中,成立于2005年的上合组织银联体是现有银联体机制中构建最为成熟的多边开发性区域金融合作机制。该机制按照市场化原则,依托成员国政府的推动和企业的广泛参与,已相对顺利完成制度建设工作,并建立起相对完善的组织架构,积极发挥银联体多边金融合作机制的常态化和应急化组织协调优势:一方面指其创建的适合地区特色的多样化、多领域的融资合作模式,例如,在银联体框架内设立300亿元专项贷款,为上合组织框架内的合作项目提供常态化的融资支持和金融服务;另一方面指其发挥开发性金融逆周期的调节作用,支持受新冠疫情影响的合作项目渡过难关,例如,研究共同路线图,以应对新冠疫情对上合组织各国经济带来的影响。

不同于上合组织银联体,中国—东盟银联体、中日韩—东盟银联体、中国—中东欧银联体等在保持内部一体化走向的同时,对外保持了较强的开放性态势:组织架构相对松散,运行机制相对灵活,呈现出俱乐部形式区域性公共产品的典型特征。但通过将银联体理事会会议机制嵌入中国—东盟峰会、中国—中东欧国家领导人会晤合作框架,三大银联体充分发挥自身优势,不断深化双方在基础设施互联互通和金融合作等业务领域的务实合作。

以上两类银联体机制的实践历程为中国在阿拉伯、非洲等地区探索建立契合双方需求、体现地区特色的多边开发性金融合作机制提供了宝贵经验。相较而言,中阿银联体、中非银联体起步较晚,尚处于成员行扩容阶段,无论从制度建设、组织架构建设思路来看,均不甚清晰,亟待优化。

(二)银联体机制实践的经验启示

中国发起的银联体机制遵循市场化原则,借助成员国政府的推动,积极调动成员国具有较强影响力的重要开发性金融机构的积极性,共同为多边及双边贸易投资、产能合作、基础设施建设等各领域重大项目的共商共建提供了投融资和金融服务支持,是助力"一带一路"互联互通目标在更大时空范围内深化落实的行之有效的多边金融合作机制。梳理银联体实践历程,可摸索出以下几条重要经验启示。

1. 因地因时推进制度和组织架构建设

从制度建设和组织架构建设水平看,较高的制度化水平、较完善的组织架构并非和机制效用完全成正比。为最大程度调动成员行的参与热情,银联体采用轮值主席行或联合主席行办法协调机制安排。回顾银联体的实践历程,当综合实力相对较强的国家成员行担任轮值行时,协调效果相对明显,合作项目得以较快推进,反之亦然。因此,对于成员行所在国家经济金融发展水平存在较大差距的情况,过于强调制度化水平和组织架构的形式完整性并无太大实际意义。各方可在尊重成员行及其所在国国别差异的基础上,将银联体机制界定为多边和双边合作相结合的复合体,因地因时制宜,有重点地推进符合地区和双方合作实际的制度及组织架构建设。这样既重视银联体框架下开发性多边金融合作机制的构建,也关注中国与阿拉伯国家既有的双边合作关系基础,以多边促双边,以双边带多边。[①]

2. 高度重视业务合作中的项目孵化等基础性工作

聚焦于以市场方式将资金引导至各成员行所在国家经济社会发展的薄弱环节,合作破解区域金融合作项目的融资瓶颈,服务"一带一路"倡议下互联互通构想的实现,中国发起的银联体机制的设立目的非常明确。但应该认识到,当前,这一目标的实现面临诸多困难和障碍,确实需要足够的时间和耐心。从业务合作重点看,除了与成员行共同落实示范项目的建设进度,

---

① 孙德刚:《论新时期中国对中东国家的整体外交》,载《国际展望》,2017年第2期,第24页。

银联体可更多发挥项目信息储备及交流平台的作用:关注匹配地区需求和特色的银联体项目的规划、筛选、评估,拓展对地区组织成员国、观察员国及其他第三方国家感兴趣的企业在项目投资和融资方面的咨询服务,逐步推动项目库中的项目的融资安排和落实。

3. 积极推动身份认同基础上的经验交流和人员培训

尽管现有的银联体机制发展水平不一而足,但均对机制框架下的经验交流、人员培训和培养工作给予了优先的关注。事实上,除了为地区的经济发展提供积极有效的金融服务,随着以中国为代表的新兴发展中国家在全球经济地图上所占权重的变化,银联体机制肩负着中国和区域国家增进互信、协同打破原有格局,在国际金融事务中争取更多话语权的积极诉求。在经验交流、人员培训方面开展多种形式的务实合作,加深银联体成员间的相互理解和友谊,为银联体的进一步发展培养和储备专业人才,均对传播中国软实力,提高区域影响力起到至关重要的作用。

三、中阿银联体机制的结构优化

受阿拉伯国家内部复杂国情和外部多维冲击的影响,被寄予众望的中阿银联体建设进度相对较慢,目前仍处于成员行扩容的机制建设起步阶段。为回应新时期中国与阿拉伯国家间深化"一带一路"倡议下多领域合作对投融资支持和金融服务的现实需求,中国应在审慎分析形势、积极借鉴经验的基础上,坚持问题导向,设立短期和中长期阶段目标:短期优化机制结构、深化共识;中长期提升机制需求动力和供给能力,落实实质性项目合作,摸索出一条符合阿拉伯国家和中国实际的开发性金融合作路径。

(一)短期结构性优化

当前,中阿银联体成员行数量不多,且尚未能形成相对清晰的制度结构和组织架构。因此,从短期看,有计划、有重点地选择并拓展成员行网络,优先推动银联体框架下常态化、低约束、多层次的沟通交流机制以深化共识,显得至关重要。

从机制成员看,考察中国与阿拉伯国家的具体国情,显见其他国家开发性金融机构起步较晚,机构体量和资金实力、对区域金融合作机制建设的重视程度均远不如中国。中国作为中阿银联体的核心牵头者、积极推动者和主要出资国，势必需要在中阿银联体合作机制的起步阶段承担起更多的机制建设成本。然而，考虑到机制建设的可持续性，中国应率先与合作基础较好、合作意愿较强的支点国家和有潜力发展成为支点国家的结点国家实现"破冰"。具体来看，根据每个合作国家推荐一个成员行加入银联体的原则，在巩固与阿布扎比第一银行、埃及国民银行、摩洛哥外贸银行、黎巴嫩法兰萨银行四大创始成员行友好合作关系的基础上，可优先拓展与卡塔尔国家银行、沙特国家商业银行、科威特国民银行等具有较强实力和地区影响力的阿拉伯国家重要金融机构的合作力度，努力将其逐步纳入中阿银联体成员行网络（表2-5）。

表2-5 中阿银联体可优先拓展的潜在成员行

潜在成员行类型		潜在成员行简介	一级资本总额（十亿美元）	地区排名	世界排名
首批潜在成员行	卡塔尔国家银行	卡塔尔最大的商业银行，也是阿拉伯地区最大的金融机构	25.7	1	79
	沙特国家商业银行	第一家获得牌照的沙特银行和沙特领先的金融机构	21.8	2	89
	科威特国民银行	科威特和整个波斯湾地区第一家本地银行和第一家股份公司	11.2	11	156
第二批潜在成员行	约旦阿拉伯银行	中东阿拉伯地区最有实力的财团之一，其业务范围辐射整个阿拉伯世界以及欧美主要国家	5.7	21	259
	阿曼马斯喀特银行	阿曼市值最大的商业银行和领先的金融服务机构	5.0	25	293

资料来源：The Banker, "Top 25: Middle East", https://top1000worldbanks.com/middleeast/，登录时间：2021年5月31日。

从制度建设和组织架构来看，中阿银联体应克服起步阶段对较高制度化水平的惯性追求，利用好中国与阿拉伯国家间现有的机制性交流平台，优先推动形成银联体框架下常态化、低约束、多层次的沟通交流机制，增进认同。例如，从政府层面引导落实中阿银联体理事会制度，提升中阿银联体理事会会议规格,将其纳入中国—阿拉伯国家合作论坛(以下简称"中阿合作论坛")官方对话沟通机制当中,作为中阿合作论坛部长级会议或企业家大会配套的金融活动同步、同期常态化举行。在理事会议题设置上,一方面,可重点关注机制的制度建设和组织架构建设、经济金融规划合作、人员培训和经验交流等前瞻性议题,引导成员行及潜在成员行对中阿银联体的认识进一步深化形成共识;另一方面,中国与阿拉伯国家曾多次依托中阿博览会这一企业与民间层面的合作平台,开展中阿金融合作论坛,共商中阿金融合作之道。可借鉴上合组织银联体、中国—东盟银联体等银联体运作经验,以银联体框架内的高官会形式,组织成员行及阿拉伯国家重要金融机构就项目库构建和重大项目对接等核心议题展开充分沟通。

(二)中长期阶段性发展设想

作为一种以支持区域重点项目为主要导向的开发性金融合作机制,中国发起构建银联体合作机制的目的在于充分利用开发性金融力量,有效拓展资金来源、分担化解风险,其本身便是一种因地因时因事制宜,以自上而下方式推进合作的松散型、灵活化的机制性安排,并不存在标准化的发展路径。然而,我们依旧可以在短期优化机制结构、深化合作方身份认同的基础上,从持续提升机制需求动力和强化机制供给能力的角度切入,梳理出中阿银联体的中长期阶段性重点。

1. 中期:构建项目储备库,创新金融服务网络

为中阿重点合作项目提供投融资支持和金融配套服务,是中国与阿拉伯国家的共同利益所在,也是中阿银联体设立的核心任务。中国与阿拉伯国家(主要是支点和结点国家)在经贸、传统产业基础设施互联互通、国际产能合作等领域强化合作,打造了一批极具代表性的重大发展项目、标志性民生项目(表2-6)。然而,面对新形势下的多维度风险,基于提升共同利益和控制合作成本的角度考虑,亟需改变过去能源、基建和传统领域工程承包和产能合作为主的简单模式。在完成结构优化的基础上,应积极发挥银联体框架下开发性金融对项目合作方向和合作重点的引导优势,更加关注与支点国家、更有潜力发展为支点国家的结点国家间在新能源和高新技术领域,及"健康、绿色、数字"丝绸之路共识下绿色金融、数字经济等新兴领域的项

目机会。结合"一带一路"在阿拉伯地区不同聚类国家的推进计划,制定分阶段、分国别、分领域的项目储备目录,"成熟一项,推动一项",统筹推进适应区域建设实际的项目库的规划、培育和动态管理工作。

表2-6 近年来中国与主要阿拉伯国家开展的重大合作项目

国家	代表性合作项目	产业领域	合作方式	投资规模
沙特	中石化和沙特阿美共建沙特延布炼厂	能源①领域产能合作	跨国合资	91.5亿美元
	沙特(吉赞)产业园	炼化、汽车、家电等领域产能合作	国际产能合作示范区	10.6亿美元
阿联酋	哈电集团投资迪拜哈斯彦清洁燃煤电站	能源领域基础设施建设	跨国合资	33亿美元
	中国—阿联酋产能合作示范园	高端装备、精细化工、金属加工领域产能合作	国际产能合作示范区	64亿元人民币
埃及	中埃·泰达苏伊士经贸合作区	对外贸易	国际经贸合作示范区	12.5亿美元
科威特	广东湛江炼油石化合作项目	炼化领域产能合作	跨国合资	90亿美元

资料来源:根据中国商务部发布的《对外投资合作国别(地区)指南》整理绘制。

同时,随着中国与阿拉伯国家多领域项目合作的深化,对附加值高、交易成本低的综合性金融解决方案的需求极为迫切。为解决这一突出矛盾,近年来中国国家开发银行联合中国出口信用保险公司、亚投行等国内开发性金融力量,引导中资商业性金融力量积极对接中国企业"走出去"发展需求,循序渐进地加大在阿拉伯地区的资产布局和业务投入,完善服务网络。然而因时空阻隔,对当地市场和政策环境适应性偏弱,商业性金融力量始终存在成本较高、风险较大、动力不足等问题。随着中国与阿拉伯国家项目合作领域和深度的不断拓展,亟需更完善的境内外联动、高效开放、适应市场需求的跨境金融服务支撑体系的配合,而这正是银联体框架的优势所在。2018年,立足于本地化经营的中国—阿联酋产能合作示范园金融服务平台

---

① 近年来,阿拉伯国家主要油气资源国对外合作力度不断加大,除沙特、科威特的石油产业上游领域,油气行业总体对外开放。

成立。在该平台下,中国国家开发银行尝试联合国内和阿拉伯当地商业银行力量,为园区内企业和国际项目提供国际银团贷款和个性化金融解决方案,成为银联体框架下破解跨境金融服务供需矛盾的积极尝试(图2-3)。借鉴中国—阿联酋产能合作示范园金融服务平台的经验,下一阶段有计划、有步骤调动中阿银联体框架下国内外多重金融力量参与的热情,坚持结合当地实际积极推动服务方案和业务模式创新,实现从"积极跟随"到"主动出击"的转变,为样板项目所需个性化金融服务方案的高质量落地辅以相关机制性安排。

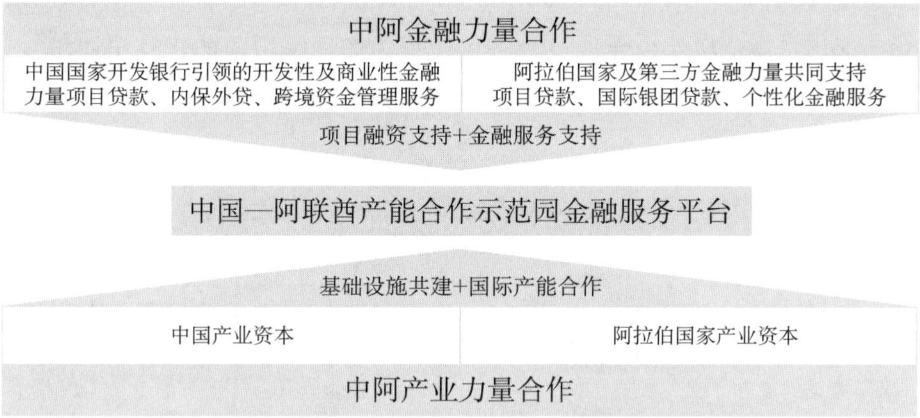

中阿金融力量合作	
中国国家开发银行引领的开发性及商业性金融力量项目贷款、内保外贷、跨境资金管理服务	阿拉伯国家及第三方金融力量共同支持项目贷款、国际银团贷款、个性化金融服务
项目融资支持+金融服务支持	
中国—阿联酋产能合作示范园金融服务平台	
基础设施共建+国际产能合作	
中国产业资本	阿拉伯国家产业资本
中阿产业力量合作	

图2-3 中国—阿联酋产能合作示范园金融服务平台运作情况

资料来源:根据公开信息绘制。

2. 长期:着力提升系统化管理能力,构建人才培养体系

从中国发起的中阿银联体机制建设的进程来看,在短期优化结构、推动共识行动,中期构建项目储备库、创新金融服务网络的基础上,应从长期维度注意持续提升系统化管理能力和构建人才培养体系,以保障复杂形势下中阿银联体的稳定高效运行。

一方面,中阿银联体的建设尚处于起步阶段。开发性金融机构作为银联体框架下的主要引导力量,对阿拉伯地区复杂的政治生态、欠佳的金融生态、异质的文化环境的适应和磨合能力相对不足,因而容易因信息不对称而触发潜在的项目风险。为充分发挥银联体框架下开发性金融的正向引导和柔性支撑作用,助力"走出去"的中国企业从容破解项目融资和金融支持难题,中阿银联体应尤其重视国内多层次金融部门间的统筹和合作,逐渐实现从资金支持为主转变为以系统化管理为主的跨越,以提升自身的风险应对和管理能力。

具体而言,尽管中国国家开发银行作为银联体机制牵头者的角色定位明确,但中阿重大合作项目的核准、扶持、监管、撤销等流程的高质量推进却涉及我国发改委、商务部、外汇管理局、财政部、税务总局、银保监会等诸多部门的系统性配合。各部委各司其职,就境外合作项目管理、外汇管理、财税支持等业务领域密集出台了系列指导性文件(表2-7),但总体而言,当前尚未能出台规范境外合作项目金融支持行为的国家层面的正式法律法规,主导性制度框架明显不足。各部委间的业务合作缺乏机制化的沟通渠道,尚未能形成合力。

表2-7　2015—2018年引导和规范企业境外直接投资的主要指导性政策文件

政策文件	发布单位	发布时间
《企业境外投资管理办法》	国家发改委	2018年3月14日
《关于进一步引导和规范境外投资方向指导意见的通知》	国家发改委、商务部、中国人民银行等	2017年8月18日
《国有企业境外投资财务管理办法》	国家财政部	2017年6月12日
《关于进一步做好税收服务"一带一路"建设工作的通知》	国家税务总局	2017年4月24日
《关于规范银行业服务企业走出去,加强风险防控的指导意见》	中国银监会	2017年1月25日
《中央企业境外投资监督管理办法》	国务院国资委	2017年1月18日
《关于进一步简化和改进直接投资外汇管理政策的通知》	国家外汇管理局	2015年2月28日

资料来源:根据各部委、机构网站公布的信息整理。

由此,对接银联体的发展需要,有必要在时机成熟时推动机制的实体化,成立常设的秘书处,以协调统筹商务、外汇、银行保险及证券监管等多部委的对接事宜,完善融资审批、外汇管理、财税支持等金融支持层面的政策规范,形成齐备的政策支持框架并加以宣传和落实,进而给予"走出去"企业以明确和具体的政策指引。

另外，必须关注到当前无论从国内或国际范围内看，既通晓阿拉伯语言文化，又熟练掌握金融领域专业知识的复合型人才相当匮乏，这是中国与阿拉伯地区开展金融合作的短板和薄弱环节，制约着中阿银联体机制深化的进程和绩效。究其原因在于，目前国内的学科培养体系中涉及阿拉伯地区金融的学科，如外语语言文学、国际政治学、应用经济学之间缺少互通，这种学科分隔的培养模式并不能满足中阿金融合作对人才的迫切需求，无法胜任"一带一路"倡议的人才储备任务。为改善这一薄弱环节，必须坚持完善"请进来，走出去"相结合的人才培养体系：依托高校、研究机构的智库力量，在加强对中阿金融合作领域前沿性问题研究力度的同时，打通跨学科培养体系，逐步打造匹配性的复合型人才培养机制；加大人员互访交流和联合培训力度，组织国内从业人员赴金融发展相对成熟的阿拉伯国家进行实地考察，深入了解和掌握当地市场运作规则，[1]定期组织阿拉伯金融机构官员与国内业界、学界专家间的专家组会议、协调员会议等，以突破智力瓶颈，为银联体框架下的行业合作决策提供有力支持。

---

[1] 白宇飞：《"一带一路"倡议下阿拉伯金融在我国的发展》，载《理论视野》，2015 年第 9 期，第 41 页。

第三章

中国与中东金融合作的基础：共同利益

中国与中东的经贸合作、人文往来历史久远，"丝绸之路""香料之路"见证着中国与中东历史悠久的友好合作和贸易往来。当今，中东是全球主要的石油出口地区，而石油资源的特殊性和战略重要性使得中东经济金融也成为国内外学者聚焦之处。但相对于学界对西方金融体系和新兴经济体金融市场的研究，对中国与中东开展金融合作的研究缺乏系统性和全面性。自"一带一路"倡议提出以来，学界围绕"一带一路"共建国家发展、合作等问题展开了多方面的研究，其中不乏对中国与中东金融合作问题的关注。而这一方面研究所涉及的基础问题是：中国与中东开展金融合作的基础是什么？本章将从共同利益的视角解析中国和中东金融合作基础。

第一节 中国与中东金融合作的基础

一、以共同利益为基础的合作

2013年，中国提出"一带一路"倡议，共建国家以"共同利益"为纽带，携手重振"丝绸之路"昔日的繁荣。中国注重发展与中东的关系，强调"中国要确立和平、创新、引领、治理、交融的行动理念，做中东和平的建设者、中东发展的推动者、中东工业化的助推者、中东稳定的支持者、中东民心交融的合作伙伴"。① 2016年,中国国家主席习近平出访沙特、埃及和伊朗等国,用实际行动表示出中国对中东国家的重视,更表达出中国对建立和推进与中东国家的"全面战略伙伴关系"的强烈意愿。

中国与中东开展金融合作具有深刻的现实意义。①保障能源安全。中东是全球油气资源最为丰富的地区,而中国是油气资源需求大国,且随着经济快速发展,中国对石油的进口依存度逐年增加。经济增长离不开能源供给,巩固与中东的关系对保障中国能源安全至关重要。双方金融合作可以有效维护受大额原油交易影响的国际外汇市场和资本市场的稳定。②助推双方优势互补。中国与中东在能源、基础设施建设、钢铁、科技、农产品、纺织品等方面具有较强的互补性。通过开展金融合作可以有效地实现双方贸易往来的资金融通,引导资金流向相关领域从而提高资金效率,同时促使双方利用对方优势弥补自身产业不足,进而助力本国经济实现产业转型升级。③提高国际竞争力。加强中国与中东金融合作有助于鼓励中国金融业更好地"走出去",提升中国跨境金融服务水平。中东是中国与"一带一路"倡议共建国家开展金融合作的重点区域。中国与中东开展金融合作,能更好地融合双方各自的优势,取长补短,提高各自在国际金融市场的竞争力。

中国与中东国家金融合作的开展已有数年,主要表现在互设银行分支机构、双方银行业监管机构签订双边监管谅解备忘录、签署双边本币互换协议、人民币清算业务、发行债券、设立共同投资基金、依托亚投行和丝路基金进行投资合作等方面,并取得了一定成果,但同时也存在着合作深度不够、国别分布不均等问题。因此,提高重视程度、挖掘双方金融合作的共同利益、提出合理的指导性建议,有助于中国与中东国家深化金融合作,实现双方利益的"共赢"。

自"一带一路"倡议提出以来,学界围绕"一带一路"共建国家发展、合作等问题展开了多方面的研究,而作为全球金融体系中独特一部分的中东金融体系,也是其中重要的议题。而中国与中东金融合作需要回答的最为基

---

① 习近平:《共同开创中阿关系的美好未来——在阿拉伯国家联盟总部的演讲》,载《人民日报》,2016年1月22日。

础的问题是:中国与中东开展金融合作的基础是什么？共同利益相关理论为研究中国和中东金融合作基础提供了研究视角。

（一）共同利益

学界对共同利益的定义没有统一标准。作者较为认同王浦劬等在《政治学基础》中提出的:"共同利益首先是在同一社会关系,尤其是经济关系和经济地位基础上形成的,是处于同一社会关系和社会地位中的人们各自利益的相同部分。"[1]这里提到的共同利益的概念主要是从社会关系层面对共同利益进行阐释,其行为主体主要是民族、集体、阶级、阶层、利益集团、个人等。从国际关系的层面来看,主权国家是最重要的行为体,国家行为体在从事对外活动中的主要行为依据和基本动因是国家利益。国家利益是满足一国全体民众物质和精神需求,以及与其生存与发展密切相关的各因素的综合[2],是包含着经济利益、政治利益、文化利益、安全利益和外交利益等各方面的有机统一体。共同利益也是国家利益,不同的是,共同利益不是某一个单一主权国家的国家利益,而是在产生相互关系的两个或多个国家间所共有的国家利益。

中国人很早就有关于共同利益的认知。从儒家"大道之行也,天下为公,选贤与能,讲信修睦"[3]的大同思想,到康有为提倡要建立"人人相亲,人人平等,天下为公"的理想社会,再到新中国成立以来政府相继提出的实现"共同富裕"和构建"和谐社会"的方针政策,体现了对社会秩序和人类社会共同利益的思考和关怀。纵观中国上下五千年历史,中国在对外关系上一直秉承"以和为贵"的思想,不崇尚武力征服,而是强调文化与道德修养在处理与他国关系中的感召作用,当今中国政府在对外战略中坚持"和平"是全人类最基本的共同利益,提倡"互利共赢""合作共赢"等正确义利观,无不体现了中国人民对共同利益的理解和追求。

西方国家也不乏对共同利益的理解和思考。奥地利国际法学家阿尔弗雷德·菲德罗斯（Alfred Verdross）指出"共同利益是一个社会通过个人的合

---

[1] 王浦劬,等:《政治学基础》,北京大学出版社,2006年。
[2] 蔡拓:《国际关系学》,南开大学出版社,2005年,第62页。
[3] 王文锦:《礼记译解》,中华书局,2007年,第287页。

作而产生出来的事物价值的总和"。① 功利主义奠基人边沁认为"共同体的利益是组成共同体各成员的利益总和",②即社会各成员之间是存在共同利益的,而社会公共利益即是组成社会这个共同体的成员的利益的总和。马克思和恩格斯则认为,共同利益是相互依赖关系的基础,它"不是仅仅作为一种普遍的东西存在于观念中,而首先是作为彼此分工的个人之间的相互依存关系存在于现实中",③"共同利益只存在于双方、多方以及存在于各方的独立之中,共同利益就是自私利益的交换",④不仅肯定了共同利益存在于物质和观念层面,还肯定了共同利益与个体利益的辩证对立统一关系。

(二)福利

我们提到的福利概念,一是指中国与中东金融合作有助于实现共同利益从而提高双方居民的福利水平,二是指中国与中东金融合作有助于稳定双方宏观经济从而减少由经济波动所造成的福利损失。

福利一般指的是人们对幸福程度的心理感受。从经济学的角度来看,不同的经济学流派对福利概念的界定,总体来说主要分为:狭义的福利概念和广义的福利概念。狭义的福利概念,反映的是个体获得享受时的心理满足。庇古创立福利经济学时,提到了社会福利和经济福利的概念,他认为在社会福利中能够用货币衡量的那一部分是经济福利,因此,将经济福利自社会福利中剥离出去能从技术上用消费者效用来衡量个体福利,而社会(经济)福利则能够通过个体福利加总所得到的总效用水平来衡量。广义的福利概念兴起于西方发达国家的物质生活水平飞速发展的20世纪50年代,彼时从狭义的福利概念角度来看,社会福利总体水平也相应提高。然而,分配不公、环境污染等社会问题不断凸显,人们主观意义上的幸福感受并没有随着物质水平的提高而得到相应的提升,这也引发了学界对人们主观幸福感受的关注,将福利与幸福感受与快乐感觉联系起来,反对将收入水平、消费水平等客观指标作为判断福利水平的标准。

---

① 博登海默:《法理学:法律哲学与法律方法》,邓正来,译,中国政法大学出版社,1999年,第137页。
② 边沁:《道德与立法原理导论》,时殷弘,译,商务印书馆,2000年,第58页。
③ 中央编译局:《马克思恩格斯全集》(第3卷),人民出版社,1972年,第273页。
④ 中央编译局:《马克思恩格斯全集》(第46卷),人民出版社,1972年,第196、第197页。

经济波动导致的福利效应最早由罗伯特·卢卡斯(Robert Lucas)进行量化分析工作。卢卡斯认为,社会总福利是可以通过效用函数求出的总效用水平来衡量的,而在他所采用的效用函数中,影响效用水平的外生因素只有个体的最终消费这一单一变量。由此可以认为,卢卡斯是从狭义的福利概念角度出发来研究经济波动导致福利效应的问题。我们将以卢卡斯的基准模型作为定量分析基础,讨论中国与中东进行金融合作的共同利益问题,因此,我们所提到的福利意指狭义的福利概念。

(三) 经济波动

借用卢卡斯模型量化分析中国与中东国家金融合作的福利效用水平。经济波动常常与经济周期的概念联系在一起。经济周期是指总体经济活动沿着经济增长的总体趋势而出现的有规律的扩张和收缩。经济学界普遍认为,经济波动既包含了周期性的波动又包含了非周期性的波动。而本章主要讨论的是经济波动所造成的福利损失,西方学者在研究这一问题时一般不对经济波动与经济周期进行区分,因此参照此法,文中所提到的"经济波动"均意指"经济的周期性波动"。

经济学界一直关注经济的周期波动,并在这一领域发展出了凯恩斯的经济周期理论、萨缪尔森的乘数加速数理论、货币经济周期理论、真实经济周期理论,以及新凯恩斯经济周期理论等理论及研究方法。常见的经济周期概念主要指扩张期—衰退期—萧条期—复苏期—扩张期的过程,这一过程反复出现却并非周而复始。这样一个周期所持续的时间通常短则一年,长则十年到十二年。因此,经济波动往往被认为是对长期趋势的某种偏离。

二、共同利益分析的理论基础

(一) 国际关系的三大理论流派的解读

国际关系学界最具影响力的三大理论流派:新现实主义、新自由主义、建构主义,不仅对共同利益有所解读,也对国际金融合作进行了探寻。

1. 解读"共同利益"与"国际合作"关系

新现实主义认为,国际政治处于一种无政府的状态之中,国家作为理性的、单一的行为体,始终追求权力和利益的最大化。一方面,世界处于无政府状态下,但另一方面,全球范围的合作也同时存在,国际关系既包含冲突也包括合作。新现实主义关注并重视经济的作用,认为只有将政治和经济结合起来,才能较为全面地反映国际关系的现实状况。新现实主义代表人物汉斯·摩根索(Hans Morgenthau)主张:"一国之国家利益不仅要明白自己的利益,也要明白他国的利益,一国之国家利益的界定应与他国的利益相协调",①他鼓励一国要协调同他国的利益,肯定了共同利益的存在。另一位代表人物罗伯特·吉尔平(Robert Gilpin)也表示:"从某种程度上说,权利和规则以共同的价值和利益为基础,而且产生于国家的合作行为",②这也说明了他承认共同利益存在,并且肯定了共同利益对合作的积极作用。

新自由主义者认为,尽管国际体系处于无政府状态中,但国家是理性的,能够认识到合作是实现自身利益的最佳途径,并努力为此创造条件以促成合作。他们认为,在全球化时代下,金融危机、环境、能源、全球反恐在全人类范围内不断扩大,依靠单个国家是无法独立解决这些问题的,只有通过相互合作共同努力才能解决。新自由主义的兴起,使"共同利益"的概念在国际关系发展中的作用越发得到重视。新自由主义认为,国家之间合作的基础是存在共同利益,尤其是在以相互依赖日益加深为特点的全球化时代,一国需要通过与他国的合作,才能通过发展相互间的共同利益而更好地实现自身利益。与其说合作是一种目标,还不如说合作是达到各种各样目标的手段,即使在完全理性的、从狭隘的自身利益考虑出发的国家之间,合作也是可以获得的。③ 此外,新自由主义重视制度在促进国家间合作方面的作用,认为制度能减少交易成本,增加共同利益,帮助行为者在合作中获得各自收益。

建构主义重视观念、文化与认同,主张"观念(文化)构建利益",利益既有客观存在,也包含主观认同的因素。文化认同在对国家利益的认定与实现上,具有举足轻重的作用。如同经济贸易上的往来合作一样,各国人民之

---

① 汉斯·摩根索:《国家间政治——权力斗争与和平》,徐昕,译,北京大学出版社,2006年,第8页。
② 罗伯特·吉尔平:《世界政治中的战争与变革》武军,译,中国人民大学出版社,1994年,第35、第36页。
③ 罗伯特·基欧汉:《霸权之后:世界政治经济中的合作与纷争》,苏长和、信强、何曜,译,上海人民出版社,2001年,第4页。

间在文化上的交流,也是促使国家间巩固和平友谊、维护双方合作的重要助力。建构主义认为,文化认同有助于不同文化区域的协调发展,不同文化之间相互交流并形成彼此认同,从而有助于界定国家之间的共同利益,进而催生不同国家之间开展国际合作。东盟就是一个可以借鉴的成功例子:东盟成员国尽管在政治制度、宗教文化、经济发展等各方面均存在很大差异,但是成员国家十分重视文化认同,自东盟成立起,摒弃各国在文化、宗教方面的差异,积极推进文化交流,努力找寻共同的文化认同,以促使区域合作得到稳定的发展。

2. 指导中国与中东金融合作

新现实主义关于国际金融合作的解读对中国与中东国家开展金融合作具有重要的指导性启示。一是新现实主义认为国家对权力的追逐本性使各国在国际金融合作中都想掌握主导权利,尽可能地为本国利益服务。因此,中国在与中东国家开展金融合作时,也应该不断努力增强实力,争取合作主导权,扩大自身利益,拓展合作渠道和空间。二是新现实主义认为国家利益是一国对外金融政策的根本出发点,能有效检验国际金融合作的可行性。因此,中国在制订与中东国家开展金融合作的相关政策时,应该以这一政策是否符合中国的国家利益作为重要依据。三是新现实主义过于强调大国意志和强国政治,忽视小国在国际金融合作中的应有权益,这是不合适的。中国与中东国家相比是明显的大国与小国的关系,但是中国在与中东地区开展金融合作时,不能只强调中国的大国利益而弃中东国家的权益于不顾。

新自由主义支持了"共同利益的存在会促进合作",同时还主张"合作需要制度的保障,制度的规范作用能够保障和促进合作的进行"。因此,国际金融制度有助于国际金融合作。目前,中东国家的市场环境和制度安排相比中国存在着很大的差异性,仅靠中国或者中东国家的单方面努力是收效甚微的,无法充分发挥协同合作的作用,因此,建立有效的金融合作机制就显得尤为重要。新自由主义范式指导中国在与中东地区开展金融合作时,一是要充分理解和认识双方在金融领域的共同利益,并且不断深入挖掘共同利益,以此作为支持双方开展金融合作的源源动力。二是要充分利用双方现有资源,建立起符合双方利益分配、风险分担的合理有效的国际金融合作机制。三是要善于利用现有国际金融组织与机制,如国际货币基金组织、"一带一路"金融支撑机制,如由中国主导建立的以"共同出资、共同受益"为合作宗旨的亚投行、丝路基金等融资平台的作用,从而提高金融资本的使用效率和投资回报率。

建构主义认为,国家身份决定国家利益,国家利益决定国家行为。亚历山大·温特(Alexander Wendt)曾提出:"国家的集体身份对国际金融合作能否达成至关重要,而集体身份的形成取决于相互依存、共同命运、同质性和自我约束四个变量。"①这四个变量有助于中国与中东国家形成身份认同,从而有助于界定金融合作共同利益,推动双方金融合作的展开。特别是自我约束变量的作用更要引起双方的重视。此外,建构主义重视文化与认同的作用,而中国与中东地区双方文化差异较大:中东国家多奉行伊斯兰教,而中国是以汉文化为主,多文化、多宗教包容并存的多民族国家。这也是中国与中东国家开展金融合作起步较晚且合作程度不够深入的一个主要的原因。中国与中东地区切实存在着共同的金融利益,双方开展长期稳定的金融合作势在必行。因此中国在与中东地区开展金融合作时,要充分考虑双方的文化特征从而避免因文化差异导致的冲突,平衡好同经营模式相同的国家开展金融合作与同独具特色的伊斯兰金融行业开展金融合作的关系。

本章的理论推导分析主要采用了建构主义的观点,从身份认同的四个重要变量着手,以"身份认同界定共同利益—共同利益催生国际合作"的逻辑线展开分析。

(二) 金融合作与经济增长良性互动的理论

1. 金融抑制论

罗纳德·麦金农(Ronald McKinnon)认为,金融制度对经济发展既有促进作用,也有抑制作用,关键在于政府对政策制度的选择。但是,许多发展中国家政府却选择了错误的金融政策,对金融活动采取过分干预的手段,采取了严格管制的包括利率和汇率在内的金融政策和金融工具,导致金融体系发展滞后,从而阻碍了金融体系的发展,而金融体系的发展滞后又抑制了

---

① 亚历山大·温特:《国际政治的社会理论》,秦亚青,译,上海人民出版社,2014年,第334页。

经济的发展。

当利率被迫压低或存在通货膨胀时,利率无法准确反映一国资金供求状况。而发展中国家普遍存在较高的通货膨胀率,因此,压低利率往往导致实际利率为负,一方面降低了居民的储蓄意愿,另一方面大大增加了借款者的迫切需求,导致资金供不应求,企业融资无力,影响实体经济发展。发展中国家在对外汇市场的管制中往往高估本国货币,阻碍了这些国家的商品出口,导致外汇短缺。而这些状况最终阻碍金融体系的发展,从而抑制经济发展。

金融抑制对发展中国家的经济发展产生的负作用主要包括:①资本市场效率降低,资本价格无法真实反映资本供需关系;②发展中国家储蓄状况难以达到最佳水平,无法将储蓄资金有效地转化为投资资金,从而降低了经济增长速度;③银行体系无法扩展到理论上的最优边界,即持有货币的实际收益加上提供银行服务的边际成本等于新投资的边际收益,而是出现货币实际收益与服务的边际成本往往大于新投资的边际收益的情况,银行业本身出现了问题,无法引导储蓄向高收益的领域进行投资;④由于发展中国家高估本币价值,本国商品出口缺乏国际竞争力,限制了本国商品的出口;⑤融资形式受到了限制。在金融抑制情况下,通常只有少数大型企业才能获得外源融资,而中小企业的外源融资多被限制,大批企业融资受困。

2. 金融深化论

经济学家爱德华·肖(Edward Shaw)认为,发展中国家和新兴经济体若要推动自身经济的发展,需重视金融对国民经济的积极促进作用,放弃对金融体系和金融市场过分的行政干预,适当放松金融管制,让市场资金和外汇的实际供需状况得以真实反映出来,充分发挥市场的自我调节机制,使金融资本得以在金融体系下实现有效配置,从而促进经济增长,努力实现"金融深化"或"金融自由化"。

金融深化论认为,健全的金融体制与经济发展之间是互为促进的关系,健全的金融体制能促使社会储蓄资金有效转化为投资资金,既有效提高了资金的流动性和利用率,又推动了经济增长;而经济增长提高了国家福利,增加了居民的可支配收入,除了有利于提高居民消费水平,多出的收入还增加了居民对金融服务的需求,反过来促进了金融行业的发展和变革。金融发展与经济增长之间形成了一种良性循环。

金融深化论为经济发展较为落后的发展中国家和新兴经济体在如何促进本国经济增长的问题上提供了理论依据。该理论的"放宽资本管制""加强金融深化"的观点,为发展中国家完善金融制度提供了依据。

3. 金融结构论

雷蒙德·W. 戈德史密斯(Raymond W. Goldsmith)将金融现象归纳为金融工具、金融机构和金融结构三个方面。金融工具主要是指对他人的债权凭证或所有权凭证;金融机构主要指在金融交易中充当买卖双方桥梁作用的银行、证券公司等金融中介机构;金融结构是金融工具和金融机构之和。他认为,金融结构由不同类型的金融工具、金融机构的性质和规模等要素体现,金融结构的变化反映了金融发展的水平和趋势,如金融结构的优化升级就是金融发展的最好体现。

根据戈德史密斯的观点,如果一国金融服务的数量和质量能随金融系统规模的扩张而提高,那么金融发展的水平可以用金融中介的资产总额占该国国民生产总值的比率来衡量。[①]

戈德史密斯对比分析了全球 35 个国家的金融史料与数据,创造性地提出了衡量金融结构与发展水平的指标,如用金融相关比率(包括一国 M2、股市总值、债券余额在内的该国金融资产总额与国民生产总值的比值)来衡量金融发展水平,它反映了金融上层机构与经济基础结构在规模上的变化关系,金融相关比率值越高,说明相互金融关系越密切。金融相关比率已经成为目前衡量一国金融发展程度时常用的重要指标。又如,他用金融机构的金融资产占全球金融总资产的比率衡量储蓄和投资机构化的程度,反映了储蓄过程中银行体系地位的变化。一般来说,这个比率值越高,反映出通过金融机构作为媒介的间接储蓄份额与直接储蓄份额之间的差额越大。

---

① 雷蒙德·W. 戈德史密斯:《金融结构与金融发展》,上海人民出版社,1990 年,第 23—44 页。

第二节　中国与中东金融合作的共同利益分析

国际合作是国际关系领域的关注热点之一。国际关系三大流派新现实主义、新自由主义、建构主义分别提出了霸权合作论、制度合作论和合作文化论，成为国际合作理论主要成果。其中，霸权合作论认为，霸权国的存在可以充当国际无政府状态中的权威角色，从而能促进合作的达成和维系；制度合作论认为，国家间的合作行为能使彼此获得共同利益的效益更大；合作文化论强调文化、观念的重要作用，认为国际合作的产生有赖于对合作规范的忠诚和认同感。尽管这三大主义的观点侧重点有所不同，但都认同国家间存在合作的需要，国家间合作在满足各自国家利益需求的同时，还能促成集体秩序的构建。

一、身份认同界定共同利益

（一）身份认同理论逻辑链

前文提到，温特强调了国家的集体身份认同对国际金融合作的重要性，并提出集体身份的形成取决于相互依存、共同命运、同质性和自我约束四个变量。

温特将这四个变量进行了分类：将相互依存、共同命运、同质性三个变量划为第一类，作为集体身份形成的主动或有效原因；将自我约束划为第二类，作为助燃或许可原因。在某一个情形下，若四个变量存在的程度越高，则集体身份形成的可能性就越大，身份认同的程度可能越高。他强调，形成集体身份的一个必要条件是：一个有效原因变量和自我约束变量的结合。[①] 可见，自我约束对身份认同的形成尤为重要。

相互依存、共同命运、同质性和自我约束这四个变量贯穿于集体认同的形成、发展和变化过程中。国家之间只有在达成身份认同的基础上，才能认

---

① 亚历山大·温特：《国际政治的社会理论》，秦亚青，译，上海人民出版社，2014年，第334页。

识并挖掘相互的共同利益，从而产生开展合作的动机。而国家间的身份认同程度越高，相互之间的利益交集就越大，共同利益的覆盖面就越广。因此，本书将结合中国与中东地区的实际情况，从构建身份认同的四个变量入手，对中国与中东金融合作的共同利益基础展开分析。

（二）中国与中东金融合作身份认同的四变量

1. 相互依存

在全球化时代下，一个行为主体的行为结果取决于其他行为体的选择，这也是相互依存的内涵。建构主义认为，客观相互依存是形成集体身份认同的基础和成因，两者之间是因果关系，而真正意义上集体身份认同的构建有赖于主观承认客观上的相互依存，两者之间是建构关系。因此，将客观存在的相互依存转变成主观承认的相互依存从而从根本上达成主观建构的要求，成了问题的关键所在。中国与中东国家最初为跨国贸易和基础工程提供资金融通的服务并取得相应的金融收益，在客观上建立了金融合作的相互依存关系。逐渐地，中东国家在普遍较为单一的石油经济模式屡次因国际油价不稳定导致国家经济收入波动幅度过大从而引发国内政治经济动荡后，积极寻求经济模式的转变。而与此同时，中国自改革开放实现经济腾飞后愈发重视金融行业的发展，积极寻求国际合作以获取更大的利益。2008年中国和中东地区在全球金融危机中表现不俗，激发了双方对开展金融合作从而获得共同利益的意愿，从而构建了主观上要求金融合作的相互依存关系。

2. 共同命运

共同命运是指行为主体之间相对于其他行为主体所存在着的一定程度上的共同处境。建构主义认为，当行为主体之间选择彼此相互合作的关系时，会不断加强相互之间的共同命运要求，以促进彼此之间的集体身份认同。当共同命运作为客观条件时，它就成为形成集体身份的原因，而主观上的"同舟共济"意识则是构建集体身份认同的重要因素。中国与中东在全球金融体系中存在许多相似处境：中国与中东都属于新兴市场、双方在国际金融体系地位不高，等等。中国与中东在对双方开展金融合作的问题上达成认同，双方通过合作不仅能获得实际收益，而且在更大程度地融入国际金融体系、提高在国际金融市场上的地位、防范金融风险、应对恐怖主义等方面均存在着共同利益。

3. 同质性

同质性或称相似性,是集体身份认同形成的最后一个有效原因,主要指行为体在文化、价值观等方面的统一性。集体(群体)成员往往根据群体特征把自己归为相似的行为体,因此,同质性认知对构建身份认同具有重要意义。中国与中东在历史、语言、宗教、文化、价值观和意识形态等方面存在较大差异,这对中国与中东金融合作构建身份认同形成了一定的阻碍,这也是双方在开展金融合作时,无法忽视且必须重视的问题。

当然,同质性并非同一性,不是要求消除多样性所体现的彼此之间的差异,而是由各方承认、尊重、包容和吸收融合彼此的同质性。语言、文化、宗教信仰等差异大不一定就意味着中国与中东地区之间无法达成统一性,如中国西部某些地区居民在宗教信仰、文化观念等很多方面与中东地区穆斯林居民存在较高的相似性,这也为双方构建同质性提供了有利条件。因此,中国与中东国家之间可以本着"求同存异"的精神,相互尊重、相互包容,积极融合双方的多样化元素,努力形成同质性,以促成集体身份认同的构建。

4. 自我约束

自我约束是集体身份认同形成和发展过程中至关重要的主变量,前三个变量必须与自我约束相结合才能实现集体身份的认同。建构主义认为,相互依存、共同命运、同质性因素的加强促使国家行为体选择有助于身份认同的亲社会行为,但是在这个过程中可能会产生将要被其认同的行为体吞没的疑虑和担心,从而限制身份认同的深化。因此,通过自我约束来限制自身,由此创造一个彼此互信认同的环境和机制,就显得尤为重要了。比如,中国与中东国家签署正式协议,从而形成一种自我约束及行为规范,帮助建立相互信任关系,有利于促成集体身份认同的构建。前文提到,四个变量的互动关系构建了身份认同,是共同利益的基础,是国际合作的动力,其中自我约束是身份认同体系的根本和关键,也是国际合作机制的保障。在国际金融合作中政策协调和监管是自我约束的集中体现。

二、共同利益的内涵与表现

从国家关系层面来看,国家行为体在从事一切对外活动中的主要依据和基本动因是国家利益。共同利益也是国家利益,但不同的是,共同利益不是某一个单一主权国家的国家利益,而是在产生相互关系的两个或多个国家间所共有的国家利益。共同利益也可以看作是国家行为体之间各自利益的相同部分。中国与中东金融合作也是基于双方具有共同利益的基础上展开的。唯有共同利益才是推动中国与中东金融合作的核心动力。

(一)共同利益内涵

1. 共同利益的基础

每个国家行为体在整个国际社会中都有各自的利益需求,我们将之视为其国家利益。各国家行为体在进行国际交往的过程中以实现各自国家利益为首要驱动目标。各国的国家利益也不尽相同,各有其特殊性,这些国家利益交织在一起,造成有的国家相互之间的国家利益呈现相互限制、相互排斥、相互否定的关系,也促使有的国家之间的国家利益呈现相互依赖、相互联系、相互认同的关系。当今世界处在全球化时代,世界各个国家和地区都直接或间接地紧密联系在一起,各国在国际社会中往往需要与他国建立相互联系、相互合作,才能最大限度地追求自身利益。可以说,国家行为体之间的相互依赖、相互联系、相互认同构建了各国共同利益的基础。中国与中东国家在国际社会中的行为也是为各自的国家利益而进行的,双方开展金融合作也是基于双方对"金融合作存在共同利益,通过合作能使双方共同获得收益"达成共识。

2. 共同利益的产生

一方面,追求国家利益是国家行为体对外活动的主要动因。而共同利益源于一国在追求自身的国家利益时,为最大限度实现自身利益而与他国建立起的相互联系与合作关系。因此,可以认为,共同利益的产生源于国家行为体对各自国家利益的追求。另一方面,当今世界处在全球化时代,国家行为体为更好地实现自身利益,需要与其他国家行为体建立不同程度的联系,而共同利益的存在恰好成了维系这种联系的纽带。独善其身已经不符合当今国际社会环境的发展现状了。在国家行为体与他国进行国际交往的过程中,如果不能从实现共同利益的角度出发,而是仅仅考虑自身的国家利益,无视甚至破坏其他国家的国家利益,那么最终其自身的国家利益也难以获得。在经济全球化的时代,中国和中东国家都无法独善其身或闭门造车,都需要与他国建立起不同程度的联系。中国与中东国家在国际社会中努力实现自身国家利益的同时,也建立起了一定的相互联系。历史上,中国与中东地区在政治和经济上一直保有联系,时至今日,双方在政治上相互认可、相互支持,经济上相互需要、相互促进,并在这些领域都形成了双方利益的交集,从而产生了共同利益。而双方的联系越深入,利益的交集面也越大。

3. 共同利益的性质

在当今国际社会中,不同的国家在经济能力、国土面积、自然资源、人口规模、军事实力等方面不同,有些国家整体实力较弱,有些国家整体实力较强,有些国家综合实力相差不大却在不同的方面实力相差甚远。无论国家实力如何,可以基本总结为,弱国的国家利益主要是为了在国际社会中谋求生存与发展,强国的国家利益则主要是更大程度地提升国家实力和国际地位,争取更多的话语权和决策权。弱国需要与其他国家建立相互联系以追求生存,强国则需要与其他国家建立联系以追求更强实力,为追求共同利益而处在相互关系下的单个国家行为体可以获得更强大的支撑力量和更广阔的发展空间。可以认为,共同利益是国家行为体在国际社会中生存与发展的最根本利益。无论是中国还是中东国家都希望提升国家实力以谋求在国际社会中得以更好地生存与发展,这些国家实力的提升既包括了国际政治地位的提高、国家经济实力的增强,也包括了民族文化的国际认可度的提高,这也是双方在国际社会中的共同利益本质所在。

(二) 中国与中东金融合作共同利益表现

通过前文对身份认同的分析,结合中国与中东国家的政治、经济、金融热点,总结归纳出中国与中东国家共同的金融利益大致体现在以下几方面。

1. 共创金融业务繁荣

根据国家统计局的数据,中国服务业已成为中国第一大产业,2020年服务业占GDP的比重已达54.5%。服务业成为中国经济增长的主推动力。

由此可见，服务业的持续健康发展对于中国经济转变发展方式、优化经济结构、转换增长动力、实现平稳较快发展具有至关重要的意义。2018年发布的《2011—2016年中国服务业与服务经济全景报告》指出，金融业在服务业和各行业中资产规模和利润总额最大，分别占服务业总额比重达44.6%和28.8%，可见金融行业的发展将会在推动中国经济高质量发展的过程中起到中流砥柱的作用。

在这样的大背景之下，一方面，中国的金融机构不断谋求自身发展，继续开拓国际国内市场，寻求新的利益增长点的必要性和紧迫性就日益凸显。因此，无论是借由中国—海合会自由贸易区谈判的契机，还是搭乘眼下"一带一路"倡议的快车，中国国内的金融机构都必将投入更多的精力和资源，积极与中东国家开展金融合作，进一步拓宽国际市场，发掘潜在的客户资源和金融服务机会，从而获取更多的利润收益。另一方面，对经济利益的不断追求也是推动中东国家金融机构积极参与和包括中国在内的其他国家和地区之间金融合作的一大原生动力。根据2020年3月29日海湾新闻报道，新冠疫情持续蔓延和低油价对海湾各国的经济运行带来严重冲击，导致银行业的营利能力和资产质量下降，多家海湾地区银行评级面临进一步下调。海湾地区银行业面临以下几个方面的影响：一是政府财政压力加大，资产规模扩张受阻；二是全球进入降息周期，银行业存贷款差空间缩小；三是社会经济正常运行受阻，银行资产质量和盈利能力下降。疫情期间社会经济活动大幅减少，服务业、酒店、地产、交通等行业受损严重，资产质量下降导致风险成本增加，对盈利能力构成压力。在这样的情况下，对于海湾地区银行来说，想要摆脱自身发展的低谷，除了采取各种常规手段降低运营成本或是以重组方式优化资本结构，更加可行有效的策略则是加强跨区域的金融合作，在市场、技术和管理等方面寻求更多的突破。而中国金融业在此时伸出的橄榄枝，将会成为海湾地区银行等金融机构改革创新、寻求突破、摆脱困境乃至浴火重生的一个天赐良机。而海湾国家金融业的不断创新和发展，也将辐射到整个中东地区，并产生积极的推动作用。

2. 共享金融自由化红利

20世纪70年代，欧美发达国家掀起了金融自由化浪潮。进入20世纪

80年代,发展中国家也加入金融自由化改革的队伍,并在20世纪90年代呈现快速发展的势头。尽管在此期间发生了数次金融危机,尤其是经历了波及国家最多、损失最惨重的亚洲金融危机,仍然无法阻挡各国金融自由化的进程。在进入21世纪后,发展中国家也逐步开放本国金融市场。

为更多地获得金融全球化带来的利益,中国与中东金融体系都在积极努力地融入自由、开放的全球金融体系中。自由开放的金融市场的确具有吸引力:一是金融自由化能增强金融市场的竞争性,提高金融市场的效率;二是金融自由化要求金融信息公开、准确,有助于迅速反映市场供求状况,建立更为科学有效的金融市场体系;三是为金融市场参与者和金融机构提供了更广阔的平台和发展机会;四是有助于资本资源在全球范围内得到更有效的配置。

目前,中国与中东国家的金融自由化程度都不高,与国际金融体系的关联性不强,尽管这有助于中国与中东各国在金融危机到来之际抵御危机带来的重创,但是在经济和金融全球化的背景下,合理开放本国金融市场的自由化有助于更高程度地参与到全球金融体系中去,收获更大范围的利益,提高国际金融影响力,并在国际金融体系中获得更大的话语权。

中国与中东国家具有继续推动本国金融市场实现自由化的共同目标,未来在充分利用自身优势的前提下,可以协调双方的金融政策,调整开放本国金融市场的步伐,最终实现双方金融市场稳步、健康地实现自由化。

3. 共保金融环境安全

随着金融全球化的不断发展,金融安全也日趋重要。加强对本国金融体系的保护,确保金融安全,成为各国政府愈发重视的问题。

各国在收获由金融全球化带来的巨大经济利益的同时,也同样面临风险。在金融全球化的发展过程中,国际金融危机时有发生,因此,金融安全作为应对金融全球化的一个重要战略被提出,同时也成为国家安全战略的重要组成部分。与此同时,在金融全球化的中心—外围体系中,发展中国家处于外围,而处于中心的发达国家主导金融全球化,通过"剪羊毛"方式加剧了国际经济不平等格局,甚至侵蚀民族国家的经济主权。[①]

---

① 姜英梅:《中东发展报告No.15(2012—2013)》,社会科学文献出版社,2013年,第37页。

金融全球化下不存在经济绝缘体。2008年全球金融危机虽然发端于美国,中国和中东国家因与国际金融体系的联系不够紧密,加上金融业务规模有限,中国和中东国家所受的影响较欧美发达国家小很多,但是对双方的金融业还是产生了一定冲击。第一,银行业出现流动性紧张、信贷收紧的局面。例如,部分银行为应对银行不良贷款,调高了贷款损失准备金;标准普尔、穆迪、惠誉等三大国际权威评级机构下调了多家中东国家银行的评级;工行、建行等中资银行在次级债的投资额虽占比不高,却也遭受了不小的损失。第二,股市受挫,投资者信心不足。中东股市在金融危机开始之际,就出现大量外资"出逃"撤出股市的现象,导致投资者恐慌性抛售股票,最终致使股市暴跌;中国股市也在2008年经历了暴跌,市值蒸发达70%,投资者损失惨重。第三,部分正在进行中的投融资项目搁浅。受全球金融危机的影响,项目融资市场遭遇萧条,如阿联酋在2010年搁浅的项目就高达4 440亿美元,而进行中的项目为2 139亿美元,其他中东国家也有项目被迫搁浅。第四,海外金融资产受重创。中国和中东国家的主权财富基金及其他金融投资机构购买了大量的欧美国家的债券、股票,以及各种金融衍生品,在国际金融危机爆发之际,这些金融资产或蒸发,或大幅缩水,直接导致这些投资机构遭受巨额损失。

尽管中国与中东地区的金融发展起步较晚,双方的金融体系也各不相同,但在国际金融危机中都经受住了考验,并成了国际金融市场的投资新宠。在金融全球化背景下,在金融自由化改革步伐无法阻挡的情况下,双方都面临着金融危机和金融风险的冲击,存在着维护金融安全的共同利益。双方如何在发生金融危机时携手合作抵御危机,在对方发生外汇储备不足时提供援助,如何在金融项目合作中建立有效的相互监管机制,将成为未来双方在金融合作中实现共同安全利益时的重要推动力。

4. 共筑金融反恐防线

所谓国际金融反恐,指通过各国金融系统和机构的运作,切断恐怖组织、恐怖分子的经济命脉,使恐怖分子无法生存或发展,使恐怖活动无法实施。

2001年9月11日,在美国爆发了一系列针对五角大楼和世贸中心的恐怖袭击事件,史称"9·11"事件。此后,国际社会从外交、金融、司法、情报、军事等方面全面打击恐怖主义。对恐怖主义融资的打击成为其中一项重要的打击手段。切断恐怖组织资金来源以降低恐怖袭击的发生率,已成为各国政府的共识。美国率先在全球范围内开展了金融反恐战争,冻结了涉嫌恐怖组织活动有关的银行账户和资产,同时号召世界各国加入打击恐怖主义活动的行列,甚至还得到了联合国的支持。

人们对伊斯兰金融机构与恐怖主义活动关联性的误解,给伊斯兰国家金融机构的形象和收益造成极大的打击。伊斯兰金融界领导人表示,恐怖袭击与伊斯兰和广大穆斯林无关,伊斯兰银行没有恐怖分子账户。此外,沙特也在反恐问题上与美国进行了合作,[①]帮助有效打击恐怖主义的融资活动,在一定程度上挽回了伊斯兰银行的声誉。

中国也是恐怖主义的受害者。恐怖主义对中国的社会安定、经济发展、金融系统造成了威胁。中国政府为严厉打击和防范恐怖犯罪活动,已经在军事、外交、情报、立法、金融等领域采取了一系列打击措施。金融部门也与公安部门展开积极的合作,及时发现、监控、截留、冻结、没收恐怖组织的资金,从而掐断恐怖组织活动资金链。

因此,中国与中东存在共同的金融反恐利益。未来双方在金融合作中,可以充分沟通和协调金融反恐、反洗钱行动,加强信息共享与合作以携手共同创造稳定、健康的金融环境。

三、共同利益催生国际合作

根据理性人假设,所有经济行为都源于对于利益最大化的不断追求。这一原理运用到国家层面,可以体现为国家利益或国家间的共同利益是主导国家行为和国际合作的根本驱动力。中国与中东在经济和金融方面既然存在着多方面的潜在共同利益,那么随着双方共同利益范围的不断扩展,联系不断加深,层次不断升级,双方对共同利益的追求势必会以目标导向的方式,成为推动中国与中东进一步开展和深化金融合作的根本动力。根据前

---

① 姜英梅:《伊斯兰金融中的政治问题》,载《世界宗教研究》,2014年第5期,第148—155页。

文所述，中国与中东在金融业务发展、金融自由化、金融安全以及金融反恐方面都体现了广泛的共同利益，而这些共同利益的实现，即金融业务共同繁荣、金融自由化红利共同分享、金融安全环境共同治理以及金融反恐风险共同防范，均会为双方金融行业的发展和对外扩张以及金融市场主体提升自身国际竞争力创造有利条件，从而为双方金融合作的深化奠定良好基础。

国家之间存在的共同利益催生其相互之间开展合作。无论是中国还是中东国家，双方开展金融合作的重要目的，都是希望通过合作，在经济上更好地获得收益，促进本国经济的良性增长和社会福利水平得以提高。而经济的健康增长反过来又能促进金融领域的发展，推动国家间金融合作不断深入，从而获得更多的收益。金融合作与经济增长具有良性的互动关系。

（一）通过金融合作可以有效促进经济增长

1. 有效调节经济结构

加强金融合作可以提高资金配置效率，增加资本生产力，促进资源的有效利用，有效推动区域经济结构调整。主要表现为：一是给相关产业发展提供直接融资，为产业结构调整及优化提供增量资金；二是通过资本证券化，企业资产可以在不改变所有权的情况下通过转让使用权使企业资源从低利润部门向高利润部门转移，从而优化产业结构；三是通过金融机构的中介服务，拓展产业结构的调整空间，使现有存量资金在不同产业间实现有效配置。

2. 促进区域资本形成

加强金融合作可以提供充足的资本，从而推动区域经济的发展。控制利率和汇率维持在合理水平，构建层次丰富的资本市场，大力创新多样化的金融工具，设立完善高效的融资机制，能有效促进区域经济活动高效运行，刺激投资，最终推动经济的增长。通过开展区域金融合作，可以采取直接或间接的融资方式转化为投资资本，或者将企业和居民的闲散资金通过储蓄转化为投资资本，从而推动区域经济增长。

3. 优化资源配置和分工合作

伴随着区域金融合作的是资金在区域内的流动和配置，从而引发技术、劳动力等其他要素在区域内的流动和配置，这些资源被引至有助于促进经济增长和提高社会福利的部门,从而提高了资源的生产效率。区域金融合作有助于缩小区域内经济体间的差距,还可以通过外国直接投资、区域性资本市场和信贷等手段,支持区域内优势产业发展,实现有效分工。同时,通过设立区域性的金融合作平台,推动区域经济合作的效率,从而提高区域整体的国际竞争力。

(二)金融合作对促进金融业自身发展的作用

1. 决定区域金融的合作程度

一国经济状况在某种程度上决定了该国金融业的发展水平、金融体系的发展状况以及金融机制的完善情况,一国的经济规模也决定了其金融市场的发展程度,该国的经济增速在一定程度上反映了金融行业的未来发展情况。因此,一国经济增长从一定程度上决定了该国与其他经济体开展金融合作的程度。

2. 影响金融资源的流动和配置

一国资本市场化程度的高低影响金融资源的流动和配置。一般来说,一国资本市场化程度较高,则利率和汇率能较好地通过市场的自我调节机制调节至均衡水平,从而更好地发挥市场资源配置的能力,提高资本的利用率,增加资本的回报率。而在区域合作中,若各国之间的资本市场化程度差距较大,易导致金融资源供需分布不平衡,进而阻碍区域金融合作的进行。

3. 影响金融资源使用效率

经济增长对资金的需求是极大的,不光是在数量上要求有大量的资金投入,更是在质量上要求有高效率的资金配置相匹配,这就对发达、完善的金融体系提出了要求,从而促进金融部门提高金融资源配置的效率。

第四章
中国与中东金融合作的相互依存

相互依存是形成集体身份认同的重要变量,主观承认与客观相互依存真正促进集体身份认同的构建。在国家间共同利益方面,相互依存这一变量起到了重要的纽带作用。本章将基于卢卡斯模型,选用中东地区经济金融较为发达的海合会成员国家为研究对象,通过实证研究探索中国与中东之间金融合作的相互依存关系。

第一节 相互依存形成共同利益纽带

建构主义认为客观相互依存是形成集体身份认同的基础和成因,两者之间是因果关系,而主观承认客观上的相互依存则从真正意义上促进集体身份认同的构建。因此,关键是将客观存在的相互依存转变成主观承认的相互依存从而在根本上达到主观建构的要求。在全球化时代下,相互依存的内涵是一个行为主体的选择将影响其他行为体的行为结果。因此在国家间共同利益方面,相互依存这一变量起到了重要的畅通沟通渠道、加强联结互动、促成双赢局面的纽带作用。简言之,相互依存这一变量回答的是"跟谁具有共同利益"的问题。

从政治角度来看,中国与中东之间有着实实在在的相互需求。中国积极倡导建立国际政治新秩序,实现多极化的世界格局,将不可避免与单边主义、霸权主义和强权政治发生冲突。鉴于霸权主义和强权政治的势力还相当强大,这就需要中国在处理国际政治问题时充分注意方式方法和斗争艺术,善于团结一切可以团结的力量。而中东地区无论从地缘政治还是宗教势力来说都具有成为多极化中"一极"的潜质,换言之,一方面,国际政治新秩序的推动,需要中东国家的支持,而中东国家的发展也会不断加强世界多极化的趋势,因此中东是中国在国际政治舞台上所必须争取的支持力量和合作伙伴;另一方面,中东国家由于受到特殊的地缘位置、强大的宗教影响,以及复杂的历史遗留问题等因素制约,对国家安全问题极为重视。时至今日,中东地区面临的首要威胁依然是安全问题,这说明中东国家仅靠简单相互抱团并不能有效处理自身安全问题,而必须对外寻求强有力的支持。考虑到中东地区安全局势的长期性和复杂性,中东国家的理想"外援"必须具备大国体量、巨大的政治影响力和军事实力,以及切实致力于维护世界和平。而放眼亚洲乃至世界范围,当属中国最满足这三大条件。事实上,中国在国际安全问题上始终提倡国与国之间相互信任,共同维护和平,树立互信、互利、平等和协商的新安全观,通过对话和合作解决争端,而不应诉诸武力或以武力相威胁。所有这些主张,无疑是符合中东国家根本利益的。

从经济角度来看,一方面,中国经济的持续、稳定、健康发展离不开包括中东的能源供应的长期支持;中国经济的转型升级和供给侧结构性改革带来了对"去产能"的直接要求,倒逼中国企业不断开发海外市场,而中东地区在中国对外贸易版图中的重要性,将随着"一带一路"倡议的层层推进而日益凸显。另一方面,中东地区的石油经济离不开包括中国等能源需求大国的旺盛需求,中国的能源对外依赖程度不断提升,保证了中东石油产品的稳定销路。与此同时,中东国家近年来试图打破单一的石油经济路线,积极寻求经济模式的转变,这就更加需要得到包括中国在内的广大海外市场的支持。具体到金融领域,随着国际贸易的发展及跨境基础工程的扩大,中国与中东国家建立了金融互动关系,为获得金融收益在客观上建立了相互依存关系。双方金融业不断发展,更是在2008年全球金融危机中有不俗表现,不但促使双方对对方的金融业了解更进一步,而且激发了双方认识到金融行业合作可以获得的共同利益,希望通过开展金融合作,有效平抑经济波动,减少由经济波动所带来的福利损失,提高金融资源的利用率,为中国和中东地区自身的经济增长提供源源不断的增长动力,从而从主观上构建了要求开展金融合作的相互依存关系。

第二节 相互依存分析的基准模型:卢卡斯模型

对金融合作与经济增长的关系一般采用面板数据计量模型分析方法,但由于面板数据分析要求样本数据的体量比较大,以及中国与中东国家正式开展金融合作的时间不长且国别差异较大等因素,使得构成面板分析的数据量不足,受限于此,在对中国与中东国家金融合作对各自经济增长相互关系进行面板数据分析时效果不理想。因此,本书没有体现中国与中东国家金融合作与经济增长关系的实证分析,而是对前文所提到的金融合作与经济增长相关理论、金融合作与经济增长良性互动关系的推导分析,以及相关文献对金融合作与经济增长关系的实证分析所得结论进行综合考虑,认为中国与中东国家金融合作对各自国家的经济增长有正相关作用,从而认为金融合作能对一国经济产生影响,有助于一国稳定经济形势,平抑经济波动。

在此基础上,采用福利经济学中用来分析经济波动所造成福利损失的卢卡斯基准模型,通过对比分析中东国家寻求相互之间开展金融合作以及寻求与中国开展金融合作所能平抑经济波动的程度。如果中东国家与中国开展金融合作能平抑经济波动的效用高于中东国家相互之间开展金融合作所能平抑经济波动的效用,那么可以说明中东国家与中国开展金融合作的相互依存表现较强,也说明开展金融合作符合双方的共同利益。

经济学家卢卡斯(Lucas)在1987年设计了一个分析经济波动造成福利损失的基准模型。该模型的起点与福利经济学的标准做法类似:用无限生存代表性个体的跨期效用来度量社会福利水平,通过对比存在经济波动和不存在经济波动两种情况下的社会福利函数,从而计算得出由于经济波动所产生的福利损失的具体数值。①

卢卡斯最早利用第二次世界大战后美国居民实际消费数据，运用基于消费的效用函数，对经济波动所产生的社会福利效应进行了定量测算，开创性地发展了计算经济波动所产生的福利损失的定量模型。他的基本思想是：由于行为人的偏好存在风险规避的特点，经济波动的加剧意味着消费的不确定性增长，导致行为人的效用水平的降低，从而损害社会福利，这就是经济波动对社会福利的基本影响机制。② 卢卡斯将抹平经济波动的后果设定为在现实的消费时间序列中去除了波动项，通过对比计算行为人在抹平经济波动前后的效用水平，就可以得到经济波动的福利损失指标。卢卡斯的量化结论主要依赖于两个重要参数：一是相对风险规避系数（CRRA）；二是效用的主观时间折现系数，并假设随着消费流的对数服从一个期限间相互独立的正态分布。③

在卢卡斯对个体偏好的设定中，跨期效用具有相对风险规避系数不变的偏好特点，跨期效用函数的自变量是每期（一般为一年）的消费水平，将消费设定为以固定增长率增长的随机形式。因此，经济波动可以通过消费波动项和个体对风险的好恶程度来影响个体的效用水平，从而影响整个社会福利水平。

为何选用消费数据作为分析参数呢？经济学往往强调理论的微观基础，通过微观个体的行为得出宏观经济的规律性结论。在设定微观个体的效用函数时，往往将消费作为重要的自变量，而基于消费的效用函数已被广泛接受，且基于同一标准理论框架的结论可比性强，因此，在对经济波动所导致的福利损失进行量化研究时，包括卢卡斯的研究在内的绝大多数后续研究，均以消费作为量化计算的基数。

因此，依据卢卡斯的理论思路可建立经济波动的福利损失理论模型：假设一种情况为存在经济波动时个体的每期消费水平比现实消费增加 λ 倍，

---

① 张耿：《转型期中国经济波动的福利效应研究》，上海人民出版社，2012 年，第 13 页。
② 张耿：《中国经济波动的福利成本与卢卡斯论断再检验》，载《经济与管理研究》，2016 年第 3 期，第 3 页。
③ 张耿、胡海鸥：《损失规避与经济波动的福利成本研究》，载《经济学（季刊）》，2007 年第 4 期，第 1239 页。

假设另一种情况为不存在经济波动时个体消费水平等于现实消费去除波动后的趋势项。令两种情况下的社会福利水平无差异,通过等式计算出 λ 的值,该值可以作为经济波动的福利损失指标。以下为该模型的推导过程及结论。

应用效用函数如式:

$$U_{(C_t)} = \frac{C_t^{1-\gamma}}{1-\gamma}$$

其中,$U_{(C_t)}$ 表示一个代表性个体的 t 期所获得的效用(可以理解为该个体在 t 期所获得的幸福感受),C_t 表示 t 期的人均消费,γ 是风险规避系数。

经济波动所造成的福利损失可以被看作是一个无限期生存代表性个体的每期效用的总和,即可以表达为:

$$W = \sum_{t=0}^{\infty} \beta^t U_{(C_t)} = \sum_{t=0}^{\infty} \beta^t \frac{C_t^{1-\gamma}}{1-\gamma}$$

其中,β 为消费者的主观时间折现系数。

那么,某一个代表性个体的福利函数就可以表示成该经济波动所造成的福利损失的期望,即:

$$E(W) = E\left\{\sum_{t=0}^{\infty} \beta^t U_{(C_t)}\right\} = E\left\{\sum_{t=0}^{\infty} \beta^t \frac{C_t^{1-\gamma}}{1-\gamma}\right\}$$

上式中的人均消费可以表达为如下数学形式:

$$C_t = A e^{\mu_t - \frac{\sigma^2}{2} + \varepsilon_t}, \; \varepsilon_t \sim i.i.d. N(0, \sigma^2)$$

当经济波动完全消除时,则 $\sigma = 0$,上式可以表达为:

$$C_t^* = A e^{\mu_t}$$

那么,经济波动完全消除后的福利函数可以表达为:

$$W^* = \sum_{t=0}^{\infty} \beta^t U_{(C_t^*)} = \sum_{t=0}^{\infty} \beta^t \frac{(A e^{\mu_t})^{(1-\gamma)}}{1-\gamma}$$

通过数学变形,该表达式可以化简得到:

$$W^* = \sum_{t=0}^{\infty} \beta^t U_{(C_t^*)} = \frac{A^{1-\gamma}}{1-\gamma} \sum_{t=0}^{\infty} \beta^t e^{\mu_t(1-\gamma)}$$

因为经济福利的期望也可以表达经济波动完全消除情况下的福利值,从而:

$$W^* = E(W) = E\left\{\sum_{t=0}^{\infty} \beta^t U_{(C_t)}\right\} = E\left\{\sum_{t=0}^{\infty} \beta^t \frac{C_t^{1-\gamma}}{1-\gamma}\right\}$$

$$= E\left\{\sum_{t=0}^{\infty} \beta^t \frac{[(1+\lambda)Ae^{\mu_t - \frac{\sigma^2}{2} + \varepsilon_t}]^{1-\gamma}}{1-\gamma}\right\}$$

其中,因为 $\varepsilon_t \sim N(0, \sigma^2)$,则 $\varepsilon_t(1-\gamma) \sim N(0, (1-\gamma)^2\sigma^2)$,通过数学变形可化简得到:

$$E(W) = \frac{e^{-\gamma\sigma^2(1-\gamma)} A^{1-\gamma}(1+\lambda)^{1-\gamma}}{1-\gamma} \sum_{t=0}^{\infty} \beta^t e^{\mu_t(1-\gamma)}$$

由 $W^* = E(W)$,化简得到:

$$\lambda \approx \frac{1}{2}\gamma\sigma^2$$

由此,可以通过该算式计算出福利损失的具体数值。

作为经济波动所造成的福利损失指标的参数,λ 的经济学意义是:完全消除经济波动对代表性个体的福利可以带来多少好处,换句话说,相当于在现实中将消费提升了 λ 倍。

第三节 相互依存关系的分析

一、数据选取与分析

相互依存关系的分析主要是建立在卢卡斯基准模型的基础上的。因此在选取数据时,考虑用人均实际消费来衡量经济波动所造成的福利效用。本书所选取的数据来源于 PWT version 9.0[①],选用中东地区经济金融较为发达的海合会成员国家沙特、阿联酋、卡特尔、巴林、科威特、阿曼,以及中国、美国的数据作为本书分析的主要对象。选择海合会国家作为中东地区的代表国家,一是海合会国家是中东地区经济金融较为发达的地区,二是中国与中东开展经济金融合作也主要集中在海合会国家。加入美国的数据,一是因为美国是全球最具影响力的经济体,二是因为美国与海合会国家的经济往来也十分密切,因此将美国的情况纳入分析过程中作为参考。在 PWT version 9.0 数据库中,海合会六国的数据始于 1970 年,因此为方便分析,统一选取表中海合会六国、中国、美国于 1970—2014 年的 cgdpo(国内生产总值购买力平价)、csh_c(消费占 cgdp 比重)、pop(人口)等数据,通过计算可以分别得到这八个国家的年人均实际消费数据,并作为衡量卢卡斯模型中 C_t 的数据,再对其取对数。根据前文所推导的公式 $\lambda \approx \frac{1}{2}\gamma\sigma^2$,要计算 λ 的值,就要确定 γ 和 σ 的值。

(一)确定 γ 的值

在卢卡斯的研究中,对相对风险规避系数 γ 赋值为 1、5、10、20 四种情况,但是却遭到学术界的质疑,被认为缺乏对参数取值的敏感性分析。而目前学界比较认可的是资产定价理论所提出的观点,认为相对风险规避系数处于[2,10]区间是比较合理的。[②] 本节主要研究中国与海合会国家开展和不开展金融合作这两种情况下的福利效用,在分析时选取的是同一个相对风险规避系数,因此,γ 的数值选取并不是本文研究的重点。为了方便计算,也综合考虑到其他相关因素,本节在进行研究分析时,暂且将 γ 值选取值定为 10。

---

① 佩恩表(Penn World Table,PWT),或被称为宾州世界表,它是联合国的国际比较计划委托宾州大学的一个研究所——国际比较中心——编制的有关经济总量和发展的跨国分析数据库。该数据库由宾州大学和加州大学戴维斯分校和荷兰罗宁根大学共同维护;PWT version 9.0 版本的数据涵盖全球 189 个国家和地区 1950 至 2014 年的部分或全部的数据,数据项目涉及人口、汇率、人均实际国内生产总值等 43 项。
② 饶晓辉、廖进球:《递归偏好、经济波动与增长的福利成本:基于中国的实证分析》,载《经济科学》,2008 年第 4 期,第 23 页。

(二) 确定 σ 的值

与 γ 值的取值相比,σ 的计算则复杂一些。可以用来计算 σ 的方法还有很多,本节采用目前学界较为普遍选用的 BP 滤波法和 HP 滤波法求 σ。

本质上来说,将消费函数看成是消除波动的消费部分和有波动的消费部分的总和。通过 BP 滤波和 HP 滤波可以得出波动部分的标准差,具体可见表 4-1 和表 4-2。

表 4-1 BP 滤波法计算海合会六国、中国及美国年人均消费波动率(1970—2014 年)

国家	阿联酋	沙特	巴林	科威特	卡塔尔	阿曼	中国	美国
人均消费波动率	0.112 1	0.053 8	0.061 7	0.093 0	0.068 7	0.065 3	0.020 6	0.011 7

数据来源:根据 PWT version 9.0 的数据,运用 E-views 8 计算得出。

表 4-2 HP 滤波法计算海合会六国、中国及美国年人均消费波动率(1970—2014 年)

国家	阿联酋	沙特	巴林	科威特	卡塔尔	阿曼	中国	美国
人均消费波动率	0.125 3	0.103 4	0.088 6	0.137 9	0.099 0	0.108 1	0.033 6	0.016 6

数据来源:根据 PWT version 9.0 的数据,运用 E-views 8 计算得出。

(三) 求得 λ 的值

根据前文提到的计算 $\lambda \approx \frac{1}{2}\gamma\sigma^2$ 的公式,以及通过 BP 滤波法、HP 滤波法计算得出的海合会六国、中国以及美国年人均消费波动率(σ 值),可以分别求得海合会六国、中国以及美国经济波动福利损失 λ 的值,根据前文求得的数值利用公式计算具体结果可见表 4-3。

表 4-3 海合会六国、中国及美国经济波动福利损失 λ 的计算结果(1970—2014 年)

方法	(γ=10)	阿联酋	沙特	巴林	科威特	卡塔尔	阿曼	中国	美国
BP 滤波法	σ	0.112 1	0.053 8	0.061 7	0.093 0	0.068 7	0.065 3	0.020 6	0.011 7
	λ	0.062 8	0.014 5	0.019 0	0.043 2	0.023 6	0.021 3	0.002 1	0.000 7
HP 滤波法	σ	0.125 3	0.103 4	0.088 6	0.137 9	0.099 0	0.108 1	0.033 6	0.016 6
	λ	0.078 5	0.053 5	0.039 3	0.095 1	0.049 0	0.058 4	0.005 6	0.001 4

二、λ值的经济学意义

根据表4-3中的数据显示,BP滤波法计算得出的λ值与HP滤波法计算出来的λ值尽管存在一定差异,但结果较为接近,不管采用哪种计算方法,我们分析表4-3中的三组数据可以看到有一个共同点,即美国的λ值最小,中国其次,海合会六国的λ值普遍较高,且大幅度地高于中国和美国,说明两种方法得出的结论是一致的。

前文在对 $\lambda \approx \frac{1}{2}\gamma\sigma^2$ 的公式进行经济意义的分析时提到,λ的经济学意义是:它代表了经济波动的福利损失,即抹平经济波动所能增加的消费比率,也就是抹平经济波动对代表性个体能带来多少福利收益。表4-4以HP滤波法计算出的λ值为例进行具体分析说明。

表4-4　2014年海合会六国、中国及美国消费增长率

项目	阿联酋	沙特	巴林	科威特	卡塔尔	阿曼	中国	美国
2014年人均消费(美元)	25 817.0	15 686.8	17 170.4	19 184.1	16 751.4	11 884.5	4 591.0	37 002.5
采用HP滤波法计算的λ值	0.078 5	0.053 5	0.039 3	0.095 1	0.049 0	0.058 4	0.005 6	0.001 4
消费增长率	7.85%	5.35%	3.93%	9.51%	4.90%	5.84%	0.56%	0.14%

数据来源:根据PWT version 9.0数据计算整理得出。

美国的λ值相对最小,仅为0.001 4,即消费增长率为0.14%。按照美国2014年人均消费为37 002.5美元,抹平经济波动所带来的福利收益,相当于2014年人均最终消费增加51.8美元。中国的λ值略高于美国为0.005 6,相当于抹平经济波动能将人均消费提高0.56%。这个数字仍然是比较小的,因此,中国的经济发展总体来说较为平稳,抹平经济波动对提升中国社会福利水平来说不是影响最大的。反观海合会六国,消费增长率基本都在4%~8%,这说明,抹平经济波动能有效地增加这些国家的福利收益从而提升这些国家的社会福利水平,即平抑经济波动对海合会国家来说是很重要的。因此,海合会国家对寻求金融合作从而平抑本国经济波动的需求是比较强的。

三、金融合作的潜在收益

前面分别分析了海合会六国以及中国的经济波动带来的福利损失,也得出了海合会国家通过抹平经济波动对提高本国社会福利水平是有效的,且有效程度高于中国。下面从海合会国家寻求国际合作出发,分别从海合会国家寻求与海合会成员国家开展相互金融合作,以及海合会六国与中国开展金融合作两个情况,对合作带来的福利收益进行分析。

(一)海合会六国之间开展金融合作

如果海合会成员国家在相互之间开展金融合作,是否能有效平抑经济波动呢?假设海合会六国能充分协调合作,那么将这六国看成一个整体,用1970—2014年海合会六国的年消费额的总和除以六国总人口,求得1970—2014年每年的人均消费数据,再运用卢卡斯模型,采用 HP 滤波法求得 λ 值,同时,计算海合会六国之间进行充分协调合作后能使各国经济波动下降的幅度,具体数据见表4-5。

表4-5 海合会六国相互之间开展金融合作能使各国经济波动水平下降幅度

项目	(γ=10)	阿联酋	沙特	巴林	科威特	卡塔尔	阿曼	海合会内部合作
HP 滤波法	σ	0.125 3	0.103 4	0.088 6	0.137 9	0.099 0	0.108 1	0.069 7
	λ	0.078 5	0.053 5	0.039 3	0.095 1	0.049 0	0.058 4	0.024 3
内部合作使各国经济波动水平下降		69.06%	54.59%	38.17%	74.48%	50.47%	58.43%	

数据来源:根据 PWT version 9.0 数据计算整理得出。

通过比较表4-5的数据可以看出,海合会六国之间通过充分协调合作可以使海合会各国的经济波动水平下降,且下降幅度较大,其中五个国家的经济波动下降幅度超过50%。因此可以得出这样的结论:海合会国家通过内部开展金融合作,能有效平抑各国的经济波动。

(二)海合会六国与中国开展合作

如果海合会六国与中国开展金融合作,那么对平抑中海双方经济波动能起到多大作用呢?在进行定量分析时,将海合会六国及中国看成一个整体,用 1970—2014 年海合会六国的年消费额与中国的年消费额的总和除以海合会六国与中国的人口总额,求得 1970—2014 年每年的人均消费水平,并采用 HP 滤波法计算 λ 值,同时,计算海合会六国与中国开展金融合作能使各国经济波动水平下降的幅度,具体数据见表 4-6。

表 4-6　海合会六国与中国开展金融合作能使各国经济波动水平下降幅度

项目	($\gamma=10$)	阿联酋	沙特	巴林	科威特	卡塔尔	阿曼	中国	海合会六国与中国合作
HP 滤波法	σ	0.125 3	0.103 4	0.088 6	0.137 9	0.099 0	0.108 1	0.003 4	0.027 3
	λ	0.078 5	0.053 5	0.039 3	0.095 1	0.049 0	0.058 4	0.005 6	0.003 7
海合会六国与中国合作使各国经济波动水平下降幅度		95.26%	93.04%	90.53%	96.09%	92.41%	93.63%	33.96%	

数据来源:根据 PWT version 9.0 数据计算整理得出。

通过比较表 4-6 的数据可以看出,海合会六国通过与中国开展金融合作可以使海合会各国的经济波动水平大幅度下降,且下降幅度均超过 90%,同时,中国的经济波动水平下降幅度超过 30%。因此可以得出这样的结论:海合会国家通过与中国开展金融合作能非常有效地平抑海合会国家的经济波动,同时也能在一定程度上减少中国的经济波动。这说明与海合会国家开展金融合作对中国来说是有益的,但是对海合会国家来说所能获得的收益更显著。

技术上得出这一结论有一个很重要的原因,那就是中国的经济体量远超海合会国家,无论是从 GDP 的总量还是人口总量来说都远超过海合会六国,因此在定量分析中将海合会六国与中国看作一个整体时,在很大程度上稀释了海合会国家数据的比重,使最终的 λ 值大大拉开与海合会国家 λ 值的差距而更趋近于中国的 λ 值。

此外,通过对比海合会国家之间开展金融合作以及海合会六国与中国开展金融合作能够帮助海合会各国减少经济波动的幅度,可以看出,海合会国家与中国开展金融合作比海合会六国之间开展金融合作更能有效平抑本国的经济波动,既体现了海合会国家与中国开展金融合作的相互依存表现较强，也证明了开展相互金融合作符合双方的共同利益。

　　以海合会国家作为切入点，辐射到整个中东地区，结合以上实证分析，可以认为，中国与中东国家通过金融合作可以有效地抑制合作双方各自的经济波动，提升双方社会福利的总水平，进一步改善双方国民的消费能力，使得双方都可获得经济和社会方面的福利收益增加，这无疑是符合中国与中东国家双方的共同利益的。社会福利水平的提升和消费能力的改善，将有效推动中国与中东国家国内总需求的增加，反映在经济活动中，表现为消费、对外贸易和国内外投资需求的显著提升，从而进一步刺激金融服务的需求，促使双方金融活动更加活跃，金融来往关系更加紧密，从而助力双方的金融合作不断向更深层次推进。

第五章
中国与中东金融合作的共同命运

共同命运是构建身份认同的重要变量。建构主义认为,当行为主体之间选择彼此相互合作的关系时,会不断加强相互之间的共同命运要求,以促进彼此之间的集体身份认同。中国与中东政治、经济、文化的发展和交流上经历着相似的历史,特别是在当今全球经济发展的背景下,双方经济的发展阶段和境遇有着许多共同之处。中国与中东共同命运的高度契合助推双方开展金融合作,实现互利共赢。

第一节 共同利益下的金融合作共同体

一、共同命运孕育共同利益

建构主义认为,当行为主体之间选择彼此相互合作的关系时,会不断加强相互之间的共同命运要求,以促进彼此之间的集体身份认同。当共同命运作为客观条件时,成为形成集体身份的原因,而主观上的"同舟共济"意识则是构建集体身份认同的重要因素。在建构主义的世界观下,"共同命运"这一变量中"命运"的含义并不是传统理解上的所谓"宿命"和"运气",也不是某种定数与变数组合进行的一种模式,而是行为主体之间相对于第三方存在着一定程度上的共同处境,更具体地说,共同命运是指各个行为主体在发展状态、自身条件和客观处境上所具有的相同或者相似的特质。共同命运这一变量回答的是"共同利益植根何处"的问题。

关于共同命运推动共同利益的机制，从某种角度上来说与微观个体"同病相怜"的心理机制有着异曲同工之处。处于同一境遇之下的个体之间往往会无形中产生出一种同理心和向心力，倘若把这种心理机制的形成逻辑上升到集体和国家层面，便可实现类似"共同命运"取得身份认同的传导效果。

另外需要指出的一点是，"共同命运"与前文所述的"相互依存"这一参数既有相似之处，又存在着明显的区别。这两大参数都是提升合作双方相互认同、促成"双赢"局面的关键因素，但"相互依存"更侧重于合作双方的"各取所需"，也即双方的利益互换。这种互换是建立在合作主体自身能力、态度和具体行为之上的，而且双方互换的标的往往是不一致的。

二、中国与中东的共同命运

中国对于中东的石油资源有着极大的偏好，而中东则更加看重中国在地区安全方面可以为中东带来的收益等。利益诉求为双方带来了利益交换的动机和可能性，形成"你中有我、我中有你"的局面。而"共同命运"强调合作双方的"相同处境"，它更偏向于历史渊源、外部环境以及发展趋势等客观条件的影响，在这些条件影响之下合作双方的反应、表现和受影响程度等被动状态是基本一致的，并在此基础之上进一步形成"同病相怜""同舟共济"抑或"同仇敌忾"的身份认同感，促成彼此达成合作，最终实现共同利益。

从共同命运的视角来看，中国与中东地区从古至今都存在着千丝万缕的联系。历史上，古丝绸之路为中国和西域各国开辟了广阔的贸易和交流空间，打通了整个亚洲地区的经济和文化血脉，使得中国与远在波斯湾沿岸的西亚诸国形成越来越广泛的命运交汇；如今，经济全球化、贸易自由化和区域一体化的历史潮流将中国与中东地区的彼此命运越拉越近，双方无论在政治、经济还是文化方面的融合与共生都愈发紧密。中国在国际政治舞台上积极维护世界和平，中东地区更是将和平与安全问题摆在重中之重的位置；中国在经济发展上需要转型升级，走供给侧结构性改革的道路，中东国家也在积极筹谋经济结构调整,力图早日摆脱过分依赖石油经济的窘境;中国在面对文化差异时一贯主张不同文化应相互借鉴,共同繁荣,不应相互排斥,而中东国家在全球化的浪潮之下,也变得越来越开放,越来越积极,越来越敞开胸怀融入世界。随着中国与中东地区之间贸易投资等交流合作不断迈上新台阶,双方的利益诉求愈发接近,彼此的处境和受到的外部制约也愈发趋同,这些都为中国与中东金融合作的进一步深化奠定了坚实的共同利益基础。

可以预期的是,随着中国与中东经贸往来的日益密切以及"一带一路"倡议的稳步推进,在不远的将来,中国与中东国家之间的经济联系将会出现一个质的飞跃,而双方的共同命运也将会被提升到一个新的高度,为双方带来更多、更广泛的共同利益。中国与中东地区的金融合作,也必将在此大背景之下,迎来前所未有的发展机遇。

第二节　金融合作共同命运的纵向分析

追溯历史,中国与中东地区早在古丝绸之路时期就建立了往来,此外,据阿曼史料记载,距今1 200多年前,阿曼人从被称为"通往中国的大门"的苏哈尔港出发,航行到了中国。明朝永乐、宣德年间,郑和七次下西洋,到达左法尔地区,位于今天的阿曼南部。可以看出,无论是中国还是中东国家,在历史上主要以开放的姿态,积极寻求与其他国家建立和发展外交联系。进入近代时期,中国与中东国家遭遇了相似的命运,中国深处半殖民地半封建社会中,受到西方帝国主义的联合压迫,彼时,中东国家如阿联酋也处在英国的殖民统治下,双方都处于积极争取民族独立的历史阶段。新中国成立以后到20世纪80年代,中国积极与其他国家建立外交联系,特别是与包括中东国家在内的第三世界国家建立外交关系。同时,中东地区政治环境复杂异常,美苏两国插手该地区事务,加上伊斯兰革命和两伊战争的爆发,使得中东的地区安全问题异常突出。中国陆续与中东国家建立正式的外交关系,既扩大了对外开放程度并提升了国际影响力,也为中东国家争取了重要的支持力量。时至今日,中国与中东国家之间不仅有双边合作,更是通过中阿合作论坛、中国—海合会战略对话等平台展开多边合作,不仅在政治上相互提供支持,更是极大鼓励了贸易和金融上的合作与发展。

中国的瓷器、丝绸、茶叶、铁器、宣纸、火药等物品随着丝绸之路流传到阿拉伯地区,相关的工艺、文化也纷纷传播到当地,而商人们在进行商品贸易的同时,也将诸如阿拉伯的天文、医药、历法等文化带到了中国,向中华民族展现了阿拉伯文化的魅力。特别是海上"丝绸之路"的开辟,更是促进中国与海湾地区的交流往来。双方的文化交流得以实现,两地民众加深了相互认识,人民友谊得以建立。即使双方在19世纪处于被殖民的状态,政治上和经济上的联系骤减,但是双方在民间的文化和宗教上也继续保持交流。自中国与中东国家陆续建立正式外交之后,民间的文化往来不断,同时也开展了形式各样的官方文化交流。

本节主要分析中国与中东金融合作问题,因此,将重点从经济角度出发,对过去到如今中国与中东共同命运关系进行分析,判断中国与中东金融合作的共同命运基础,并从当今发展趋势对未来双方共同命运关系发展进行预判,从而分析中国与中东金融合作的共同命运基础。

一、共同命运的历史渊源

回顾历史,古丝绸之路最早将中国与西域国家的经济、政治、文化等方面的利益联系起来。双方经贸往来需要也必定促进资金融通。古丝绸之路为中国与沿线其他国家人民提供了物品交换的平台,产生了商品贸易,由此衍生出资金往来以及货币在不同国家之间的流通,形成了最早的国际金融交流。

在丝绸之路出现以前,秦朝时期,西域地区游牧民族与中原腹地人民通过商品交换建立起了最初的贸易往来。出现的丝绸、贝壳、玉石等交换媒介,可以看作是货币的雏形,这是历史性的进步和创新。汉朝时期,张骞出使西域,由此开辟了丝绸之路,密切了中国与沿线国家和地区的贸易往来。汉武帝推行的中央统一货币五铢钱也随着货物贸易流向西域地区,发挥了跨境流通货币的功能,与此同时,西域国家(如贵霜王朝)的货币也流入了中国境内,建立起了最初的金融关系。到了魏晋南北朝时期,中原地区战乱纷争和政权割裂导致丝绸之路一度中断,直到北魏政权统一后得以再次恢复畅通,再现贸易繁荣,流通使用的外国货币扩展到罗马、波斯、拜占庭等国家。这也说明货币跨境流通的地区范围更加广泛,已经深入到阿拉伯地区。到了唐朝时期,中原处于鼎盛发展时期,政治统一,经济繁荣,唐朝货币开元通宝等成了丝绸之路的基础货币,形成了汇率的雏形,并在一定程度上发挥着区域货币的作用,同时还通行如阿拉伯金币等外国货币。这也说明中国与其他国家的金融交往进一步深入。宋朝时期,中国的文化、科技、经济规模处于当时世界最前列,国内外贸易空前繁荣,宋朝货币在丝绸之路沿线国家流通范围更加广泛,中国与其他国家的金融联系与以往相比更加广泛和深入。元朝时期,驿传制度的完备,使丝绸之路得以延伸至欧洲,兴起了更大规模的商品贸易。明清时期,主要采用"通贡互市"的方式维护与西域国家的经济贸易联系。中国与其他国家的贸易金融交流一直保持持续发展。到了近代,中国处在半殖民地半封建社会下,中东国家也处在殖民或半殖民统治下,双方的贸易交流受限于殖民管制,新中国成立以后到中国与中东国家正式建交前,受特定的历史时期和社会环境的影响,双方经贸往来处于低迷状态。表5-1对主要时期的重要经济金融事件及重要意义进行了简要梳理。

表 5-1 丝绸之路经济金融交往史概览

时期	主要事件	意义
秦朝	与西域建立起了最初的贸易往来。出现了丝绸、贝壳、玉石等交换媒介	出现了货币的雏形
汉朝	开辟了丝绸之路,密切了贸易往来。五铢钱发挥了跨境流通货币的功能,西域国家的货币也流入了中国境内	实现了货币的跨境流通,建立起了最初的金融关系
魏晋南北朝	丝绸之路一度中断,直到北魏时期再次恢复畅通,流通的外国货币增多	货币跨境流通的地区范围更广泛,深入阿拉伯地区
唐朝	开元通宝成为丝绸之路的基础货币,形成了汇率的雏形,并在一定程度上发挥着区域货币的作用,同时还通行阿拉伯金币等外国货币	出现了汇率雏形,与阿拉伯地区金融交往进一步深入

（续表）

时期	主要事件	意义
宋朝	国内外贸易空前繁荣，宋朝货币在丝绸之路沿线国家流通范围更加广泛	中国与其他国家的金融联系更加广泛和深入
元明清	元朝完备了驿传制度，使丝绸之路得以延伸；明清时期采用"通贡互市"的方式维护经济贸易联系	贸易金融交流一直持续发展
近代	双方曾同时期处在殖民或半殖民的统治之下，直到中国与中东国家正式建交前，双方经贸往来处于比较低迷的状态	遭遇低迷状态，金融交流近乎停滞

贸易往来带动了金融交流，历史上中国通过古丝绸之路与阿拉伯地区的商品贸易以及通过海上丝绸之路与海湾地区的交流，可以看作是中国与中东最早的经济互动。总体来说，近代以前，中国借由丝绸之路打开了对外贸易的窗口，实现了与阿拉伯地区的经济贸易交流，实现了货币的跨境流通，可以视作中国与中东地区最早的金融交流。后来双方始终保持密切的贸易往来，带动了金融交流的不断提升和深化，直到新中国与中东国家建立外交关系之前，由于双方的经济理念存在差异以及特定的时代背景关系，中国与中东的贸易金融交流才陷入低迷停滞。纵观双方经济交往史，贸易密切往来带动金融交流的不断提升和深入发展，是中国与中东共同经济命运的主线。

金融交流的发展也促进了中国与中东地区贸易进一步繁荣发展，货币的出现也作为文化的一部分，伴随着文明、宗教、艺术等文化要素传播到各地，促进了文化的不断交流与融合，增进了人民之间的友谊。

二、把脉当前局势

当今时代，随着经济全球化和区域一体化的发展，国与国之间的空间距离已经不再构成国际交流来往的障碍，特别是在2008年金融危机之后，全球范围内都出现了"抱团取暖"的趋势，中国与中东地区同处于全球经济格局大变动的历史背景下，同样受惠于经济一体化和国际贸易的红利，同样面临着经济发展转型和经济结构调整的重任，也都在金融领域不断追求改革和完善,力争走上更加国际化的道路,这就使得中国与中东国家的命运,尤其是在经济金融方面的命运比以往任何时候都更加紧密地联系在了一起。

(一)贸易往来日趋紧密

自中国与中东国家陆续建交以来,贸易往来日趋紧密,以该地区与中国贸易往来最密切的海合会国家为例进行说明。根据可查询到的中国国家统计局发布的数据,将 1998 年到 2016 年中国分别与海合会各国的进出口贸易总额,以及中国与海合会六国的进出口贸易总额,进行整理并绘制成图 5-1。

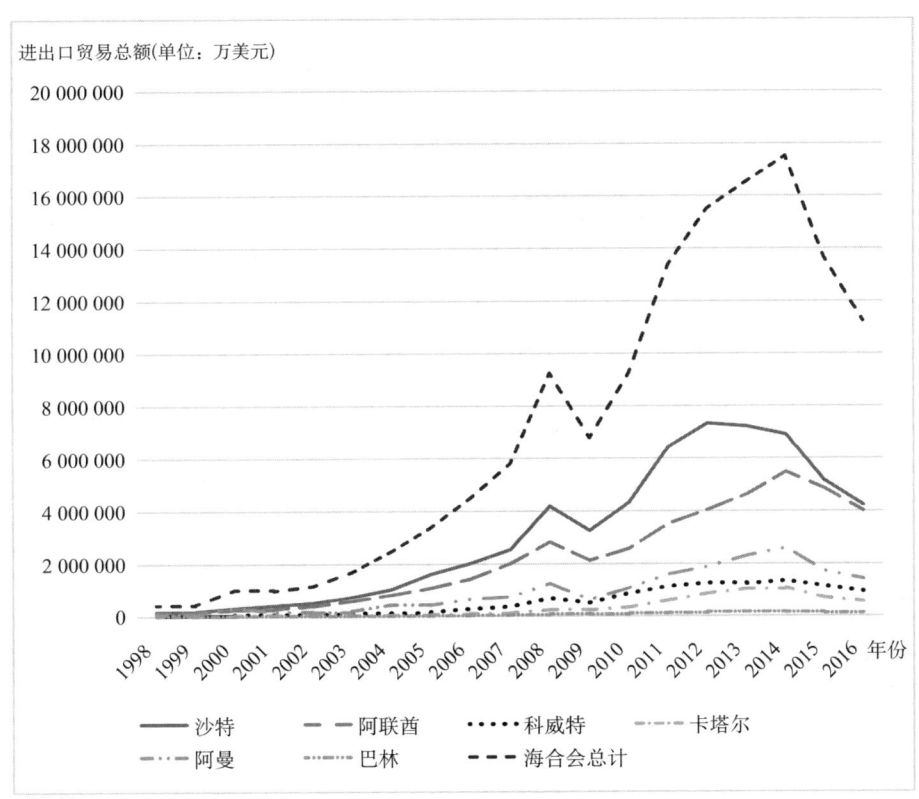

图 5-1 中国与海合会国家进出口贸易总额情况

数据来源:国家统计局。

从图 5-1 中可以看出,总体上看,中国与海合会以及海合会各国的贸易往来是呈整体向上趋势。2008年受全球金融危机的影响,进出口贸易总额下滑,后随着经济复苏,又再次呈现上升趋势。到了2014年开始呈下降趋势,出现下降现象的主要原因是国际原油价格自2014年年中起大幅下跌,而中国自海合会国家进口产品主要为原油及其制品。2014年年中,国际原油价格(布伦特原油)从最高每桶115美元大幅下跌,到2014年年底跌幅近50%,此后基本保持下行趋势,直到2017年上半年,价格主要在每桶50～55美元处徘徊。但是在此期间,根据海关总署发布的数据,2014年中国自海合会主要原油输出国沙特、阿曼、科威特、阿联酋分别进口原油4 966万吨、2 974万吨、1 062万吨、1 165万吨,合计10 167万吨;2015年中国自沙特、阿曼、科威特、阿联酋分别进口原油5 054万吨、3 206万吨、1 443万吨、1 257万吨,合计10 960万吨;2016年中国自沙特、阿曼、科威特、阿联酋分别进口原油5 100万吨、3 507万吨、1 634万吨、1 218万吨,合计11 459万吨。根据这些数据绘制成图,如图5-2所示,2014年至2016年,中国自海合会主要产油国进口的石油总量呈现上升趋势。由此可以推断,中国与海合会国家进出口贸易总额自2014年呈下降趋势的一个主要原因不是贸易量的减少,而是原油价格的大幅下跌。因此,尽管从进出口贸易总额上看,中国与海合会国家自2014年后呈下降趋势,但是究其根本原因在于国际原油价格的大幅下降,而非双方贸易密切程度的降低,相反中国自海合会国家原油进口量是呈上升趋势的。

(二)经济转型和经济结构调整

中国与中东的共同命运还体现在经济结构方面。21世纪初,中国与中东尚处于经济平稳快速发展的时期,然而自2008年金融危机爆发后,全球经济增长长期低于预期,对于中国来说意味着海外市场的收缩和国际贸易增长的难度加大;而对中东地区来说则是油价波动更加频繁,给石油经济带来诸多不稳定因素。因此,中国与中东地区几乎在同一时间点上进入了经济发展方式转型和经济结构调整的历史转折期。在这一时期,中国经济结构转型的重点是扩大内需,由主要依靠出口、投资拉动经济增长向依靠消费、出口、投资协调拉动经济增长转变;而中东国家则需改变单纯依赖石油经济的旧模式,注重公共支出的增加和私营部门经营条件的改善,鼓励和支持非

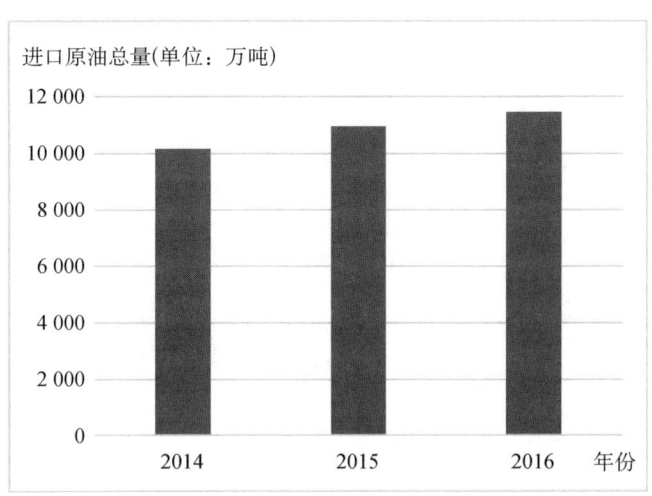

图 5-2　2014—2016 年中国自海合会主要国家进口原油总量

数据来源：海关总署。

石油经济 GDP 的增长。中国与中东地区都在积极寻求经济结构的多元化战略。

1. 中国的供给侧结构性改革

中国目前正以经济结构战略性调整为主调积极转变经济发展方式。通过去产能、去库存，把优质的资源从依靠政府补贴和银行贷款维持经营的"僵尸企业"转移到适合消费升级的产业部门，从而促进产业升级和产品质量的提升。中国的供给侧结构性改革已取得良好成效，钢铁和煤炭等传统工业项目的去产能效果最为显著，仅 2017 年前 5 个月就分别完成了当年去产能任务的 84.8% 和 65%；房地产去库存成效明显，中国的商品房待售面积呈下降趋势；"营改增"的税收制度改革的全面推行，降低了企业的税负成本。中国的经济结构改革积极推动了服务行业的发展，稳步推进新型工业化的发展，推动工业结构向中高端迈进，使产业结构得以优化和升级。中国积极优化传统农业的生产布局，推动新兴农业的发展，提升农产品质量和产量的同步增长。中国还积极转变国际经济增长的拉动力，由从前的出口拉动增长向消费拉动增长转变。

中国的供给侧结构性改革给金融业的发展带来了机遇：传统行业产

升级促使相关企业加快并购重组的步伐,促进了金融业与产业升级的融合创新以及企业资源配置效率的提升;改革过程中催生的新产业、新经济模式、新技术等对金融信贷、资产管理、财务咨询等金融服务提出了迫切需求;消费升级带动了消费金融服务的发展,催生了各类消费金融平台和消费金融模式。

2. 中东国家的经济结构多元化战略

以作为中东经济金融中心的海合会国家为例进行分析:

沙特作为中东国家的"领头羊",尽管仍然依赖石油经济,但近年来积极推行经济多元化政策,重视石油化工、现代农业、采矿业和轻工业的发展,鼓励外商投资,在基建、教育、卫生等领域加大投入。

阿联酋早在20世纪80年代经历了全球原油价格大幅波动后,就很快向经济多元化方向进行调整,大力发展非石油产业,如基建、石油化工、金属冶炼、旅游等行业。在阿联酋的7个酋长国中,又以迪拜的经济转型表现最为突出。迪拜充分发挥地理优势,大力发展运输业,建立了世界级别的航空港和海港;大力推动自由贸易、建设自由区,建立全球性的金融中心;引进新兴产业,开发旅游行业,改善投资环境,推动房地产业发展。可以说,迪拜基本上摆脱了对石油经济的依赖,确立了经济多元化的格局。

巴林在中东产油国中石油储量最小,在过去30多年里扮演着中东地区金融中心和财富管理中心的角色,2008年金融危机使巴林思考经济多元化发展道路。巴林提出的"2030经济愿景"明确表示,希望通过金融服务、工业服务、制造业、通信、教育和培训等产业的发展实现国家经济多元化。

科威特一方面利用石油产能优势扩大石油生产和出口量,另一方面利用石油出口收入大力扩大投资,积极推动交通运输、电力、通信、石油化工、建筑材料、轻工业和食品行业的发展,并致力于成为海湾地区的金融和贸易中心。目前,基建和金融已成为科威特除石油产业外的重要经济产业。

卡塔尔作为全球第一大液化天然气生产国和出口国,近年来其经济结构也呈现非能源产业取代能源产业的趋势,而在卡塔尔的非能源产业中,金融业的发展最为突出,其产值占卡塔尔国内生产总值的1/4左右。卡塔尔借着2022年举办世界杯的东风积极推动基础设施项目建设发展,既带动了交通运输、公共产品领域的发展，又为金融机构借贷业务提供了机遇。

阿曼除了蕴藏丰富的油气资源，还占据优越的地理位置，海滩等景观资源丰富，为旅游业的发展提供了有利条件，旅游业成为阿曼非石油产业的重要组成部分，推动了阿曼的经济多元化发展。

以海合会国家为经济代表的中东国家经济多元化战略的实施，在推动了国家产业结构升级的同时，也为金融业的发展带来了活力。综观中东国家经济结构多元化调整方向，金融服务业是重要组成部分。制造业的升级需要通过金融借贷提供资金、旅游业的发展需要消费金融服务配套支持、新兴产业的引入带动资产管理和金融创新，这些都为中东国家的金融发展带来了新的机遇。

第三节　金融合作共同命运的未来

一、中国—海合会自由贸易区

由于中国与中东国家经济互补性强，特别是中国与中东地区的海合会国家，贸易潜力巨大，中海双方为了进一步发展双边贸易，促进相互投资和能源合作，于 2004 年 7 月启动了建立中国—海合会自由贸易区（以下简称"中海自贸区"）谈判，并于 2005 年 4 月在沙特利雅得举行了首轮谈判，正式拉开了建立中海自贸区的序幕。此后，由于种种原因和国际市场的变化，谈判一度于 2009 年中止，并于 2014 年得以恢复。截至 2017 年谈判已完成了九轮，涉及贸易、投资、电子商务、服务、技术性贸易壁垒等多个领域，并取得了阶段性成果。但随后由于地区局势等原因，谈判再次中断。

2022 年 9 月 29 日，我国商务部国际贸易谈判代表（正部长级）兼副部长王受文与沙特驻华大使、海合会自贸谈判总协调人哈勒比通过视频方式举行中国—海合会自贸协定第十轮谈判部级首席谈判代表会议。双方就货物贸易、服务贸易、投资、原产地规则、海关程序与贸易便利化等议题开展深入讨论，取得积极进展。

中海自由贸易区的建成将有助于提升双方贸易往来和双边投资，显示了双方坚持互利共赢的决心，符合双方的共同利益。中海自贸区的建立是中国与海合会国家经济合作的重要内容，也是借贸易发展促金融提升的重要平台。中海自贸区将成为中海经贸合作的里程碑，拥有强劲的内在推动力，最终建成指日可待。而中海自贸区的建成，将带动中东地区各国与中国的经济贸易合作，进一步推动中国与中东金融合作的发展。

二、共建"一带一路"

"一带一路"倡议以政策沟通、设施联通、贸易畅通、资金融通以及民心相通为主要内容。发展中国与共建国家的经济金融合作是"一带一路"倡议的主要任务之一。中国国家主席习近平指出，中国与阿拉伯国家是共建"一带一路"的天然合作伙伴。随着"一带一路"倡议的不断推进，中国与中东金融合作前景广阔。

中国要深化金融改革，就要"走出去"，与其他国家开展金融合作。中东地区是东西方的连接带，具有天然的贸易和投融资便利优势。中东国家处在积极从依赖石油经济向开展经济多元化转型的过程中，投资环境不断优化、融资服务不断升级，吸引着中国企业"向西走"，促进中国经济的进一步对外开放，助推了"一带一路"倡议。

总体看来，中东金融体系与国际金融体系的联系不够紧密，在国际金融市场的竞争力相对较弱。中东国家处在经济转型的关键时期，为促进经济发展亟需外资注入，而美国衍生品去杠杆和金融危机所带来的资产贬值，使中东国家注意到中国在新兴市场中所具备的充足经济体量和经济发展前景能有效分散石油美元投资，顺应了"向东看"的趋势。中国的"一带一路"倡议打造了亚投行、丝路基金等融资平台，为中东国家的经济发展提供了资金支持。中东国家与中国签署了共建"一带一路"合作文件，将自身发展战略积极与"一带一路"建设对接，使未来双方的金融合作得以不断拓展。

三、中阿命运共同体

中国与阿拉伯国家的友好往来源远流长。新中国成立以后，中国与阿拉伯国家在政治上相互尊重、文化上相互交流、经济上互利合作，双方在各领域的合作不断深化和扩展,中阿集体合作已成为"南南合作"的典范。目前,中国已发展成为阿拉伯国家第二大贸易伙伴,而阿拉伯国家是中国第一大原油供应方以及重要的基建和海外投资市场。双方在多领域深入合作、共同发展,绘就了打造中阿命运共同体的宏伟蓝图。

海合会国家等中东阿拉伯国家与中国签署了共建"一带一路"合作文件,将本国经济多元化发展对接中国"一带一路"倡议。在中阿命运共同体蓝图的指导下,中东地区阿拉伯国家将与中国携手,利用连接中亚和东非、联通印度洋和地中海的黄金交通运输优势,以能源合作为主导,建立产能合作金融平台,创新金融合作方式,推动双方金融机构和主权财富基金的合作,努力深入金融合作,助推贸易、科技领域不断深入合作发展,互惠互利,实现共赢。

可见,无论是追溯历史,分析当下,还是放眼未来,中国与中东国家在提升经济发展和推动金融合作上的共同命运契合程度是比较高的,这对于构建双方金融合作共同利益的认同是十分有利的。

第六章

中国与中东金融合作的同质性

中东地区地缘政治环境较为敏感,宗教和历史文化特色鲜明。因此,中东国家的国内外政治环境带有浓厚宗教特色,在一定程度上制约中国与中东金融合作共同利益的获得。因此,对这些因素进行梳理和分析,对指导中国与中东开展金融合作具有积极意义。

第一节 同 质 性

集体(群体)成员往往根据群体特征把自己归为相似的行为体,因此,同质性认知对构建身份认同具有重要意义。同质性变量回答的是"共同利益达成难度"的问题。

一、同质性的相对性

需要特别指出的是,对于同质性的问题需要采取一分为二的态度来看待。

首先,同质性反映的是合作双方共同语言的多寡,而不是共同利益的多寡。共同利益强调的是交集而不是合集,宗教文化上的差异并不影响经济合作的开展,经济体制上的差异也不影响国际贸易的互惠。在中国与中东国家,乃至其他任何国家和地区间的交流合作过程中,应当更加关注共同利益的契合度,而不必过分拘泥于某些非原则性的差异。

其次,同质性是一个动态的、相对的概念,不能用绝对的、静止的眼光来解读。例如,中东国家之间虽然有着共同语言、多信奉伊斯兰教,但是它们之间也非铁板一块,相互之间的冲突也时有发生。而语言、文化、宗教信仰等差异也并不意味着中国与中东地区之间无法达成一致。

最后,同质性只是界定共同利益的四大变量之一,虽然它有其独当一面的影响力,但并不能独自产生决定性作用。它可以影响到合作双方达成共识的难易度,但并不能决定谈判和沟通的最终结果,更不能仅凭这一变量便断定合作双方共同利益的未来走向。

二、同质性的多样性

对于同质性的理解不能绝对化为"同一性"。同质性不是要求消除多样性所体现的彼此之间的差异,而是由各方承认、尊重、包容和吸收融合彼此的同质性。事实上,世界上任何两个国家或者地区都不可能在任何方面完全一致,也不可能在任何方面都完全不一致。换言之,任何国家与地区之间都存在着程度不同的同质性。

而对于中国和中东来说,中国西部的某些地区在宗教信仰、文化观念上与中东国家存在着高契合度的优势,这也为中国与中东构建同质性提供了有利条件。中国与中东之间可以本着"求同存异"的精神,尊重对方的文化,积极吸收对方的多样化元素并相互融合,努力形成同质性,从而达到促成集体身份认同构建的目的。

在金融领域,中国与中东国家实际上也存在着相当程度的同质性,如中国与中东国家国际收支的资本项目均未完全开放;双方均有较强的获取外汇收入的能力(虽然获取途径并不一致),等等。而从动态的眼光来看,中国与中东国家在金融方面的合作不仅可以获得实际收益,而且还有助于双方更加深入地融入国际金融体系,提高在国际金融市场上的地位,防范金融风险,应对恐怖主义等,而这些都会成为中国与中东深化既有同质性、拓展新的同质性的有利条件。下面将从地缘政治因素、跨文化因素、伊斯兰金融因素等方面详细分析同质性这一参数在中国与中东金融合作中可能产生的影响。

第二节　地缘政治因素分析

政治风险是经济主体在进行所有国际经贸相关活动时都会格外关注的重点风险之一。稳定守信的政权、清廉高效的政府、公平公正的法治环境以及和平安全的国家和地区局势等政治环境都将成为跨境贸易、投资和金融活动最可依赖的坚强后盾。而政治风险较大的国家和地区，则无疑会给外资在本国和本地区的活动和发展带来许多不确定性，从而对跨境经贸和金融活动产生抑制作用。

一、中东地区政治环境

（一）政治制度

中东各国政治制度较为多样化，有实行总统制的国家，如伊朗、叙利亚；有实行半总统制的国家，如埃及；有实行议会制的国家，如土耳其、以色列；有实行君主制的国家，如沙特、阿联酋等。多样化的国家政治制度增加了中东地区的政治多样性，但同时也给该地区政治环境带来了复杂性和不稳定性。

（二）政府善治

政府善治是一国政府的治理能力所要达到的较高境界。世界银行学院研究结果表明，一个善治的、高效率的政府需要具备以下几个要素：言论自由和政府责任、政治稳定、政府效率、法治、腐败控制和监管质量等。一般来说，言论自由和政府责任包括公民的自由度、人权和政府权力、政党自由度等；民族和宗教矛盾激烈的国家政治稳定度低；公共服务质量高、公务员能力强的国家政府效率高；法治则包括司法系统和程序的有效性和可预测性；腐败控制反映国家的政府腐败程度；而监管质量包括银行监管及政府对商业和贸易的控制与干预。中东国家平均善治指数详见表6-1。

表 6-1　中东国家平均善治指数(0～100%)①

要素	言论自由和政府责任	政治稳定	政府效率	法治	腐败控制	监管质量
中东国家平均善治指数	20%	34%	42%	48%	50%	39%

数据来源：Nidal Rashid Sabri,"Financial Markets and Institutions in the Arab Economy", New York: Nova Science Publishers Inc., 2008, 43.

总体来说,中东国家善治指数不尽如人意。相对来说,中东地区的海合会国家善治指数普遍高于中东国家平均水平。因此,中国在与中东开展金融合作时,要留意中东国家政府责任感和政局稳定性可能带来的影响,也可以在考虑合作对象时,先从在中东地区表现较好的海合会国家入手。

二、中东国际政治环境

地缘政治风险一直是金融市场关注的焦点。地缘政治风险往往会引发原油等大宗商品价格产生大幅波动,不利于经济稳定。地缘政治冲突还会使投资者的信心遭受打击,产生恐慌情绪,增加避险需求,从而影响全球资本的流向发生变化,引发汇率和资产价格的波动。频繁的地缘冲突还会引发冲突国家和地区人民的对抗情绪,诱使保护主义升温,导致主要国家贸易增速放缓甚至倒退。

中东地区地缘政治冲突历来频繁,特别是 2001 年"9·11"事件发生之后,美国等西方国家对中东地区的军事干预愈发频繁。地缘政治动荡不但增加了区域经济运行的不确定性,也使得金融市场的稳定性受到严重冲击。纵观中国与中东交往史,双方在政治上长期保持友好往来的关系,并不存在激烈的政治冲突和矛盾,但是中东国家的地缘政治不稳定因素较多,加上中东国家多产油大国,石油经济是当地经济的命脉,因此,政治上的冲突和变化往往引发石油价格的波动,从而对某国乃至整个中东地区的经济造成巨大的扰动。因此,中国在与中东国家开展金融合作时,必须重视地缘政治的影响,有效防范地缘政治风险,从而尽可能减少由地缘政治危机带来的损失。

---

① 该指数数值百分比越高,善治表现越好。0 为最差,100% 为最好。

（一）中东国家对外政策侧重点

中东地区政治局势复杂多变，两伊战争、海湾战争、伊拉克战争、美国的"反恐战争"、伊朗核危机、中东剧变、叙利亚内战等危机事件，使中东地区政治局势稳定性受到影响，中东国家常常需要应对不断发生的矛盾和冲突事件。在这样的背景下，中东在对外交往中的首要任务自然就是维护当地安全和稳定政治局势，而经济发展和金融合作反而处于次要地位。因此，在与中东国家开展金融合作时，需要充分考虑这些国家的政治动向和安全诉求，不能仅仅就事论事，"在商言商"。

（二）中东国家内部关系

中东国家内部关系复杂。如伊朗是什叶派主导的国家，沙特是逊尼派主导的国家，两国在打击极端组织、叙利亚问题等一系列问题上存在分歧。阿联酋与伊朗对于海湾三岛（阿布穆萨岛、大通布岛、小通布岛）的领土主权问题存在冲突，这也是阿联酋与沙特意见一致的重要原因。卡塔尔主要收入来自石油天然气，其天然气储量尤其丰富，但主要位于临近伊朗的海域。因此，出于利益考虑，卡塔尔一直希望斡旋沙特等国与伊朗的紧张关系，而且还主张将伊朗纳入地区安全框架中来以确保海湾地区的安全。卡塔尔也一直希望通过自己的"小国搞大外交"与沙特争夺在海湾地区乃至整个中东地区的话语权，这必定会引发重重矛盾。2017年6月5日，海合会三个成员国巴林、沙特和阿联酋宣布与卡塔尔断绝外交关系，并切断与卡塔尔的海、陆、空的一切联系，理由为卡塔尔支持恐怖主义活动。在"断交事件"发生两个多月后的8月24日，卡塔尔外交部表示，将全面恢复与伊朗的外交关系，并将向伊朗派出卡塔尔大使全面履行外交职责。卡塔尔的这一举动这无疑是向沙特等国进行公然对抗。中东地区政治局势的不稳定，给中国开展与中东国家金融合作的路线和布局带来风险及干扰。

（三）突发性政治事件对国际金融市场的影响

1. 对大宗商品国际价格的影响

中东地区多石油产出国，而石油价格正是影响国际金融市场波动的重要因素之一。因此，中东地区的政治事件往往会引发国际油价的波动，进而影响国际金融市场的稳定。

例如,沙特以石油经济作为国家经济的支柱,同时也是世界上最大的原油出口国。2017年11月,沙特王储对政府展开"反腐"行动,致使11名王子、38名现任和前任大臣被捕。消息一经传出,投资者们纷纷对沙特政局的状况表示担忧,特别是能源领域的外商投资者们的信心受到了一定程度的打击。反腐行动引发了市场对原油供应的担忧,使得政治风险作为风险溢价迅速地反映在原油市场上,显著推动了国际原油价格的反弹上升势头。

2. 对外汇市场的影响

一般来说,外汇市场比较容易受国家和国际政治因素的影响,其中最主要的原因在于外汇市场主要由流动性资产构成,日成交额度数目巨大,在政治格局动荡的情况下所面临的风险会比其他类型的资产更大。而在面对风险时,投机者出于规避风险的目的,往往会抛售手中持有的货币,改为持有汇率较为稳定的货币,从而进一步加剧了外汇市场的波动程度。由于政治事件的发生往往具有偶然性、突发性的特点,因此金融市场对此类事件比较敏感,反映在外汇市场汇率的短期波动上则表现为市场参与者的过度反应。而这些突发性政治事件的影响力、事态的严重程度以及事态的变化发展等因素,会对金融市场造成不同程度的影响。一般来说,重大的突发事件持续时间越长,情况会不断恶化,对外汇市场的影响越大。

因此,中国在与中东国家开展金融合作时,要密切注意合作国家的政治动态,同时也要留意中东其他地区的政治形势,以防政治危机溢出效应带来的负面影响。与此同时,为了有效规避政治风险,中国在选择合作方向时也应注意以下两点:一是根据国内政治稳定程度对中东国家进行排序,优先选择国内政治形势较为稳定的国家开展合作;二是根据政治相关性强弱梳理合适的合作领域,在合作国政治环境稳定的情况下,可以考虑与政治相关性较强的行业进行合作,在合作国政治环境动荡的情况下,可以考虑与政治相关性较弱的行业进行合作。

三、中国与中东国家政治互信

政治互信,顾名思义是政治上的相互信任,这是国际交往中一个基本点,可以简单理解为有关国家之间对于彼此国际和国内事务上所持的政治理念的理解和认可。

中东不乏高收入国家,大部分主要依靠自然资源的出口,因此相对来说,它们对于发展经济的紧迫感并不是特别突出,反倒是在政治利益和地区安全方面有着更多和更高的诉求。譬如阿拉伯国家联盟驻华使节委员会轮值主席、阿曼驻华大使阿卜杜拉·萨阿迪就曾明确表示,安全和经济是一个硬币的两面。如果没有一个安全稳定的政治环境,那么经济获益也就无从谈起。而沙特驻华大使叶海亚·载德更是直言,安全是海合会国家优先考虑的问题,现在海湾地区一些国家面临着政局不稳、恐怖主义威胁等问题,因此,当前海湾国家最需要的就是一个安全的政治环境。

如果按照以上这些言论的思路来理解,那么可以推断的是,相对于经济合作来说,中东国家更加关注的其实是从中国方面获得维系地区和平安全的政治力量,而如果这种理想的政治环境无法得到很好落实,那么中东国家对于经济金融合作的推进意愿和积极性便很难被进一步带动起来。因此,中国与中东国家的金融合作绝不能仅仅从经济方面考虑问题。换言之,不仅在经贸领域,中国还需要在安全等领域加强与中东国家的协同合作,通过进一步增强政治互信来带动经济和金融领域合作的推进。

总体而言,中国与中东国家之间的政治互信有着较为良好的基础,中国与中东国家在经济、教育、体育和文化等领域建立了一系列交流与合作,在多边和双边关系的制度化发展上取得了巨大成就。

中国奉行独立自主的和平外交路线,争取一切有利于世界及地区和平稳定的因素来创造有利于国内经济建设的国际环境。而中东也借助其与中国长期的友好关系以及中国反霸权、反侵略的一贯立场,为自身合理、合法的诉求寻得更多的国际支持。①

从长远来看,中国与中东都处于发展的快速转型期,彼此的战略需求只增不减。对中国来说,能源方面的长期需求,以及中国提出的"一带一路"倡议,都离不开中东国家的鼎力支持;而对中东国家来说,严峻的内外部环境,不得不在很大程度上继续依赖外部助力。这些都是双方进一步密切双边往

---

① 余泳:《海合会对外关系的政策逻辑考察》,载《阿拉伯世界研究》,2013年第1期,第58—68页。

来,加强政治互信的基础。

然而,不可忽视的是,中东国家内部之间矛盾不断,中国在与不同的中东国家交往之时要尽量避免产生分歧和隔阂。中国在面对国际矛盾和纠纷产生之时,一贯主张发挥联合国的重要作用,根据联合国的宗旨和原则以及国际公认的准则,坚持采用和平谈判的方式来解决这些国际矛盾和纠纷。而这种不偏不倚的立场,可能会使得某些国家在对中国的信任度方面有所保留。

四、中国积极协助维护中东地区安全

中国与中东发展经贸关系的过程中极为突出、同时也比较容易被人忽略的一个特点就是合作双方利益诉求的不一致性。对中国来说,满足贸易和投资方面的需求是主要目的,而中东国家除了维持石油资源的稳定输出,更加关注的重点其实并不在常规的货物服务贸易乃至投资等方面。

对于大部分中东国家来说,本身已经依靠"石油经济"积累了大量财富,因此,一方面,其对于石油以外贸易的积极性并不如一般外向型国家那么积极;另一方面,其对于既有财富的安全保障却尤为重视,甚至中东主权财富基金的各项投资活动也是建立在对"石油美元"保值增值的目的下进行。基于同样的保护财产的诉求,中东普遍对于国家和地区的安全环境极为重视,甚至多次在公开场合表示"安全"是"贸易"的前提条件。对于如此明确的表态,中国必须在与中东开展金融合作中予以高度重视。

事实上,虽然许多中东国家已经意识到了本国经济结构的单一性,并且逐步开始了经济结构的改革,但是进度并不明显,因此在相当长的一段时期内,"石油经济"仍然将是中东对外贸易的绝对主流。这就意味着在中短期之内,中国与中东之间关系在很大程度上可以被理解为中东石油能源与中国方面提供的安全保障之间的交换关系。而如果从这一基本逻辑上来看待问题,那么对于中国来说,下大力气切实维护好中东地区的政治稳定和安全环境,将会是中国与中东深化包括金融合作在内的一切经济往来的根本前提。而事实上,即使不考虑中东的安全诉求,单纯从金融合作自身的角度出发,一个稳定安全的国家和地缘政治环境,也是金融活动得以平稳发展和安

心扩张的必要条件。

维护中东地区环境的和平稳定是一个系统性工程,涉及经济、政治、军事、外交、文化等各个领域,因此在制定具体措施方面,也需要多方考量、统筹规划,并协调好维护和平与尊重国家主权之间的关系。总而言之,一个基本的逻辑就是中国与中东金融合作必须建立在地缘环境的安全稳定的基础之上,而深化双方之间的金融合作关系,也必须建立在解决好中东地区的安全问题的基础之上。

第三节　跨文化因素分析

"文明交往论"是改革开放以来中国世界史观三大创新理论成果之一,它强调从历史和个案角度出发,立足人与自然、人与社会、人与人之间的基本关系,阐述不同主体间的交往、交流、交汇,对世界上不同国家、不同区域、不同民族、不同宗教、不同文明的交往及其自觉进行阐述,在理论上具有外交哲学意义上的高度、深度和广度。[①]

一、跨文化因素对经济金融的影响

文化影响着经济活动的许多方面,如个体对工作时间与闲暇时间的偏好影响其收入,获得收入后如何在储蓄与消费中分配,消费时对必需品及奢侈品所占比重的权衡,性别在经济活动中参与度的比重,等等。这些经济问题或所反映出来的经济现象的背后都在不同程度上受到当地文化的深刻影响。关于文化的明确定义目前尚无公论,文化的概念可以从不同的角度、不同的理解来概括。美国人类学家 A. L. Kroeber 和 Clyde Kluckhohn 在 1952 年出版的 *Culture: a Critical Review of Concepts and Definitions* 一书中就系统归纳了 166 条由全球著名人类学家、心理学家、社会学家、政治学家、哲学家对"文化"涵义的界定。而不同国家的文化导致经济主体因不同

---

① 王泰:《"文明交往论"与当代中国"外交哲学"构建刍议》,载《内蒙古民族大学学报(社会科学版)》,2010 年第 6 期,第 14—19 页。

的价值观对经济问题的表现也不同,比如,有的国家视勤俭节约为美德,那么这些国家的储蓄率会比较高;有的国家认为运气是获取财富的重要原因,那么这些国家会更多地通过二次分配平衡社会福利。

文化不仅对本国经济的发展造成影响,还会对来自不同文化背景的跨国经济往来造成影响。2017年安永咨询公司对中国海外投资企业的问卷调查中显示,中外企业文化难以融合统一是中国企业在海外投资经营面临的最大问题,主要原因是"投资方与被投资方不愿意或者难以改变固有文化"。因此,客观认识和理解中外文化差异,在进行跨国经济往来合作时落实多元化理念,提升企业文化的包容度,是规避文化冲突不良影响,确保中资企业海外经营效果,获取中外合作利益的重要因素。

(一)儒家文化对中国经济金融发展的影响

儒家文化作为中国传统文化的代表,在整个中国经济发展的过程中,潜移默化地影响着人们的价值观和经济行为,对中国经济金融体系的形成产生了重要影响。

(1)"以和为贵":儒家文化讲究"以和为贵",这也是中国参与经济全球化,参与区域经济合作的指导思想,对社会主义和谐社会的建设具有重要意义。"以和为贵"还提倡在往来关系中要互惠互利、相互帮助,这也为中国开展与中东经济金融合作带来积极影响。

(2)讲究"节约":儒家思想所提倡的"节约"观念影响了中国人的价值观和消费观,形成了中华民族勤俭节约的传统美德之一,造就了中国人民偏好"储蓄"的习惯,为中国的对外投资提供了丰厚的资本积累。

(3)重视"诚信":儒家文化中的"诚信"观念引导形成了中国特色市场经济的道德规范。"讲究诚信,遵守约定"是建立各种经济联系和开展各种经济合作不可或缺的守则,也是中国与中东开展金融合作时所必须奉行的信条。

(4)崇尚"权威":儒家思想崇尚权威,认为应当在等级秩序下协调人们的行为,从而造就了中国经济体系的政府权威和集体协调的特点,凸显了政府在中国宏观调控和经济协调过程中发挥的重要作用。

儒家文化对形成中国当代市场经济体系以及推动中国经济和金融发展

做出了不可磨灭的积极贡献。但是儒家文化中的某些观点,也对中国经济的发展产生了一定的负面影响。

(1) 注重"群体":儒家文化注重群体利益,认为个人利益的实现是通过全体利益的实现而形成的,主张个人利益依附集体、国家利益。这种思想不利于个体利益的追求和个性化的发展,压抑了"自我意识"。

(2) 过度"贵和":儒家思想中的"以和为贵"对中国参与世界经济市场和开展与他国经济金融合作具有积极的指导作用。但是过度的"贵和"思想易使人抑制竞争意识,变得墨守成规,不利于创新和参与竞争。

综合来看,儒家文化对中国市场经济体制和中国现代金融体系的发展既有积极推动作用,也有消极抑制作用。

(二) 伊斯兰文化与中东国家的经济金融发展

伊斯兰文化包括了宗教、政治、经济、艺术、哲学、文学、法律、民俗等诸多方面的内容和思想,是一个复杂且庞大的体系。伊斯兰文化是伴随着伊斯兰教的发展而逐渐形成的,它的核心是伊斯兰教义。

中东国家居民多为穆斯林,信奉伊斯兰教,遵从伊斯兰教义,而伊斯兰教义所涉及的宗教伦理中的经济理论则构成了伊斯兰文化中关于经济思想的部分。伊斯兰教义指导中东穆斯林人民的经济活动遵守着"守信、公平、正义、仁慈"的原则,对国家经济金融体系的形成产生了重要的积极影响。

(1) 努力生产:伊斯兰思想推崇努力劳动、勤劳致富,反对好逸恶劳、依赖他人。这也促使了中东穆斯林人民在大力发展石油产业的同时也在积极寻求多元化的经济发展。

(2) 交易公平:伊斯兰教追求"真、善、美",视利和义是统一的,在努力生产换取财富增加的同时,也注重公平,鼓励人们在从事商业活动时互惠互利、公平交易、信守约定、平等竞争,反对投机倒把、损人利己、背信弃义的行为。

(3) 分配合理:伊斯兰教尊重劳动和能力的差异,允许财富上存在着差异,但同时又强调分配需合理,对社会财富不断进行再分配,以尽量缩小贫富差距,从而实现分配相对均衡。

(4) 消费适度：伊斯兰教义中关于消费的规定是"道德、正当、适度"。因此，"适度"在伊斯兰文化中表现为"既不浪费又不吝啬、既不纵欲又不禁欲，在节俭的同时又要享受生活"的消费观。

伊斯兰文化中关于经济的思想观念对中东国家经济体系的形成产生了积极的作用，但是也有一些经济思想限制了经济金融体系的发展。

(5) 禁止利息：伊斯兰教法明确规定禁止收取和提供利益。伊斯兰鼓励赚取利润，但视利息为不考虑企业经营后果而自然增长的成本，是"不道德""不公平"的资本增加。禁止收取和支付利息是伊斯兰金融体系的核心，而获取利息恰恰是传统金融业的重要动力，这不利于伊斯兰金融体系适应全球金融体系的发展。

(6) 反对投机：伊斯兰反对投机，在一定程度上能保护中东国家金融体系能"独善其身"不受全球金融危机风险所困，但是同时也限制了其金融体系的业务渠道和创新发展。

总体来看，伊斯兰文化对中东国家的经济金融体系的形成和发展所起到的作用是积极与限制并存。

因此，通过对比分析儒家文化对中国经济金融体系形成的影响和伊斯兰文化对中东国家经济金融体系形成的影响可以看出，中国的经济金融体系与中东经济金融体系存在着一定的同质性，这对中国与中东开展金融合作形成了极为有利的条件：如双方的经济思想都注重诚信，这有助于提升双方在合作时对对方的信任程度，从而推动双方合作向更深层次发展；又如双方都反对浪费，这也有利于双方在合作时能合理配置资金，充分发挥资金资源的利用率。当然，以儒家文化为代表的中国传统文化与伊斯兰文化存在着不小的差异，而这些差异会在一定程度上形成中国与中东开展金融合作的风险和挑战。

二、跨文化风险分析

文化的差异是中国与中东开展金融合作的主要挑战之一。尽管目前对跨文化影响经济的研究已经取得了一定成果，但是还有大量的难题尚待解决，这一领域的研究主要停留在理论分析上，定量研究比较欠缺，已有的研究还不能完全满足国家"一带一路"倡议需求。以下将分别从文化因素的政府参与经济程度、信任度两个维度出发,展开中国与中东开展金融合作的跨文化风险分析。

（一）政府参与经济程度

推崇个体主义还是集体主义的价值观,是判断国家间文化差异的一个重要指标。在测度该国个体主义价值观的数据比较缺乏的情况下,考察一国政府在经济中的参与度可以从宏观层面上间接反映一个国家的个体主义或集体主义的发展态势。一般来说,秉承集体主义的国家,其政府参与经济的程度较高,特别是在遭受冲击的时候实施宏观调控的可能性和力度也较大;而奉行个人主义的国家,其政府更多地持经济自由态度,参与经济力度较小。

选用政府支出占 GDP 的比重作为判断该国政府参与经济力度。选择政府支出占 GDP 比重作为判断该国政府参与经济力度的依据主要有两个：

一是政府支出是政府参与经济活动的重要手段。政府支出的内容主要分为两种,一种是政府购买性支出,即政府作为直接购买者在市场上购买所需要的商品和劳务,如政府出资修建公路、设立执法机构、提供国防、开办学校等;另一种是公债利息和转移支付,如社会保障以及财政补贴等。

二是政府支出是 GDP 的重要组成部分,通过计算政府支出占 GDP 的比重可以判断政府行为对国家经济的参与程度。

从 PWT version 9.0 数据库选取相关数据进行分析。因中东国家数量较多且经济金融发展程度较高的国家主要集中在海合会,因此选取海合会国家作为中东地区国家代表进行分析。PWT version 9.0 数据库提供了 1950 年到 2014 年各国的政府支出占 GDP 比重的数据,其中中国相关数据的时间跨度为 1950 年到 2014 年,而海合会国家相关数据的时间跨度为 1970 年到 2014 年。为保证数据分析中时间序列的一致,本书使用该数据库中 1970 年到 2014 年中国、海合会六国的政府支出占 GDP 比重的数值作为数据来源。

将数据进行整理可以绘制成反映中国和海合会国家政府经济参与度的发展趋势图,如图 6-1 所示。

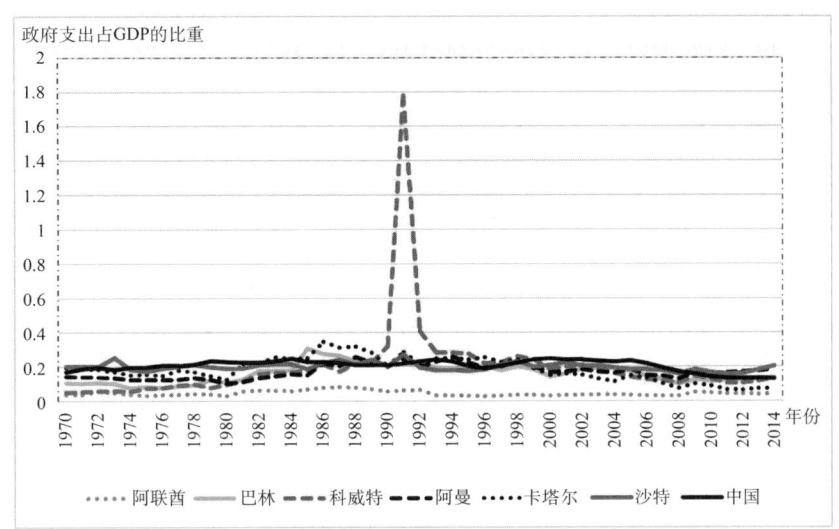

图 6-1　中国和海合会国家政府经济参与度发展趋势图

数据来源：PWT version 9.0 数据库。

由于科威特 1991 年的数据出现异常波动，为方便更清晰地观察各国政府经济参与度的走势，特将该图作局部选取，如图 6-2 所示。

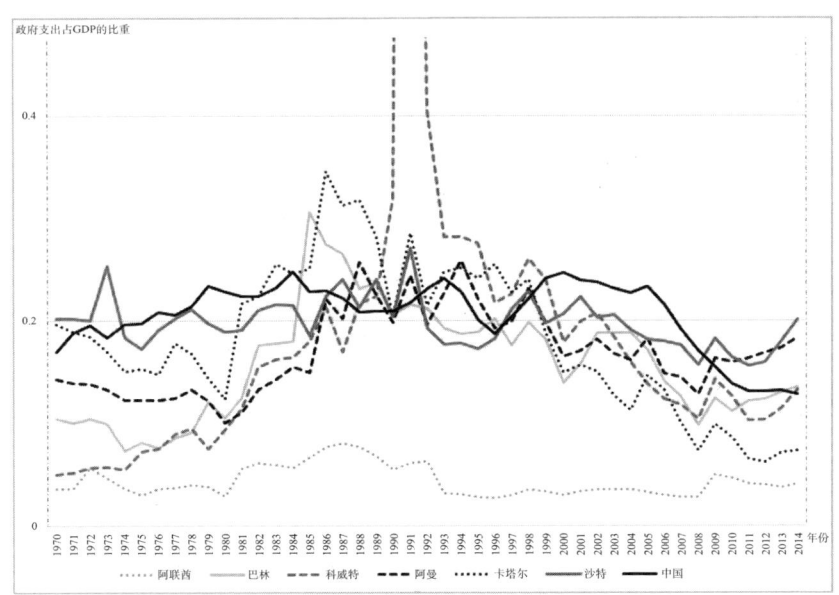

图 6-2　中国和海合会国家政府经济参与度发展趋势局部分析图

数据来源：PWT version 9.0 数据库。

从图 6-2 中可以看出，中国政府的经济参与度相比海合会国家较高，走势比较平稳，但自 2005 年后有明显下降。海合会六国中，阿联酋的政府经济参与度最低，且比较平稳；科威特政府的经济参与度在 20 世纪 70 年代较低，进入 20 世纪 80 年代后有明显上升，1991—1992 年有一个异常波动，主要原因是受到 1991 年海湾战争的冲击，科威特政府支出增加的同时 GDP 减少，而 1992 年后科威特政府的经济参与度处于整体下降的趋势；沙特政府的经济参与度与中国政府的经济参与度水平比较接近，总体来说政府经济参与度较高，且比较平稳，但没有像中国出现 2005 年后明显下降的趋势；巴林政府的经济参与度在 1979 年之前处于中等偏低水平，进入 20 世纪 80 年代以后快速上扬并超过了中国和其他海合会国家，但自 1985 年后开始缓慢回落；卡塔尔政府的经济参与度总体处于海合会国家中较高水平，但是波动较大，并在 1986 年后出现下降走势；阿曼政府的经济参与度在 1980 年之前处于海合会国家的中等水平，且程度比较平稳，自 1980 年起出现显著上升，并且在 1986 年之后转为总体平稳。

可以看到，1980 年以前，海合会国家政府的经济参与度普遍不高且差距较大，除沙特以外，其他海合会国家政府的经济参与度均低于中国。随着 1981 年海合会的成立，海合会国家的政府经济参与度均有提高，部分国家的政府经济参与度多次超过中国。可见海合会的成立，对成员国政府的行为产生了积极推动的影响，在加强成员国之间的协调、合作以及一体化发展趋势的同时，提高了政府参与国家经济的力度。

把握好对海合会国家政府的经济参与程度及发展趋势，在中国开展与海合会国家金融合作时，能帮助中方在选择合作方时作出更有效的判断。

一方面，通过了解一国政府的经济参与程度，可以判断该国政府对经济的干预情况。政府干预国家经济的力度越大，政府行为对国家经济的影响也就越大，中国在与海合会国家开展金融合作时需要考虑对方政府的因素也就相应增加。从图 6-2 中可以发现几个信号：①2011 年后，海合会国家政府的经济参与度呈现整体上升趋势，由此可以预期，未来海合会国家政府的经济参与度保持上升趋势的可能性较大，因此，中国在考虑与海合会国家开展金融合作时，要越来越重视对方国家的发展战略、政策走向、政治局势、政府意愿等；②海合会成员国的政府经济参与度虽然都呈上升趋势，但是上升速度却有快慢之分，由此反映各个国家政府对干预经济意愿的强烈程度，从图 6-2 中可以看出，沙特和科威特政府的经济参与度上升幅度最大，阿联酋政府的经济参与度上升幅度最低，阿曼和巴林、卡塔尔政府的经济参与度上升幅度居中；③海合会成员国中，政府对经济的干预度从高到低依次为沙特、阿曼、巴林、科威特、卡塔尔、阿联酋，因此，中国可以根据对合作国政府的经济参与程度的偏好，在考虑与海合会国家开展金融合作的先后顺序时作出相应的判断。

另一方面，如果一国政府干预经济较多，那么对于一些项目的政策协调和支持力度一般也越高，在遭遇如金融危机等重大冲击时，采取宏观调控救市的可能性比较高，相对来说比较有保障，因此与此类政府展开合作更能获取利益，当然同时也要防止政府出于某种政治需要，利用经济、金融政策手段对国家经济进行调控，从而影响两国的金融合作；如果一国政府干预经济较少，说明该国政府更推崇经济自由化，与该国企业开展金融合作则可以充分利用金融市场机制，开展金融创新，更多地获取收益，但同时也要警惕在遭遇经济危机时，由于政府对经济的干预意愿较低，可能遭受比较重大的经济损失。

中国在开展与海合会国家金融合作时，需要评估考量对方国家政府的经济参与度，从而正确考虑具体的合作对象。从中国与海合会国家的情况来看，沙特、阿曼、巴林、科威特的政府经济参与度超过中国，其中巴林、科威特的政府经济参与度略高于中国但差距呈扩大趋势，而卡塔尔和阿联酋的政府经济参与度比中国低。因此，中国在与沙特、阿曼、巴林、科威特开展金融合作时，可以更多地考虑经由政府间的合作渠道展开，而在与卡塔尔和阿联酋开展金融合作时，则可以更多地考虑与对方的金融机构及金融企业进行合作。

通过对中国与海合会国家政府经济参与度的比较分析，可以扩展到指导中国与中东其他国家开展金融合作时如何更好地考量合作渠道和合作对象。

（二）信任度

信任度是文化研究中的一个重要维度，信任度越强，就越容易与合作伙伴达成文化上的交融统一,开展合作的基础条件就越好;信任度越低,则越难与合作伙伴达成文化上的共识,导致开展合作的难度加大。

衡量信任度的指标有许多,常用的包括对家人、对朋友、对同事、对邻居、对政府、对工会的信任度,等等。但是在研究信任度对中国与中东开展金融合作产生的影响时,由于涉及不同的文化、宗教等,应该主要考虑一国居民对陌生人、对宗教信仰不同的人,以及对外国人的信任度等指标。一般来说,一国居民对陌生人、对宗教信仰不同的人、对外国人的信任度越高,两国在开展合作时就越容易达成共识;反之,则会增加合作的难度。

采用世界价值观调查的结果作为分析的数据。目前,可以在 World Values Survey① 官方网站上获取第七次全球性调查数据。本次调查数据也包含了关于信任的数个参数,其中包括对家人的信任度、对朋友的信任度、对邻居的信任度、对陌生人的信任度、对相识的人的信任度、对宗教信仰不同的人的信任度,以及对外国人的信任度等。由于本书主要针对中国与中东开展金融合作时的信任参数,因此选择其中的对陌生人、对宗教信仰不同的人、对外国人的信任度这三组数据,以便更好地进行跨文化背景下的信任问题研究。

遗憾的是,由于样本国家的不完全,因此选取 WVS 7.0 数据库中所包括的中东国家塞浦路斯、伊朗、伊拉克、约旦、黎巴嫩、突尼斯、土耳其、埃及,以及中国的对陌生人、对宗教信仰不同的人、对外国人的信任度三组数据进行整理,如表 6-2 所示。

表 6-2　中国与中东部分国家信任度参考数据

国家	对陌生人	对宗教信仰不同的人	对外国人
中国	13.4	19.9	16.7
塞浦路斯	9.3	25.2	25.0
伊朗	33.9	63.1	33.5
伊拉克	24.0	40.7	27.1
约旦	29.7	51.6	46.1

---

① World Values Survey,即世界价值观调查(WVS),是由世界社会科学联盟成员单位共同协作执行、覆盖 100 多个国家 90%左右的全球人口的有关公众价值观的全球性调查数据库。https://www.worldvaluessurvey.org。

(续表)

国家	对陌生人	对宗教信仰不同的人	对外国人
黎巴嫩	22.6	46.5	37.5
突尼斯	30.6	32.2	31.6
土耳其	25.1	32.8	31.0
埃及	19.3	51.0	17.8

数据来源：根据 WVS 7.0 数据整理。

根据表6-2中的数据值，可以看出中国人对陌生人、对宗教信仰不同的人、对外国人的信任度普遍低于中东国家。对这些数据进行对比分析，有助于在未来中国与中东国家开展金融合作时有效判断跨文化合作风险和筛选合作伙伴。

首先，根据这一结论，大致可以判断出，在中国与中东开展金融合作时更能得到来自中东国家合作伙伴的信任，所承受的跨文化合作风险更低。而中东国家在与中国开展金融合作时能得到中方的信任度相对低，所承受的跨文化合作风险则比较高。因此，从跨文化合作风险的角度来看，中国与中东开展金融合作，双方对信任、文化等所持有的不同的价值观念对中方来说更有利。

其次，从减小信任程度导致的跨文化合作风险的角度来看，中国在选择中东的合作伙伴时，可以优先选择对宗教信仰不同的人和对外国人信任度高的国家。

最后，由于中国对陌生人、对宗教信仰不同的人、对外国人显示出较低的信任度，可能会导致中东国家在寻求金融合作伙伴时将中国纳入次选项，或是由于不信任因素导致双方在金融合作项目中产生摩擦。因此，在与中东国家开展金融合作时，中方机构或企业应该加深对中东国家的文化、习俗、宗教的了解，加强对合作伙伴的交流沟通，以增强信任度，有效避免跨文化合作的风险。

（三）其他跨文化影响因素

1. 工作时间制度

工作时间制度对国家间合作效率高低具有显著影响。世界上大多数的国家采用的是周一到周五工作,周六、周日休息的制度,而伊斯兰教徒每周五都要做礼拜,为此,中东伊斯兰国家采用的是周日到周四工作,周五、周六休息的制度。这就造成跨境合作双方可能由于工作时间制度的不同导致双方在合作时出现沟通不畅、信息传送不到位等情况,从而影响合作效果。因此,中国在与中东国家合作时,要充分了解中东国家每周的工作和周末休息制度,以免造成不必要的麻烦。

2. 共同工作时间

由于中国与中东国家的工作时间和周末休息制度可能存在不同,这意味着双方合作伙伴每周共同的工作时间只有 4 天,加上中国与中东地区的时差约为 5 个小时,所以实际的共同工作时间更少。因此,为能更好地开展金融合作,双方应该充分沟通,合理安排好工作的轻重缓急,有效利用双方共同工作的时间,以提高工作效率。

3. 特殊节日

斋月是阿拉伯国家的重要节日,且时间持续一个月之久。在斋月里,公司、政府机构等仍旧工作但效率有所降低,上班时间也会做出相应调整,一般的商务活动也通常改在晚上进行。因此,中国机构在与中东阿拉伯国家合作伙伴交往时,应该考虑这些特殊节日,以合理安排时间。

三、尊重和正确处理文化差异

"一带一路"倡议的提出,除了实现促进共建国家加强经济合作的目标,同时也强调了文化方面的合作交流,促进相互间互惠互利、合作共赢。因此,中国与中东开展金融合作时,不能忽视文化的作用。从历史上看,中国与中东地区的文化没有真正意义上的相互入侵,甚至没有发生过激烈纠纷;相反,在某些地区和方面还具有兼容性和相似性,而正是这些兼容性和相似性促使双方在文化上的认同,成了双方开展包括金融合作在内的各领域交流合作的基础。

文化因素在中国与中东开展金融合作中的作用不容忽视。中国与中东国家在宗教信仰、文化背景、民俗习惯上存在较大的差异,而这些差异可能会在双方进行国际金融合作时形成一定的阻碍或产生合作风险。因此,双方应当本着"求同存异、相互尊重"的精神,加强文化交流,增强相互了解,在尽可能地消除文化差异带来的不利和风险的基础上,促进双方文化认同的形成,从而更好地推动双方在金融领域的合作向更深层次推进。

对中国来说,在与中东开展金融合作时,一方面要积极推动中国文化在当地的传播,提高中东国家人民对中国的认知度,从而增强当地对中国的文化认同度。另一方面,中方要更深入地了解伊斯兰文化和中东各国的特色文化,从各层面对中东各国的文化特色进行比较研究,从而帮助中方在与中东国家开展金融合作时能够做出准确的判断,提高合作效率并获取更大的收益。此外,在工作时间安排上,双方要充分了解并尊重对方的工作时间制度,合理协调共同工作时间段,以保障双方合作工作的效率。

第四节　伊斯兰金融因素分析

宗教信仰是影响一国金融发展的重要因素,伊斯兰教直接促进了伊斯兰金融的发展。伊斯兰金融是遵从伊斯兰教义的,以禁止收取利息为核心原则的宗教伦理金融制度,其机构、业务和市场均符合伊斯兰教义。伊斯兰金融的核心思想根植于伊斯兰教义——沙里亚(Sharia)。其在金融方面的原则可以归纳为:存款不计利息、按股份投资、好处共享、风险共担。这与以利息为主要内容的传统金融表现出巨大的差别。凭借着雄厚的石油美元收入以及低风险等优势,伊斯兰金融已成为世界上独树一帜的金融体系,并向传统金融体系发起挑战。在2008年全球金融危机中,伊斯兰金融机构因其出色的表现,成功抵御了金融危机导致的风险,由此引起了全球对伊斯兰金融的极大关注,同时也成为国际投资新宠。尽管如此,包括中东许多国家在内的大多数伊斯兰国家仍采取传统金融机构与伊斯兰金融机构并存的模式,以适应不同客户的需求,但同时也导致伊斯兰金融资产在本国以及全球金融资产中的占比处于劣势,对全球化的影响有限,只能作为传统金融的补充形式。

尽管伊斯兰金融受到宗教宗旨的制约,在进行金融活动时受到诸多限制,但是伊斯兰金融也有其自身的优势:关注社会责任,重视社会公正,以商品为基础来分担风险,同时获取利润。伊斯兰金融能够提供长期投资,有利于促进经济的发展。

一、伊斯兰金融体系与传统金融理念的差异

(一)对金融涵义态度的差别

传统金融体系和西方经济学有一脉相承的渊源,不管是"理性人假设"还是"经济人假设",本质上都彰显出资本主义逐利拜金的本性。与之相对的是伊斯兰金融理念对于道德的尊崇,虽然其也支持经营者求利的举动,但在本质上还是强调道德和利润并举,甚至道德为先。西方经济学中鼓励通过存贷款利差来攫取利润,而两者在哲学上的差异自然也就反映在实际的经济举动上,如前文所提及的对利息的态度上,两者就是截然不同的。这一理念延伸开来还反映在对贷款的偿付上,西方经济学要求按时还款、有借有还,而伊斯兰教法则认为债权人对债务人的追款行为应当有选择性地进行调整,对于那些因故无法按时偿还的贷款可以采取延长还款期限、以物抵债甚至适当减免的手段。

(二)信贷审核的重点不同

在传统金融体系中商业银行的放贷对象多是实力雄厚的国有企业和大型企业,投资审查的时候是通过对财务进行分析进而判断其还贷能力,再通过抵押担保等手段来控制风险。而伊斯兰金融体系的放贷对象多是具有很强的市场潜力的新兴企业,多是以中小企业为主,审查的重点放在了其创新技术是不是可以实现、市场前景是不是乐观、未来发展能不能达到预期等方面。

(三)面临的风险存在差异

在传统金融体系中商业银行把钱借给放贷对象,两者之间是相对简单的债权人与债务人关系,只是在放贷对象出现亏损和投资失败的情况下,银行才会承担相应的风险。而在伊斯兰金融体系中,银行和放贷对象成了合伙人的关系,它的投资回报和企业的利润相关联,如果企业的利润增长没有达到预想的程度,那么伊斯兰银行很可能无法实现合同上所约定的期望收

益。所以从这个角度来说,伊斯兰银行承担的风险要比传统的商业银行大很多。

从以上三个特点我们就可以发现,伊斯兰金融和传统金融体系不仅在组织架构和运作方式上大相径庭,而且在本质上也截然不同。伊斯兰金融的实质是一种视利润和道德并重的道德型金融。伊斯兰教法鼓励债权人对因各种客观原因不能偿还债务的有困难的、弱势的群体予以减免,或宽限债务偿还期限,或以物抵债等方式偿还债务,提倡有宗教信仰约束力的社会义务存款,向贫困阶层提供无息贷款。此外,伊斯兰金融认为消费者在消费与储蓄之间应该坚持适度原则。这种思想反映在实践中,就是伊斯兰金融反对客户大量借款过度消费。所以,伊斯兰金融体系有效地抵制了虚假繁荣和泡沫经济的发生。① 比如在席卷欧美各国的次贷危机风潮中,伊斯兰金融体系受到冲击就比较小。而与之相比,西方金融业和银行机构都承担了巨大的损失,以至于一些有着悠久历史和占据庞大市场份额的老牌传统银行甚至国家银行都走上了倒闭之路。因此,伊斯兰的金融体制也赢得了世界金融业的赞许,被称为是"绝缘"有毒资产的金融平台。

二、伊斯兰金融体制对金融合作的制约

事物的存在总是有两面性的,伊斯兰的金融体制虽然在次贷危机中抵御了金融风暴的侵袭,但是也严重制约了伊斯兰国家在国际金融合作中的发展,这种封闭和独立的运行模式也成了伊斯兰金融国际化的掣肘。这一问题也出现在中国同伊斯兰国家的国际金融合作交流中,由于双方在组织架构、运作方式和监管模式上的差异,因此对未来开展合作形成了一定的阻力。

（一）经营方式的差别

在负债方面,伊斯兰金融是由储户与银行签订无限制的利润分享合约,授权银行集合管理运用存款来融通许多不特定投资计划,再分享投资损益;而中方银行遵循"存款自愿、取款自由、存款有息、为储户保密"的基本原则。

---

① 周启清、尹盼盼:《伊斯兰金融与传统金融风险管理比较研究》,载《时代金融》,2017年第6期,第48页。

在资产业务方面,伊斯兰金融银行业和中国的银行业也有本质的区别:伊斯兰金融体系下储户可以授权银行进行投资,双方按照事先所达成的协议共同分享收益、共同承担风险。在经营原则方面,伊斯兰金融机构严格遵守道德准则,只进入对社会和民众有利的行业,此举在一定程度上控制了风险危害,但同时也扼杀了业务拓展。在金融创新方面,伊斯兰金融机构的所有产品和服务都是以有形资产为基础,不参与风险不确定及转嫁风险的交易。以上提到的伊斯兰金融业务上的理念和做法同中国金融业存在很大的差异性,对双方金融监管和金融机构合作形成了一定阻碍,①如 2009 年 12 月 24 日,宁夏银行试点开办伊斯兰金融业务,但由于伊斯兰金融业务方式与中国传统金融业差异较大,导致业务量及客户群稀少,最终于 2013 年年底停办伊斯兰金融业务。②

(二)监管模式的不同

从法律层次上看,中国和伊斯兰国家间存在着巨大的差异,随着我国社会主义市场法律体系的建设完善,迄今逐步形成了较为完备的金融法制;而伊斯兰金融业的最高准则是伊斯兰教法,其宗教权威由沙里亚教法监管委员会来维护。由于中国采用分业监管的方式来进行法律维护,所以现由中国的金融法所调整的金融关系明显小于伊斯兰金融所涉及的范围。如从伊斯兰金融的经营模式及法律关系来看,加价贸易方式中的买卖行为、融资租赁中的融资租赁行为基本可以在中国合同法的法律框架下进行,商业银行进行买卖行为和融资租赁行为已超出了中国商业银行法规定业务范围,需按照商业银行法的相关规定获银监会批准;在股本参与方式中,伊斯兰金融银行作为实际投资人成为客户的股东,这也与中国商业银行法的规定背道而驰。在监管的标准上,双方在收益体系、会计准则、重复计税等多个领域都存在根本性的差异,如伊斯兰银行长期以来一直采取买卖交易分离的监管策略,推行双重印花税制度,对买卖行为都要进行征税,同时由于伊斯兰金融业务交易的是实物资产,因而银行在购买资产和加价出售或租赁过程

---

① 李宝庆、孙尚伟:《中阿金融合作:进展、前景、挑战与策略》,载《海外投资与出口信贷》,2016 年第 2 期,第 33 页。
② 李宝庆、孙尚伟:《中国对外区域金融合作模式探析》,载《世界经济与政治论坛》,2015 年第 9 期,第 168 页。

中将面临二次被征税等诸多税制改革问题①。

（三）其他风险

除了常见的政策风险，在和伊斯兰金融交流的过程中还会面临很大的教法风险。对于伊斯兰金融业机构来说，它们必须严格遵守教法，一旦被确认违反了教法，将很快失去客户，面临倒闭风险，且客户还会以其未遵守伊斯兰教法而逃避相关的债务责任。②

综上所述，伊斯兰宗教信仰对其金融业的影响是深远和广泛的，而中国与中东伊斯兰国家和地区金融合作不可避免地受到这方面的制约，如何合理地处理这一问题，找到一个通畅可行的渠道是未来我们所要面临的巨大挑战。

三、推动与伊斯兰金融的良性互动

伊斯兰金融在全球金融界中独树一帜，具有传统金融行业所不具备的许多特点，从而为包括中国的金融机构在内的金融主体与伊斯兰金融的交流与合作带来了许多变数。然而对于这一困扰，需要特别指出的是，首先，伊斯兰金融在中东金融市场中占据了重要地位，其规模还在不断扩张，其国际影响力还在不断加大；其次，伊斯兰金融的种种特点所带来的合作障碍并非专门单独针对中国，而是全球金融界需要面对的问题，因此可以理解成一种普遍性的合作壁垒。

但换个角度逆向思考，倘若能与伊斯兰金融建立起良性的合作关系，那么这一合作也将带有同样强大的排他性，使得其他金融主体难以迅速复制和投入竞争。中国的金融机构可以通过深入接触中东国家的金融行业和金融机构，不断了解和进一步熟悉伊斯兰金融的主要特点，仔细研究和寻找双方合作的立足点和着力点，想方设法在与伊斯兰金融的交流合作方面取得重大突破，为中国与中东深化金融合作打破伊斯兰金融特色所织就的藩篱。

---

① 左家燕：《伊斯兰银行及其业务特点浅析》，载《现代经济信息》，2010年第8期，第162、第163页。
② 齐萌：《"一带一路"视角下的伊斯兰金融监管制度研究》，载《上海财经大学学报》，2015年10月，第106—113页。

第七章

中国与中东金融合作的自我约束

自我约束是构建身份认同的最关键的变量。自我约束从制度和纪律层面上为合作双方提供坚实的保障和稳定的预期,从而为合作双方解除后顾之忧,能有效维护共同利益的秩序,提升共同利益的稳定性和持续性。

第一节 自我约束维护共同利益秩序

一、自我约束与其他三变量

自我约束是集体认同形成和发展最关键的变量,相互依存、共同命运、同质性这三个变量必须与自我约束相结合才能实现集体身份的认同。前三个变量要素的加强促使国家行为体选择有助于身份认同的亲社会行为,但可能会产生将要被其认同的行为体吞没的疑虑和担心,从而限制身份认同的深化。此时,通过自我约束要素限制自身,有助于创造一个彼此间能够互信认同的环境和机制。自我约束变量回答的是"共同利益如何维护"的问题。

从经济学角度来说,即使合作双方具有共同利益的基础,但仅靠双方自发维护共赢局面的难度却非常之大。一方面,在理性人假说的前提下,双方对于自身利益最大化的追求往往会与合作共赢的目标相冲突,而根据"囚徒困境"的原理可知,在个体利益与整体利益发生矛盾时,理性人往往会选择前者而牺牲后者,这便使得合作双方的共同利益变得难以保障;另一方面,合作一方内部政策的外部性也会给双方的共同利益带来不稳定因素,例如,部分欧盟成员国在应对经济危机和难民问题时普遍采取"以邻为壑"的政策,导致欧盟内部纷争不断,大大破坏了欧盟的团结稳定,成为英国主动"脱欧"的一个重要因素。而即使是正面的外部效应,也未必一定能让合作双方受益,其原因在于倘若合作一方长期出现正面外部效应溢出的情况,将会诱使另一方相应采取"搭便车"的行为,久而久之,溢出方的积极性将受到严重打击,而整个合作也将名存实亡。

为了保证双方共同利益的实现不被盲目追求个体利益的行为所破坏,一个合理的对策便是灵活运用"科斯定理"的原理,为合作行为制定出完善、可行和有效的约束规范,明确合作双方的权责范围,将个体利益集体化,将个体政策的外部效应内部化,如此便可以使得个体对自身利益的追求与共同利益的实现保持一致。这一对策选择的推理过程实际上也可看作从经济学角度对于建构主义"自我约束促成身份认同"这一原理的一种解读。

二、金融合作中的自我约束

而根据上述原理和思路,在中国与中东国家之间的金融合作过程中必须建立起强力有效的共同约束和自我约束机制。比如,中国与中东国家签署正式的合作协议,明确合作双方的权利和责任,从而对合作双方施以一种自我约束及行为规范,帮助双方建立相互信任关系,促成双方身份认同的构建。而具体到国际金融合作领域,中国与中东国家可以通过加强金融监管合作的手段,将微观金融主体追求利益最大化的目标与打造共同金融合作环境、维护共同金融合作秩序、取得共同金融合作收益的集体目标保持高度一致;而对于经济政策外部性的问题,则可通过加强国际宏观经济政策协调的方式,削弱和化解外部效应的负面影响,将外部效应的力量转化到促进双方金融合作、实现双赢局面上来。

建构主义四变量的互动关系构建了身份认同,是共同利益的基础,是国际合作的动力,但其中自我约束是身份认同体系的根本和关键,也是国际合作机制的保障。在国际金融合作中政策协调和监管是自我约束要素的集中体现。

第二节　政策协调外部性分析

所谓宏观经济政策外部性或溢出效应,从定义上来看是指一个国家或地区在处理内部经济问题、促进经济发展时所制定的内部政策给其他国家和地区带来的影响。这种影响可以是正面的,也可以是负面的。通常来说,一国或地区的经济越开放,与其他国家和地区乃至整个世界的经济联系越紧密,其外部效应就会体现得越明显。

根据国际合作的基本内涵,当两个或两个以上的国家或国际行为体之间存在全部或部分的利益重合,且相互之间能够达成政策协调,那么国际合作得以实现。各国通过合作所能获得的利益往往大于它们各自行动所能获得的利益。目前,各国金融体系随着金融全球化的不断发展而愈发密切地联系在一起,说明国际金融领域的相互依存程度已经相当高了。金融政策和资本市场的溢出效应也促使各国充分认识到维护稳定的国际金融秩序是各国的共同利益,因此纷纷提倡加强相互的金融合作,维护健康稳定的国际金融环境。由此可见宏观经济政策协调在国际金融合作中的重要性。而宏观经济政策协调是国家间在金融合作过程中对对方同时也是对自我的约束,这也符合前文关于自我约束在身份认同构建以及界定共同利益中具有重要作用的分析。

一、经济政策外部效应的考量

在研究中国与中东国家的经济政策外部性这一问题上,又有以下几点尤其值得注意。

（一）双方经济体量的差异

2017年中国的GDP为11.15万亿美元,而中东地区经济最发达的海合会国家的GDP加总才1.40万亿美元,只占到中国经济总量的12.57%,如果将海合会国家拆分成单独国家来与中国比较,那么这个数字就更加微不足道,例如,海合会国家中经济最为强大的沙特,其经济总量不足中国经济总量的 6%(表 7-1)。

表 7-1　中国与海合会国家 GDP 对比(2017 年)

国家/地区	GDP 总量(亿美元)	占中国 GDP 比重
阿联酋	3 702.96	3.32%
阿曼	698.32	0.63%
巴林	311.26	0.28%
卡塔尔	1 646.41	1.48%
科威特	1 140.54	1.02%
沙特	6 532.19	5.85%
海合会总计	14 031.68	12.57%
中国	111 584.60	100.00%

数据来源:联合国统计司网站公开数据。

一般来说,经济体量越大,其宏观经济政策的影响力就越大,由此产生的政策外部效应也越大。而在中国和中东国家之间经济总量对比悬殊的情况下,中国宏观经济政策的外部效应将远大于中东国家。从中国的角度来看,这一情况自然是有利的,因为无论中东国家是以单个国家为单位还是以整个集体为单位所实施的宏观经济政策,对中国国内宏观经济状态的影响都比较有限,中国与中东国家之间总体经济实力的绝对差异可以基本确保中国在与中东国家的经济互动中相对稳定;从中东国家的角度来看,与中国这样一个"经济巨人"进行合作,其背后隐藏着可能遭受强大政策外溢效应的风险,这可能导致中东国家在与中国进行贸易和金融往来时采取比较保守和谨慎的态度,从而限制双方经济和金融合作的进一步深化。换句话说,中国与中东国家之间经济体量的悬殊差距,使中国获得主导优势的同时,也迫使中东国家在决策时更加谨慎,这对双方经济来往与合作的长期性、稳定性和纵深性都造成了一定的负面影响。

(二)双方经济周期的差异

中东各国经济发展水平不同,经济发展速度也不同步,因此,中国和中东各国的经济周期也不尽相同,就连中国与海合会六国的经济周期也不一致。以经济增长速度为例,可以大致看出中国除了与沙特和卡塔尔的经济状况在某种程度上呈现出相对接近的同步性,与海合会其他国家的经济运行都呈现出一定的非同步性也即经济周期的差异性(图7-1)。而这种差异的存在,客观上会对宏观经济政策的外部溢出产生不可忽视的放大作用。

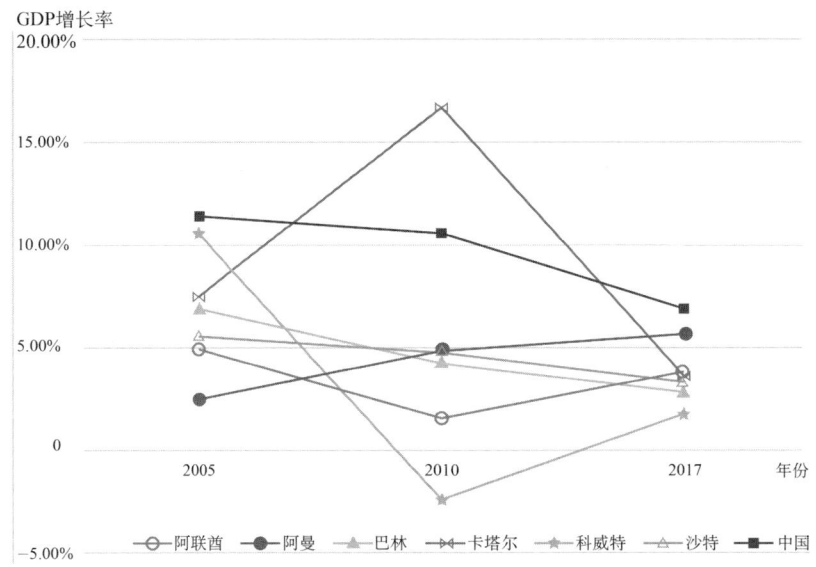

图 7-1　中国与海合会国家经济增长趋势对比(2005—2017 年)

资料来源:联合国统计司网站公开数据。

外部效应理论认为,两个经济周期相反或者差异较大的经济体之间若出现宏观经济政策上的溢出效应,则接受政策溢出效应的一方会受到严重影响。假设中国在面临国内通胀压力时采取了紧缩的财政和货币政策,那么国内需求将会被抑制,而购买力也将从国际市场收缩,从而影响到对中东国家出口产品(如石油产品)的需求;而此时,若中东某石油国家(如阿联酋)正处于经济复苏或者衰退阶段,却突然遭遇来自中国这一重要买家对于石油产品需求的明显降低,那么该国的经济增长将受到重创,原本复苏的势头将会遭受打压,甚至被打回萧条状态,而倘若本已处于衰退阶段,则会加速进入萧条阶段,更早地迎来经济寒冬。反过来看,假设中国国内经济出现衰退迹象,中国政府相应采取扩张性的财政和货币政策以刺激总需求,那么外部效应的产生,将会使得中东国家也受到来自中国的需求上升的影响。倘若此时该石油国正处于通胀状态,来自中国方面的宏观经济政策溢出则会通过供给关系和价格机制的传导,给该国国内的经济过热再添上一把"柴火"。

因此,只要中国与中东国家之间的经济周期存在不协调、不同步的状态,那么宏观经济政策外部效应的溢出很容易造成"雪上加霜"或者"火上浇油"的情况。而从最终结果来看,无论是加剧经济萧条还是推高通货膨胀,显然都是中东国家所不愿和不能接受的。

(三)双方宏观经济政策外部性的相互作用

学界对宏观经济的外部性或是溢出效应问题往往局限于外部效应的单向传递,即一国宏观经济政策的变化单向地给外部世界带来有利或者不利的影响,如经典的"城门失火殃及池鱼"案例,便是主要阐述了外部效应如何单向传递的过程,"城门"是外部效应的制造者和主动施加方,而"池鱼"则是外部效应的被动接受方。外部效应就是从"城门"向"池鱼"的单向传递,而作为"池鱼"来说,在面对外部效应的影响时处境极为被动,要么接受,要么适应,最理想的结果也不过是顺利化解风险,而不会出现还手、阻止甚至反制"城门"的情况。

外部效应"单向传递"的局限性思维,使得某些经济大国误以为可以仰仗经济方面的绝对优势,通过宏观经济政策溢出效应的对外传递,分散和稀释国内经济发展中出现的风险,简言之,就是利用宏观经济政策外部效应的单向传递来输出国内经济的风险,让邻国、合作伙伴乃至全世界都来分担本国在进行宏观经济调控时所产生的巨大成本。这一误解直接导致了"以邻为壑"政策在某些国家和地区的盛行和蔓延,给经济全球化和区域一体化的健康稳定发展造成了极为负面的影响。

而事实上,在现实生活中,外部效应的单方向传导几乎是不存在的,因为这意味着受影响的一方一味被动地接受他国传递过来的负面影响而不做任何反应,这在当前各国各地区之间国际经济交往的实践中几乎不可能发生。换言之,即使是身为"池鱼",也会基于自身的能力对他国传递来的外部效应进行力所能及的抵抗甚至反击。而从中国和中东国家之间的经济关系来看,尽管中国的经济体量和实力占据了绝对优势,并不会过于担心中东国家在经济方面进行的反击,但是同时也必须清醒地认识到,国际关系涉及方方面面,国际交往的渠道和手段更是多种多样。对于中东国家来说,在经济政策方面遭受的波及,并不一定要局限于从经济领域方面展开反击,也可能从政治和外交方面进行表达。如果基于这一思路,那么对于宏观经济外部效应所产生影响的分析将会更加复杂化,而双方因宏观经济外部性所带来的损益也将会上升到一个更高更全面的层次上进行衡量和评判。

此外,需要特别指出的是,大多数对于外部效应的研究更多关注的是负面效应,而较少提及正面效应。实际上,宏观经济政策亦存在正面的外部性,既然存在"以邻为壑",反过来也一定会有"同舟共济",如果将正面的外部效应利用得当的话,将会带来事半功倍的效果,这可以作为探讨中国与中东国家之间宏观经济政策协调实践的又一个着力点。

二、宏观经济政策溢出效应

如果中东某些国家与中国经济发展周期同步或者至少大体趋势一致,是否便可以高枕无忧了呢?其实也未必。其原因仍在于中国与中东国家之间悬殊的经济体量,即使中国与某些中东国家的经济周期保持一致,但由于经济体量太大,导致宏观经济政策的溢出效应的能量也过大,对于相对较小的经济体来说,仍然存在着造成重大影响的可能性。

假设中国与中东某石油国家同处于通胀状态中,而两国均为了防止经济过热而采取了紧缩的财政政策和货币政策。在这样的情况下,中国国内的总需求下降使得对于石油等能源产品的需求下降,从而中国与该石油国之间的国际贸易额相应减少,该石油国国内经济增长过热得到缓解。需要注意的是,虽然看起来中国宏观经济政策的溢出效应对该石油国来说似乎是起到正面的调控作用,但是在判断宏观经济政策的外部效应时,除了从正面或负面的方向判断,还必须将政策力度置于同样重要的位置加以考量。在很多情况下,过犹不及,即使是正向的外部效应,如果力度过大,反而会产生事与愿违的结果,而这往往是许多历史研究所忽视的。

虽然中国的紧缩政策溢出对于该石油国的国内经济起到了正向的抑制

作用,但是鉴于中国的经济体量太大,宏观经济政策的效果力度很强,也即总需求的减少幅度会相当可观,表现为来自中国的贸易需求下降过于明显,导致该石油国国内经济增长受到过分的抑制,其力度很可能会超过本国所预期或者所能承受的合理范围;而根据此前的假设,该石油国政府也同时采取了紧缩的宏观经济政策,在这样的情况下,该国国内经济将会面临国内紧缩政策和来自中国的政策溢出的双重压制,其结果很可能是通胀虽然被迅速控制,但该国国内经济增长却遭遇重创而掉头向下,越过平稳阶段后直接进入衰退状态,甚至陷入萧条之中。

至于中东国家国内宏观经济政策对于中国经济的溢出效应,由于前文所提及的经济体量差异悬殊的因素存在,因此单从经济方面来说影响较小,兹不赘述。

综上所述,由于中国与中东国家经济体量对比悬殊,中国宏观经济政策的溢出效应可能给中东国家国内经济发展造成较大的影响。不仅与中国经济发展逆周期的国家会受到较大伤害,连与中国经济周期步调一致的国家都会受到不同程度的负面影响,这种外部效应的存在,显然给中国与中东国家之间的经济合作蒙上了一层阴影。

当然,以上所有的论断,都是建立在中国与中东国家双方经济联系紧密,外部效应的传导性较强的基础之上的。换言之,如果中国与中东国家之间的经济联系不够紧密和深入,双方对于彼此的经济依赖度不强,那么中国宏观经济政策的溢出效应便无法对中东国家进行有效传递,那么中东国家遭受不良影响的可能性和力度都会变小。基于这一原理,倘若中东国家试图尽量避免来自中国的宏观经济政策溢出效应的影响,那么它们便会在与中国经济来往时采取一个较为保守的态度,将双方的经济关系控制在一个松散的状态和浅层次的水平之上。这种做法虽然是出于自我保护的目的而做出的理性选择,但无疑会抑制中国与中东国家之间经济来往与合作的全面和纵深发展,从而进一步影响到双方在金融合作方面取得更多、更大的突破。

三、哈马达模型下的金融合作

从上述分析可以看出,由于宏观经济政策溢出效应的存在,中国与中东国家之间的经济合作似乎陷入了一个左右为难的境地,即经济关系紧密会导致宏观经济政策溢出影响加剧,而为防止宏观经济政策溢出的影响又会造成双方经济关系的后退。如此一来,双方的经济往来与合作自然会长期保持在较低水平,双方的金融合作也无法取得实质性的进展,从而在整体上陷入僵局。

实际上,这一看似棘手的两难问题并非无解,其中最优化的破解之道便是国际宏观经济政策协调。

国际宏观经济政策协调在概念上有狭义和广义之分。所谓狭义的国际宏观经济政策协调,指的是各国在制定各自的国内政策中,通过各国之间的沟通磋商等方式,来对某些宏观经济政策进行共同的设计与配置;而广义的国际宏观经济政策协调,指的是凡在国际范围内能够对各国国内宏观政策产生一定程度制约的行为。[①] 而不管是从狭义还是广义的范畴来看,宏观经济政策协调的一大着力点和主要目的都在于尽可能地减轻甚至消除各国在制定本国国内宏观经济政策时给其他利益相关方带来的负面的外部性和溢出效应。

在开放经济条件下,一国的财政、货币等经济政策的实施可能由于溢出效益而影响到其他国家的经济政策的效果,甚至造成各国实施的政策相互间抵制,不利于区域内或国家经济协调发展。因此,在开放经济条件下,为了抵制溢出效应产生负面影响,各国应当合作协调经济政策,加强区域金融合作,促进参与协调合作国家的福利水平。经济学家滨田宏一(Koichi Hamada)采用博弈论的方法用哈马达(Hamada)模型图直观地论证说明了国家间加强政策协调合作,能有助于提高参加协调合作国的产出和福利水平。

如图 7-2 所示,横轴代表国家 1 的政策工具,纵轴代表国家 2 的政策工具,沿坐标轴移动,两国的政策均趋于扩张。B_1 是国家 1 的最佳福

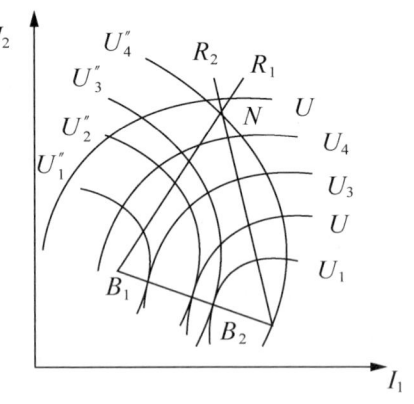

图 7-2 哈马达模型图

---

① 秦月星:《金融自由化与国际政策协调》,载《上海金融》,2000 年第 7 期,第 41、第 42 页。

利点，B_2是国家2的最佳福利点。在不存在政策外部性的情况下，由于一国最优政策是独立于他国最优政策的，因此各国无差异曲线是直线，此时各国无须开展国际货币金融合作。在存在政策外部性的情况下，国家1的政策工具I_1的实施会影响国家2的福利，无差异曲线表现为围绕各自最佳福利点的曲线，曲线切点是有效的政策协调点，在切点上的政策工具实现了帕累托最优。这些切点代表了国家1和国家2政策协调的结果，其集合连接成两国最佳福利点的契约线B_1B_2。如果不进行政策协调，国家2在制定自己的政策时会将国家1的政策看作是既定的，无论国家1的政策工具I_1如何安排，国家2都将选择I_2使其福利最大化。因此，对于国家1的每个政策安排，国家2都必须相应选择一种对应政策，使自己的无差异曲线与国家1的无差异曲线相切以达到本国福利最大化，这样形成的一系列切点的轨迹构成图中直线R_2，即不合作时国家2的反应函数，类似地，图中R_1为不合作时国家1的反应函数。两国反应函数的交点N为福利最优点，是一个稳定的纳什均衡点。但是相比契约线上的任意一点，N点都更远离帕累托最优，说明存在政策外部性的情况下，不协调的政策是无效的，而开展国际货币金融合作将有利于改善参与协调合作国的福利水平。

哈马达模型图说明的是两国的情况，但其论证可以推广至多国的情况。因此，中国无论是与某个中东国家还是与中东地区整体进行金融合作，都要注意宏观经济外部性的效应，充分发挥积极影响，抵制负面影响，加强区域金融合作，充分合作协调经济金融政策，促进参与协调合作国家的福利水平，帮助推动合作双方的经济增长和福利水平的提高，实现双方的共同利益，达到"共赢"的目的。

第三节 自我约束要素中的金融监管

在国际金融合作中，金融监管可以视作一种自我约束的行为，可以有效规范微观金融主体行为，维护健康有序的国际金融市场环境，打击金融领域的不法行为，防范金融风险，鼓励金融创新，为国际金融合作奠定稳固可靠的经济和政治基础,提供强劲有力的政策支持。

要分析国际金融监管合作,首先要先从了解金融监管的含义和意义开始。金融监管是一国的金融监管机构或国际金融组织对金融机构及其活动进行规范和约束的行为总称。金融监管的主体主要是一国的金融监管机构(如中国人民银行、原银监会等),而金融监管的客体包括银行和非银行金融机构(如证券公司、财务公司、保险公司、金融租赁公司、信托投资公司等)的金融业务活动。一般认为,金融监管的主要目的包括:确保金融机构的合规性,防范系统性金融风险,维持整个金融体系的平稳健康;保护投资者和存款人的经济利益;促进金融机构各项业务功能的正常发挥,以及市场竞争机制的良好运作等。而以上述这些监管目的为出发点,中国与中东国家政府间对于金融机构所采取的合作监管行动,具有深刻的历史渊源和重要的现实意义。中国与中东金融监管合作行为的必要性和意义所在,从根本上来说就是对于金融合作双方跨国金融机构违规经营风险的有效防范。

金融机构由于自身的盈利性要求,在面对业绩上的巨大压力以及同行业的激烈竞争时,往往会将违规经营作为破除困境的一剂"猛药",例如,暗自调整利率、钻"政策"的空子或者打政策的"擦边球"、推出违规金融产品、从事与自身风险承受能力不相匹配的金融业务和投资,等等。事实上,通过以上这些不合规的经营手段,往往可以在短期内给金融机构带来一定的收益和竞争优势。因此,在金融机构相互竞争博弈的过程中,不合规手段始终是一个诱惑力极大的潜在选项,而利用博弈论进行的理论分析也说明,在金融监管缺位的前提下,违规经营几乎是金融机构在市场竞争中的必然选择。

一、无金融监管下的博弈

举例说明,假设中国或中东某国国内市场中有互为竞争对手的 A、B 两家银行,双方合规经营所得收益均为 x,再假设该国国内市场不存在金融监管,那么考虑以下几种情况:

(1) 双方均合规经营,那么各自获得 x 的收益。

(2) A、B 任意一家银行合规经营,而另一方违规经营,那么违规经营一方将比合规方拥有更多竞争优势从而获得额外收益,记作 $x+y$,而合规方遭受等量损失,记作 $x-y$。

(3) 双方均违规经营,那么均可以从违规经营活动中获取额外收益,但是相比(2)中的情况,由于所有金融机构均开展违规经营,从而也形成了一定程度的竞争,因此单个金融机构获取的超额收益一般要比情况(2)中的收益要少,因此记为 $x+w$,其中 $w<y$。

根据上述情况,建立支付矩阵如表 7-2 所示。

表 7-2 支付矩阵 1

收益		B	
		合规经营	违规经营
A	合规经营	(x, x)	$(x-y, x+y)$
	违规经营	$(x+y, x-y)$	$(x+w, x+w)$

根据以上支付矩阵可知,无论对于 A 还是 B 来说,不管对手选择的是何种经营策略,自己的最优选择都会是"违规经营",因此这是一个可以实现纳什均衡的博弈。对于 A、B 双方来说,只要其符合理性人假说的前提,那么"违规经营"将会是它们参与市场竞争时的最优选择。而这一博弈结果所揭示的问题是,金融机构对于违规经营具有根本性和普遍性的选择偏好。倘若金融市场上不存在金融监管,那么违规经营将会成为市场主流,而由此产生的各种金融风险和金融机构的畸形发展将会给严重破坏市场环境和秩序,严重损害市场投资者的切身利益,同时也给各个金融机构遭遇个体性、局部性乃至系统性的运营危机埋下严重的伏笔。

以上的博弈分析是建立在市场上不存在金融监管的前提假设之上的,当然这一假设无论对于中国还是中东国家来说都不符合实际情况。那么如果将金融监管机构加入市场博弈中来,情况是否会有所不同,以下将继续通过支付矩阵展开进一步分析。

二、金融监管下的博弈

在沿用上一支付矩阵的前提假设的基础上增加一条关于金融监管的内容,即金融监管机构(如原中国银行业监督管理委员会或阿联酋中央银行等)也加入市场,并且拥有"严格监管"和"放任市场"两种选择。那么建立相应的支付矩阵如表 7-3 所示。

表 7-3　支付矩阵 2

收益		金融监管机构	
		严格监管	放任市场
金融机构	合规经营	$(x, 1)$	$(x-y, 2)$
	违规经营	$(x+y-z, 1)$	$(x+w, -2)$

(1) 如果金融监管机构选择严格监管,那么金融机构的违规经营将会遭到严厉打击,因此金融机构将普遍选择合规经营,结合表 7-2 支付矩阵 1 可知,金融机构均可以获得 x 的收益;而在这种情况下,个别敢于铤而走险违规经营的金融机构理论上仍会获得 y 的额外收益,但同时也将会受到监管机构的严惩而产生额外的损失 z,因此总体收益计为 $x+y-z$,其中,由于一般来说监管惩罚首先会将违规经营的收益没收,所以金融机构受到惩罚时损失的收益 z 通常大于违规经营带来的额外收益 y,即 $y<z, x+y-z<x$。在这种情况下,金融监管机构顺利履行了监管职责,成功维护了市场的正常秩序,营造出了良好的竞争环境,当然与此同时也付出了相应的监管成本和代价,但总体来说还是收益大于成本,因此记收益为 1。

(2) 如果金融监管机构选择放任金融机构的市场活动,那么对于金融机构来说,便可视作金融监管机构不存在,于是博弈环境又回归到支付矩阵 1 的情况。而通过之前的分析可知,在支付矩阵 1 所假设的条件下,金融机构的主流选择将会是违规经营,从而普遍获取 $x+w$ 的收益。而任何合规经营的金融机构都将遭受较大损失,总收益记为 $x-y$。这一结果,事实上也就是所谓"劣币驱逐良币"的一个典型表现。而反观金融监管机构的损益,倘若金融机构在市场活动中自觉遵守纪律,规范经营,那么同样可以实现维护良好市场秩序的效果,达成监管机构的既定目标,同时监管机构的监管成本最低,综合来看收益增加,记作 2。但由于在这种情况下市场上的金融机构大概率会选择违规经营,导致金融风险加剧,市场秩序混乱,给整个经济和社会带来严重影响。在这种情况下,金融监管机构不但无法实现监管效果,反而需要为金融失控所造成的恶果负责,并且消除金融风险、恢复市场秩序、重建市场信心需要付出远高于正常监管的代价,在此简记金融监管机构的收益为-2。

综合上述情况来看,金融机构与金融监管机构之间的博弈是一场无法取得纳什均衡的博弈,表现在双方的策略选择都将因对方的行动变化而相应改变,即当金融机构选择合规经营时,金融监管机构的最优选择是放任市场;而当金融监管机构选择放任市场时,金融机构的最优选择是违规经营;当金融机构选择违规经营时,监管机构的最优选择是严格监管;当监管机构选择严格监管时,金融机构的最优选择又变为合规经营……如此循环往复,双方都没有绝对最优的选项,从而也难以达成纳什均衡。

根据以上对于金融机构与金融监管机构之间的博弈分析,我们还可以从中得到一些启示:

首先,在中国与中东国家金融合作的过程中,合作双方的金融监管机构所处立场是政府职能部门而非市场盈利个体,它肩负着维护中国与中东国家金融市场秩序和营造良好的国内国际金融环境的重任,因此不能以简单的成本收益比作为指导自身行动的唯一标准。事实上,无论对中国还是中东国家的金融监管机构来说,在维护金融秩序、防范金融风险、确保经济安全的目标面前,图一时省事或是为了降低行政成本而盲目依赖市场自我调节、放任自流的做法是不可取的,相反地,应当从大局和长远利益出发,在日常监管中多用心一些、多付出一些,用适当增加的监管成本,换来市场经济的长期健康平稳向上和社会总收益的不断提升,将是十分可取且绝对值得的。

其次,由"当监管机构选择严格监管时,金融机构的最优选择又变为合规经营"这一结论可知,如果中国与中东国家的金融监管机构坚持严格监管,并且积极通过各种途径将这一信息明确传递给金融机构,那么金融机构也会及时洞悉政策意图,并相应做出合规经营的选择,倘若长期坚持,为金融机构树立起良好的政策预期,那么金融机构也将会长期自觉坚持合规经营从而建立起长效机制,保证政策效果的可持续性;而从自我约束的角度来说,金融监管机构进入市场并且严格履行监管职责时,金融市场主体的自我约束意识和行为也将随之得到强化,这将对于金融合作双方提升共同收益起到尤为积极的作用。

最后,对于违规经营的惩罚力度会对金融机构的策略选择产生明显影响。观察支付矩阵2可以发现,在金融监管机构选择严格监管的条件下,金融机构选择合规经营与违规经营之间的差别是 $y-z$,对于 z 可以简化理解为违规经营所受到的监管惩罚,所以 z 的数额越大,金融机构合规经营与违规经营的收益差别就越大,就越趋向于选择合规经营。而反过来,如果 z 的数额太小甚至等于或小于 y,那么金融机构在违规经营时的总收益将与合规经营持平,甚至还会大于合规经营。在这种情况下,无论金融监管机构如何选择,违规经营都会成为金融机构的最优选择。如此一来违规经营、金融风险问题仍然无法得到有效解决,而金融监管机构反而成了耗费社会资源的摆设,其存在的必要性会受到严重质疑。因此,中国与中东国家的金融监管机构必须极力避免"雷声大、雨点小"的情况发生,切实保证各项监管措施严格执行、真正落到实处。

三、国际金融监管合作的博弈

在经济全球化的大背景下,金融机构和金融资本的跨境活动日益增多,金融创新不断加快,金融产品和金融机构数量不断增加,业务呈日益多元化和国际化趋势,金融业竞争加剧。在新的环境和形势下,金融监管也随之向着国际化的趋势发展,形成国际金融监管的概念。20世纪70年代以来,为遏制国际银行业的危机,以巴塞尔银行监管委员会及其所拟定的"巴塞尔协议"为标志,金融监管的国际合作体系宣告正式建立。

从定义上看,国际金融监管除了继承传统金融监管的所有涵义,其监管主体由单个国家扩充为包括国家、区域性监管组织(如阿拉伯银行监管委员会)和国际金融组织(如巴塞尔银行监管委员会、国际货币基金组织)等在内的多重主体;而国际金融监管的客体也由银行和非银行金融机构的金融活动扩展为跨国金融机构及其分支机构和设在东道国的外资金融机构以及它们的金融业务活动。

对于国际金融监管来说,定义上的扩充意味着金融监管机构的监管范围更加宽泛、监管责任更加巨大、监管难度更加提升、监管合作必要性更加突出。以下仍以博弈论作为工具来对中国与中东国家在国际金融监管方面展开合作的必要性做出简要分析,支付矩阵3如表7-4所示。

表7-4 支付矩阵3

收益		中国与中东国际金融监管合作	
		紧密合作	各自为政
国际金融机构	合规经营	$x, 1$	$x-y, 2$
	违规经营	$x+y-z, 1$	$x+w, -2$

总体来说,支付矩阵3与支付矩阵2的结构基本一致,但博弈的一方由中国或单个中东国家的金融监管机构改为将中国与中东双方在国际金融监管方面的合作视为一个整体,而支付矩阵2中金融监管机构"严格监管"和"放任市场"的两大基本策略也被替换为双方对于国际金融监管合作所采取的总体态度,即在金融国际化大背景下加强国际金融监管的"紧密合作",或是仍然坚持传统的"各自为政"。为简化起见,该模型不再进一步考虑国际金融合作方在选择"紧密合作"的前提下会否出现"严格监管"或"放任市场"的二级策略,或者也可以理解为合作双方选择"紧密合作"的结果就是建立在双方都已经选择了"严格监管"策略的这一前提条件上的。

从支付矩阵3可以看出的是,这仍然是一个无法实现纳什均衡的博弈,双方都没有绝对优选。与支付矩阵2情况类似的是,在国际金融监管合作双方各自为政的情况下,国际金融机构发生违规经营的可能性极高;而一旦国际金融监管合作双方选择加强合作,那么国际金融机构也会倾向于更加合规的经营策略。换言之,对支付矩阵2进行分析所得出的启示在支付矩阵3上也可以很好地适用,即一要敢于承担更多的监管合作成本,二要明确坚持紧密合作的监管态度并树立稳定的监管合作预期,三要加大监管力度,尤其是监管惩罚措施的强度。

对于中国和中东国家来说,双方金融机构在对方市场上的开疆拓土和频繁互动,必将对国际金融监管带来更多挑战、提出更高的要求。因此中国与中东国家双方都应当审慎对待,加强彼此间的金融监管合作,为双方的经济金融交流往来营造良好的氛围,维护公平合理的市场秩序和竞争环境。

第八章
中国与中东金融合作的路径选择

中国和中东地区在历史上就有着频繁的经贸往来,而这种良好的互惠互利贸易关系一直延续至今。如今在"一带一路"倡议的布局下,双方再度迎来了千载难逢的历史性合作机遇。于是,进一步升级和强化双方的金融合作,在构建更加紧密的关系过程中不断实现互利双赢,无论对中国还是对中东地区来说都是极为明智的做法。

第一节 把握双方合作框架中的战略着力点

一、积极对接"一带一路"倡议

"一带一路"倡议起始于中国西部,继续向西延伸,联结西亚并直达欧洲。它通过政策沟通、道路联通、贸易畅通、货币流通、民心相通等"五通",将中国的生产要素,尤其是优质但却在国内过剩的产能输送出去,让沿"带"沿"路"的国家和地区共享中国经济发展的各种成果。党的二十大报告把"推动共建'一带一路'高质量发展"作为推进高水平对外开放的重要内容,这成为我国推进高水平对外开放过程中承前启后的新起点。因此,面向未来,应从构建人类命运共同体的高度,探索建立与中东各国的合作对接机制,努力把政治共识转化为具体行动,把理念认同转化为务实成果,更好地造福于参加共建的各国人民,实现共同繁荣。

(一)"一带一路"倡议的潜在红利

"一带一路"倡议旨在推动共建国家实现发展战略对接、优势互补,建立利益共享的全球价值链,由金融助力"一带一路"建设是大势所趋。自"一带一路"倡议提出以来,共获得了100多个国家和组织的积极响应及大力支持,为中国发展惠及世界、将中国经济融入全球体系搭建了全新的合作框架。本着共商、共建、共享的理念,以实现"互利共赢"作为前提和基础,打造"政治互信、经济融合、文化包容的利益共同体、命运共同体和责任共同体",从而实现中国与各国发展需求和利益的对接,在为中国发展注入新活力的同时,也为合作国家和地区的发展创造了新的机遇。目前,各领域建设快速推进,一系列重大项目落地实施,极大程度地带动了共建各国经济社会发展,由此获得的丰硕成果举世瞩目。同时,"一带一路"也正在塑造全新的区域经济格局,带来大量新兴金融需求,为各国银行和各类金融机构带来了历史性发展机遇。

一方面,中东地区地理位置重要、资源禀赋突出,尤其在石油资源方面的独到优势,成为中国推进"一带一路"建设,进一步强化自身国力所必须争取的合作伙伴。另一方面,"一带一路"倡议对于中东地区来说也是一项长远的重大利好,可以为中东国家的经济转型寻找新的经济增长点和原动力,以及为维护海湾地区安全稳定等方面带来了一场历史性的机遇。综上所述,中国与中东地区双方在核心利益方面存在着大量交集,可以预见在不远的将来,将会有更多的中东国家与中国在国家战略层面上达成合作意向,中国将在战略合作关系以及共建"一带一路"方面与中东地区实现完全覆盖,届时中国与中东地区之间的经贸合作和文化往来将会更为密切,中东地区也将成为中国不断在国际舞台上大展拳脚、发挥出更大影响力的一个非常重要的切入点。所有这一切,都将从客观上要求并带动中国和中东地区之间在贸易、金融领域进一步的合作和共赢。

(二)"一带一路"倡议对中国与中东金融合作的引航作用

当今中国与中东地区的经贸和金融往来并非原生于纯粹的经济动机,更多的是能源保障和政治资源,所以对于中东国家来说,其内部市场的微观主体对与中国进行经济、金融合作的积极性并不是太高,这也是双方金融合作长期处于不温不火状态的重要原因。因此,中国与中东地区的经济金融合作不能完全依赖微观金融主体的自发力量来推动,否则效率极低。双方若希望经济关系可以在较短的周期内实现进一步突破从而推动金融合作进一步深化,那么至少在可见的未来,必须要坚持以"国家队"为主力的原则,由国家、政府间层面牵头,自上而下地推动双方的经济和金融合作。因此,搭建中国与中东地区金融合作框架应当在"一带一路"倡议规划的指导下进行。

中国与中东地区金融合作应该积极与"一带一路"倡议对接,"一带一路"倡议扮演着总揽全局的核心角色,只要这一大倡议持续稳步推进,那么中国与该倡议覆盖范围之内的中东国家之间一定会有更加频繁和丰富的金融交流与合作。当然,在这一过程当中,由"一带一路"倡议所衍生出的亚投行、丝路基金、金砖银行等多个国家背景的金融机构要充分发挥自己的独特作用,带动民营力量和国际资金的投入,不仅为中国和中东地区的经贸和投资交流提供充足和稳定的资金扶持和保障,还要通过金融交流合作,探讨建立一套来源广泛、充满活力的投融资体系,并在此基础上进一步完善和推广,为中国和中东地区之间的金融合作提供一个坚强、开放而又充满活力的体系支撑。

二、推动人民币国际化和中东国家货币直接结算

汇兑成本和汇率风险向来都是阻碍国际贸易和投资活动的一大关键因素。中国与中东国家均有本国的独立货币,但是目前双方之间的贸易和金融往来仍主要以美元作为中介货币来进行。美元作为第三方货币,必然会给中国及中东国家相互间的贸易、投资带来额外的汇兑成本;此外,中东国家普遍采取与美元挂钩的联系汇率制度,一旦美元走势出现波动,即使中东国家本身经济基本面并未发生异常,其本币币值也会受到影响,中国与中东国家都将因此承受大量汇率风险,导致双方交易成本与合作成本的增加。需要强调的是,汇兑成本和风险一般是以比例而非绝对数值的形式体现在国际贸易和投资之中。换言之,无论中国与中东国家之间的贸易和投资的

规模如何,发展到何种程度,汇兑成本都会成为总量基础上的一个额外的成本加成,因此,无论是中国还是中东国家都应该充分认识并重视汇兑成本问题。而解决此问题的有效途径,便是在人民币国际化的大趋势下,不断推动人民币与中东国家货币进行直接结算。

毫无疑问的是,人民币正在中国与中东地区之间开展贸易和投融资活动的过程中发挥着越来越大的作用。在这样的大背景下,如果人民币能够在中东地区进一步打开市场,将会在"一带一路"沿线起到示范作用并产生辐射效应,不但可以为中国与中东地区间的贸易和金融往来提供大量资金便利,还能以进一步深化人民币国际化为契机,促成双方金融合作向纵深发展。因此,在中国与中东国家开展经济活动中,应当坚持提倡和推广使用人民币作为结算货币,推动货币互换和跨境人民币结算,不断丰富人民币投资产品种类,从而实现中国与中东地区金融合作的全面提升。在具体做法上,以下政策建议值得关注。

(1) 继续大力发展石油人民币业务,带动中国产能在中东地区的普及和推广。

进一步强化人民币的计价和结算功能,是依附在中国与中东地区双边贸易蓬勃发展的基础之上的,中国只有继续加强与中东地区的国际贸易往来,才能使人民币在中东国家内部站稳脚跟。因此,一方面要继续加强与深化中国与中东地区的国际贸易来往与合作,调整和优化经济贸易结构,向出口中间产品和高附加值终端产品以及进口具有延伸产品链价值产品的进出口贸易不断推进,为进一步推广人民币结算打下坚实基础;另一方面也要紧抓"一带一路"契机,利用丝路基金和亚投行这两大平台,积极推动使用人民币在双边贸易中计价结算,特别是用于结算石油买卖,从而反向提升中东地区对于人民币的需求,推动人民币的使用频率和结算比率,大力推进跨境贸易人民币结算。

鉴于中东地区各国与中国经济联系的紧密程度和经贸来往水平参差不齐,建议先从沙特和阿联酋等与中国贸易投资往来最为密切的两到三个国家入手,大力推广人民币结算,再利用这些国家的示范和辐射效应,在其余中东地区进一步推广。值得一提的是,2021 年,中国与伊朗签署了《中伊

25年全面合作协议》,其中就包括伊朗对中国出口石油采用人民币结算机制。此外,2021年11月,沙特最大石油公司阿美发布的债券发行计划出现了人民币债券,说明阿美公司已引入人民币作为重要的结算手段了。这一系列信号,意味着统治全球石油交易40多年的石油美元体制出现松动,而学术界构想已久的所谓"石油人民币"或将应运而生。

(2) 推进资本项目逐步开放与利率和汇率的市场化改革。

资本市场开放、利率市场化和汇率完全浮动是人民币国际化的关键,也是近年来中国资本市场开放和金融体制改革的核心内容,正确把握资本项目开放节奏和进程,对推动人民币国际化具有重要的战略意义。在实际操作过程中,要本着"先流入后流出,先长期后短期,先直接投资后证券投资,先机构投资者后个人投资者"的基本原则,稳步有序地开放资本市场。在加速对外开放步伐,积极引入中东国家境外机构投资者来华投资的同时,也大力支持中国企业扩大海外投资规模,更多地向中东国家"走出去"。人民币跨境使用的规模越大和范围越广泛,中国完全开放资本项目的风险就越小。与此同时,还需有条不紊地推动利率市场化和汇率有管理的浮动,只有人民币的利率和汇率决定机制更加灵活和更加市场化,人民币的可塑性和国际吸引力才会更强,才能更加符合国际货币的目标定位,才会在国际市场上得到越来越多的国家和地区的认可。这就需要中国以更长远的眼光和国际化的视角,继续深化利率和汇率改革,更多地发挥市场机制尤其是国际市场供需的相互作用,将人民币利率和汇率的决定机制从主要由政府管控逐步转向由货币的供求关系和国际资本流动决定上来。在这一过程中也应当提高国内和国际金融政策协调力度,在金融领域塑造好负责任大国的良好形象,为中国与中东国家在人民币国际化方面的合作营造良好氛围。

(3) 充分运用人民币相关金融工具,深挖传统金融服务、开发创新金融产品,充分发挥人民币离岸中心的重要作用。

推广金融市场及产品创新,以上海自贸试验区和其他金融创新试点地区为依托,拓展人民币债券的国际市场,为离岸人民币提供丰富的投资标的;为中东国家金融机构在中国开展人民币跨境业务提供更多政策支持和操作便利,促进人民币投资和贸易资金的自由兑换;打造中资金融机构海外总部和本土人民币金融中心,建立和完善境外人民币的回流机制,从而增强人民币国际化的循环能力。

2016年11月1日,人民币被纳入国际货币基金组织特别提款权货币篮子,这是人民币国际化进程的又一个里程碑,也标志着人民币正逐步成为信用良好的硬通货。因此,中国应当紧抓人民币加入特别提款权货币篮子这一大好时机,一方面通过人民币贸易结算、人民币基金和人民币债券等,在中国与中东国家之间的贸易畅通、资金融通过程中大力发挥人民币的贸易计价和结算职能;另一方面凭借人民币在特别提款权货币篮子中的地位,积极筹划和落实在国际金融市场上发行以特别提款权计价或者以人民币计价的债券和票据,推广人民币的国际储备职能。相信在这样的背景之下,未来在中东地区会有更多的国家在与中国进行贸易和投资往来时选择用人民币进行结算,人民币国际化和人民币离岸中心的发展将在此过程中发挥重要作用,这显然将大大增加中国与中东国家金融合作的机会。

(4) 健全中东国家使用人民币进行交易的制度框架。

进一步扩大双边本币互换的范围和规模,以人民币和中东国家双边、多边货币合作为基础,不断扩大人民币在中东国家内部的流通规模。中国与中东国家的货币合作有着良好的基础,早在2012年,中国便与阿联酋签订了本币互换协议,并在2015年续签了这一双边本币互换协议,2016年中国外汇交易中心宣布在银行间外汇市场分别开展人民币对阿联酋迪拉姆和对沙特里亚尔的直接交易。中国应在此基础上,积极促进与中东国家进行人民币贸易结算的规模,充分巩固原有的一系列协议框架,继续提升外汇储备库的规模,不断提升人民币在国际货币合作中的作用和地位。

除了货币互换协议,人民币清算中心也是中国与中东国家货币合作的重要成果。2015年4月14日,中东地区首个人民币清算中心在卡塔尔首都多哈正式启动。多哈人民币清算中心为中国和卡塔尔之间的国际贸易和对外投资提供人民币清算服务,同时也能够帮助其他中东国家通过卡塔尔进行人民币交易和投资业务。作为中东地区首个人民币清算中心,多哈人民币清算中心为那些希望以人民币进行交易并与世界第二大经济体进行贸易往来的阿拉伯客户和企业提供了便利,因此可以充分惠及至其他中东国家。①

货币互换和人民币清算中心的建设,是人民币国际化的有力表现。而人民币国际化与为外国投资者进入中国货币和债务市场拆除壁垒是同步进行的。可以预期的是,随着中国经济的发展和人民币国际地位的不断提升,人民币国际化的进程以及伴随而来的人民币国际结算比例的提高,都将有力带动中国与中东国家金融合作进一步深入发展。这就需要中国在与中东国家开展货币合作的过程中适时推动本币互换,积极采取经济、政治和外交等多种手段推进双边和多边本币互换协议的扩大,进一步倡导和鼓励中东国家将人民币作为本国外汇储备的重要组成部分。同时,进一步推动人民币清算中心在中东国家的建立和顺利运作,充分发挥好清算中心在整个中东地区的示范作用和辐射作用。

三、充分评估中东地区政治风险

基于中东地区地缘政治环境,政治因素是中国与中东国家金融合作中应注意的风险之一,因此,中方在对中东国家进行投资以及参与合作前要对当地情况进行客观、全面地政治风险评估,在投资和合作运行过程中也要对政治风险进行实时监控和有效预警。

(一)参考当前成熟的政治风险评估方法

中资金融机构在投资前可以通过购买这些风险评估机构的政治风险评估服务,来增强对当地政治风险的了解和感知能力。

1.《经济学人》情报社政治风险评估

《经济学人》情报社(The Economist Intelligence Unit),也称《经济学人》智库,是《经济学人》集团旗下的经济分析智囊机构。该机构针对200多个国家和地区,进行国际经济分析与预测、风险评估、经济市场数据分析等,为全球政府机构及商业企业提供针对国家、产业及管理领域内的经济预测分析与咨询服务,以其高度的专业性、客观性、独立性闻名于世。《经济学人》情报社定期出版涵盖全球所有国家的政治风险分析报告,以百分制对应

---

① 李澎:《人民币在中东认可度越来越高 促进贸易投资便利》,载《人民日报》,2016年1月2日。

A—E五个等级（以20分为单位平均划分），根据量化分析算出这些国家的政治风险分值，由高到低，分别对应这些国家的政治风险发生的概率。

2. 美国商业环境风险评估公司的评估

美国商业环境风险评估（Business Environment Risk Intelligence, BERI）公司在全球选取50个投资热点国家作为评估目标，对其进行投资环境风险评估，主要采取专家打分制，依据分值，从高到低划分这些国家的政治风险大小，并给出相应的评价以及投资建议。该机构每年出版三次《投资环境风险评估报告》，内容详尽，包括具体的政治风险数值以及对未来趋势的预测。中国和沙特均在这50个投资热点国家名单中，因此，报告的内容具有很强的参考性。

3. 政治风险服务公司出版的《国家风险指南》

政治风险服务公司（Political Risk Services）是全球领先的政治风险和国家风险预测公司，每年出版的《国家风险指南》（*International Country Risk Guide*），涵盖了全球140个发达国家、新兴国家市场的风险状况，并根据动态变化，被认为是最受欢迎的国家政治风险分析数据。在《国家风险指南》所涉及的140个国家中，包括了中国以及众多中东国家，对中资金融机构了解当地政治风险提供了有力的参考依据。

（二）建立动态的政治风险体系

商务部、外交部、央行、外汇管理局等政府部门和机构可以相互协同合作，在中东地区设立海外投资政治风险评估预警部门，各部门间共享数据及信息资源，请专家及研究人员实时分析数据，加强对中东地区的跟踪预警分析，及时发现风险并提出预警及应对措施。此外，可以参照国际上比较受欢迎的政治风险评估方法及指数指标，设定针对中东地区的政治风险评估指标，相应划分政治风险等级，并针对性地给出相应的意见和建议。加强动态监控，高频率地定期（按月、季度、半年、年度）发布风险评估报告，为在中东地区进行投资的以及打算赴中东进行投资的中资金融机构提供及时有效的数据。同时，充分鼓励高校、研究机构、民间机构发挥积极性，开展对中东国家的包括政治风险在内的全面的风险评估分析。例如，中国人民大学发布的《2018"一带一路"能源资源投资政治风险评估报告》认为："一带一路"地区能源资源投资低政治风险国家为0个；较低政治风险国家为8个，其中中东国家包括阿联酋、阿曼、沙特、科威特；中等政治风险国家为30个，其中中东国家包括以色列、卡塔尔、格鲁吉亚、埃及、伊朗、土耳其；较高政治风险国家为17个，其中中东国家包括阿塞拜疆、伊拉克、巴林、亚美尼亚、黎巴嫩；高政治风险国家或地区为9个，其中包括也门、叙利亚、巴勒斯坦。这份报告对中资金融机构判断中东国家政治风险状况提供了有价值的参考。

（三）充分利用海外投资担保机构的保险机制

1988年，世界银行决定在其组织机构内成立多边投资担保机构（MIGA），对会员采取双重身份制度，即每位会员国既是外资的东道国，也是多边投资担保机构的会员，换句话说，在政治风险发生时，东道国在对外资企业进行补偿的同时，也要向多边投资担保机构进行补偿，从而使受损的外资企业也能从多边投资担保机构得到补偿。多边投资担保机构是独立的国际法人组织，可以要求因发生政治风险而违约的补偿。因此，在遭受因政治风险导致的损失时，可以向多边投资担保机构要求补偿，以弥补损失。如果中国与中东国家在进行合作的过程中不幸遭遇了政治风险，应积极向国际组织寻求帮助及补偿，尽可能地弥补遭受的损失。

第二节 加强政策协调和监管合作

一、积极实施宏观经济政策协调

总体来看，宏观经济政策协调可以通过信息交换、共同研究以及政策配合等方式，减弱和消弭负面外部效应的影响，同时善于发现和利用正面的外部效应，从而实现扬长避短、事半功倍的政策合作效果。因此，中国与中东国家在开展金融合作时应科学规划具体的宏观经济政策协调实施层次。

（一）宏观经济信息的共享

这是国际宏观经济政策协调最基本，也是最易实现的一种合作形式。相关国家之间通过各种正式或者非正式的渠道将彼此的宏观经济现状和趋势进行相互通报，对于可能采取的宏观经济政策内容和力度进行提前知会，尤其是对某些重大的宏观经济政策的出台进行适当披露和预警，这样便可在最大程度上消除彼此间信息不完全和不对称的情况，使即将遭受他国宏观经济政策溢出效应冲击的国家可以做到未雨绸缪、提前应对，最终将受到的影响和损失降到最低程度。

　　对中国与中东国家来说，宏观经济政策的信息共享至少包含三方面的益处。首先，通过信息共享，双方可以获得更加全面和精确的经济数据。一国的经济数据是对该国经济状况进行分析和研究的最基本、最重要的资料，在判断该国的经济状况、预测经济发展走势、寻找彼此可能的贸易和金融合作机会等方面具有重要意义。不过，这些经济数据有很大一部分是无法从公开渠道获得的，即使是一些公开的数据，也存在着准确性和时效性方面的问题。而国家之间进行宏观经济信息共享时所交换的信息一般都是即时和准确的，相比常规性数据来说更加具有针对性。而这些常规途径无法获取的经济数据，特别在当前的大数据时代，便显得尤为宝贵了。其次，通过不断加强高层的交流互动和信息互通，中国和中东国家之间可以建立充分的经济和政治互信。经济和政治方面的互信，对于任何国家和地区间的合作都是一个最为基本的前提条件。如果合作的双方连经济信息都不愿共享或者无法有效分享，那么至少说明彼此的互信程度处于一个比较低的水平上，反映在具体实践中，会导致双方的经济和金融合作无法深入开展。这是因为经济金融领域的深入合作，必然要求合作双方进行协调、配合甚至牺牲部分利益，若没有深度互信的信念和态度支持，是无论如何也无法实现顺利合作的。因此，通过宏观经济信息的沟通与共享，既有助于有效应对宏观经济政策外部性的不良影响，又有助于合作双方逐步建立和提升互信程度，不失为一个切实可行又一举两得的做法。最后，宏观经济政策的信息共享是所有宏观经济政策协调实践活动的奠基石，充分而诚实的信息共享，将会有效破除相关国家对于宏观经济政策溢出效应的反感和抵触情绪，随之采取更加积极的态度参与到宏观经济协调的过程中来。中国和中东国家应实现宏观经济政策信息的及时共享，为从容应对宏观经济政策溢出效应的冲击，开展进一步地磋商与合作打下坚实基础。

（二）宏观经济政策制定的参与和磋商

在信息互通的基础之上，相关国家可以在制定各自国内宏观经济政策时与利益相关方进行深入地交流和协商，充分听取其他国家的意见和建议，对于可能给其他国家带来的负面影响予以足够重视，并相应地进行适当的调整和改善，从而在源头上降低宏观经济政策外部效应的不良影响。例如，中国在面临通胀压力亟需出台紧缩性宏观调控政策时，可以在政策研究阶段通过各种渠道和方式邀请中东国家一同进行政策研讨和协商。中东国家则可以利用这一机会，一方面获取足够的政策信息以便日后合理应对，另一方面从自身角度出发提出各种意见和建议以供中方参考。而中国则可以通过这种交流互动对即将出台的宏观经济政策进行相应的调整。一种比较理想的结果是，中方整体上仍然采取紧缩性的宏观调控政策，但同时针对中东国家的实际情况以及可能遭受的冲击，额外推出一些配套措施，如对石油等能源产品的进口需求进行一定的保护等，从而既顾全了宏观经济调控的大局，又有效降低了对中东国家的"误伤"，这样便将宏观经济政策的溢出效应可能造成的不良影响控制在中东国家可以接受的范围之内；而中东国家也可以根据政策磋商的结果，合理制定本国的应对之策，从而进一步降低外部效应的负面作用。总而言之，通过国家之间的沟通与协商，将宏观经济政策溢出效应大事化小，这就是宏观经济政策协调可以起到的"四两拨千斤"的理想效果。在这一阶段，当事国家对宏观经济政策溢出效应的反应已经由第一阶段的积极面对升级为主动防御和化解。

（三）宏观经济政策的相互配合

宏观经济政策的配合是宏观经济政策协调的高级阶段，相关国家之间在宏观经济政策问题上不但可以做到政策信息的充分披露和政策制定的充分磋商，甚至在政策实施过程中可以灵活应对并善加利用，既能充分化解宏观经济溢出效应的不良影响，还能更进一步地将宏观经济政策外部性中的一些积极因素转为己用，实现"借力用力"的合作效果。以中国和沙特的情况为例，当两者同处于通胀周期时，中国相应采取了紧缩性的宏观调控政策。如果中国和沙特之间宏观经济政策协调水平已经到了一个相当高级的程度，以至于沙特方面可以对来自中国的宏观经济政策溢出效应做出准确的评估和预测，从而可以借用来自中国的宏观经济政策溢出效应来化解本国国内的通货膨胀，甚至在制定本国宏观经济政策时可以反其道而行之，出台一些刺激性的调控政策对国内的经济状态进行动态调整以达到最佳状态。而对于阿联酋等经济周期与中国不一致的国家来说，在宏观经济政策协调充分时，也可以对来自中国的宏观经济政策溢出效应进行最优化处理，例如，当中国处于通胀阶段而阿联酋处于萧条阶段时，中国采取的紧缩性货币政策可能会通过外部性传递给阿联酋并对其国内经济造成雪上加霜的影响，若双方在宏观经济政策协调方面充分配合，阿联酋则完全可以一方面向中国提出对于某些重点产品和领域予以政策上的特殊照顾，另一方面放心大胆地将本国国内扩张性的宏观调控政策进一步升级以抵消来自中国宏观经济政策溢出效应的影响。若双方没有建立良好的宏观经济政策协调合作关系，那么阿联酋方面是很难采取以上行动的，尤其是加强宏观调控力度这一措施，稍有不慎便会矫枉过正，带来通胀和失控的风险，使阿联酋国内经济走入另一个极端。

　　从以上分析中可以看出的是，想要达到对宏观经济政策溢出效应"借力用力"的最佳效果，一方面需要宏观经济政策协调双方的信息交换层次和政策磋商能力都处在极高的程度上，另一方面也需要双方在宏观经济政策实施过程中紧密配合。特别是对宏观经济政策溢出效应的制造方来说，既要保持政策的一致性和连贯性以便溢出效应的接受方可以更好地把握和预测政策效果，又要对接受方将溢出效应转化为正面作用的"搭便车"行为抱有一种乐见其成的态度并在必要时候给予特别的政策配合。此时，当事国家对于宏观经济政策溢出效应的态度将从主动防御进一步上升为善加利用，由此实现了针对宏观经济政策协调领域的一种"帕累托最优"，即宏观经济政策出台不仅使本国经济受益，其溢出效应也至少不会使其他国家的利益遭受损失，这便是宏观经济政策协调所能实现的最优效果，也是宏观经济政策协调工作的根本意义所在。

　　需要强调的是，中国与中东国家之间的宏观经济政策协调将通过强化双方互信、营造良好的宏观经济环境、提升双方经济关系的稳定性和可预期性等方式来促进双方经济贸易投资活动的扩大和升级，进而推动中国与中东国家金融合作不断走向深化。然而,这种推动效果是一个间接推动的过程,因此一般来说是隐性的、难以察觉的,但正因为这种因素的不易察觉性,往往会遭到忽视,从而较少受到聚焦和深入研究,导致其重要性得不到相应的关注。事实上,国际间的宏观经济政策协调对于中国与中东国家之间的经济和金融合作来说既是必不可少的前提基础,又是不可多得的推进动力,因此建议中国和中东国家各方都能对国际宏观经济政策协调给予充分的关注和足够的重视,在日益深化彼此间宏观经济政策协调的过程中不断向前发展,从而使双方的经济联系更加紧密、经济互信更加牢固、经济与金融合作更加持续深入。当然,对中国来说,国家间的宏观经济政策协调不能局限于中东地区,而应当将目光放得更加长远,无论是国家、区域,还是在整个世界范围内,无论曾经的、现在的,还是潜在的合作伙伴,都可以成为宏观经济政策合作的搭档。中国与中东国家之间的宏观经济政策协调实践活动,将为中国与世界其他国家和地区开展宏观经济政策协调活动提供一个现实样板,吸引更多国家效仿和加入,这对于中国与"一带一路"共建国家以及世界其他国家和地区的经济和金融合作的深入展开都是极为有利的。

二、加强国际金融监管合作

需要注意的是,从目前来看,中国与中东地区的金融往来和联系还没有达到一个较高的程度,相应地对国际金融活动的调控和监管能力还较为薄弱,很容易导致合作双方在跨境金融体系、金融秩序上出现各种问题,在管理跨国金融机构的经营活动时出现各种漏洞,最终产生国际金融风险并可能导致严重的经济后果。鉴于此,中国和中东国家应当更加积极地参与国际金融监管合作,共同促进双方国内金融业和跨国金融机构的健康、稳步、可持续的发展。

在加强金融监管合作具体措施上,中国与中东国家可以考虑的项目包括以下几点。

(一)签署双边监管合作谅解备忘录和监管合作协议

前文在构建国际金融监管合作的博弈论模型时曾经提及,该模型没有进一步考虑国际金融合作方在选择"紧密合作"的前提下会否出现"严格监管"或"放任市场"的二级策略。实际上,在国际金融监管合作的实践中是可能出现政策的外部效应溢出情况的,例如,中国的金融监管机构采取严格的金融监管政策后,中国本土的金融机构以及来华的中东国家金融机构都会受到严格约束,从而在业务活动上更加注重合规性,这种合规意识很可能会被延伸到中国金融机构在海外以及中东国家金融机构在母国的经营活动,客观上减轻了中东国家金融监管机构的监管负担,降低了监管成本。这种正面的外部效应当然是合作共赢的一种体现,然而倘若收益一方因此而采取了"搭便车"的策略,那么长此以往,所谓"合作"便成为一方努力而另一方坐享其成的不平等局面,这显然是不利于双方合作的长期健康发展的。

因此,为了消除金融监管合作的"搭便车"行为,中国与中东国家可以签署全面、详细、具有强制效力的合作协议,建立起规则健全、公平合理、切实可行的金融监管合作法律体系,统一金融监管政策与态度,细化合作双方各自的金融监管内容,明确金融监管主体以及各自的监管范围和责任,做到权责明晰,责任到位,各司其职,相互约束。

在具体的实践中,中国与中东国家金融监管合作双方可以通过签署双边合作谅解备忘录及监管合作协议等有效方式,搭建好金融合作的基本框架,明确合作双方的责任义务;还可共同商讨制定金融监管合作的"权力清单""责任清单"和"负面清单",做到权责有单可查,监管机构照单履职,实现"菜单式管理"。

(二)建立信息监测及共享平台

所有的金融监管行动都必须建立在足够的信息和情报基础之上,而对于金融监管合作而言,合作双方金融市场及金融活动的信息互通,甚至是与金融活动相关的其他方面的信息情报,都是金融监管合作能否成功、是否高效的关键所在。同样,一个畅通而有序的信息共享和沟通平台,对于防范金融风险也发挥着尤为重要的作用。因此,在中国与中东国家的金融监管合作过程中,有必要建立健全一个统一高效的金融业态监测分析和情报共享平台。

关于信息平台的具体搭建,首先,可以对中国与中东国家的金融监管信息基础数据库进行汇总整理,运用大数据等信息化手段,通过数据整合优化等方式,搭建出基本的业态监测和分析框架;随后,对监测数据进行归类细分,形成中国与中东国家金融业态分类监测数据库,并与各类金融合作项目数据进行对接,实施动态监控和实时共享。

当然,在搭建信息监测和共享平台的过程中,还需要注意必要的敏感信息保护,通过在平台内部设置权限和隐私保护的方式,不同级别、权限以及出于不同目的而进行信息查询的使用者都只能在其权限范围内接触相关数据,这就使得中国以及中东国家在共享金融监管信息的同时,也能够对本国的金融数据安全给予保障。

(三)加强金融创新和金融衍生品监管

随着信息化技术的日益发展,国际金融市场的全球脉络已被完全打通,真正实现了永不休市的交易和全天候的金融活动,金融业的发展也随之水涨船高,金融创新愈发活跃,各类金融衍生品层出不穷,到 2008 年金融危机爆发前达到一个阶段性高峰。然而,更加隐蔽和更具潜在破坏力的金融风险也随之而来,并直接导致了 2008 年金融危机的全面爆发。危机爆发后,有关严控金融衍生产品的呼声曾一度高涨,然而当危机大体结束后,大多数国家还是或多或少地放松了管制,使得由金融衍生品带来的金融风险又开始了新一轮的累积。中国和中东国家金融监管机构必须时刻提高风险防范意识,防患于未然。

目前,对于金融创新和金融衍生品的监管趋势由分业监管转为混业监管,这一趋势在中国和中东国家的金融监管实践中也得到不同程度的体现。在中国与中东国家的金融监管合作中,应当充分贯彻混业监管的理念,扩大金融监管合作双方的合作权责和协调范围,以便开拓眼界,不被某些金融创新活动和产品的局部性和表象性的特征所迷惑,而是站在更高的层面把握全局,从而提升监管能力和效率;与此同时,对于跨境金融创新活动的监管,更加需要整合中国与中东国家双方的监管资源,共享金融监管信息,加强沟通,统一行动。必要时建立统一的资源指挥和调度模式及责任机构,也可针对某些特定的金融创新活动或金融衍生品设立专门的监管合作组或是合作项目,审时度势、随机应变,及时根据市场反应迅速做出正确的判断,并采取有效的处理手段。

(四)加强与国际组织的沟通协作

国际金融监管合作的成功开展,除了需要合作双方当事人的同心协力,加强与金融监管国际协调机构的沟通与协作也是至关重要的。这些国际协调机构包括:国际清算银行、国际货币基金组织、世界银行、巴塞尔银行监管委员会、世界贸易组织、国际证监会组织、国际保险监管者协会、国际会计准则委员会等。这些国际协调机构既是国际金融监管各个分支领域的权威,也是国际金融监管相关规则和标准的制定者或参与制定者,还是国际金融监管合作过程中产生争议和矛盾的仲裁者。因此,作为国际金融合作的参与者,中国与中东国家都应当加强与以上金融监管国际协调机构的联系、沟通与充分交流,一方面,积极参加国际协调机构的会议、研讨和其他活动,及时获取国际金融监管的最新信息,领会国际金融监管最新精神,把握国际金融监管合作趋势,如此才可以在国际金融监管合作中有的放矢、对症下药、事半功倍;另一方面,要与国际协调组织建立长效沟通机制,使中国与中东国家在金融监管合作领域所做出的努力更好地接受国际权威机构的监督指导,得到国际社会的关注认可,这样不仅有利于树立中国与中东国家在国际舞台上的良好形象,提升国际金融地位,而且有利于进一步增强中国与中东国家在国际金融监管活动中的话语权乃至规则制定权。

(五)加强监管人员业务能力和相互交流

国际金融监管合作,一靠规则,二靠机制,三靠落实。而到了政策落实层面,关键要靠人才。一批专业素质过硬、职业道德高尚的金融监管人员对于落实国际金融监管合作的框架,贯彻金融监管合作思想,以及执行具体金融监管任务等都至关重要。

金融创新和金融衍生品的空前繁荣,在为金融行业不断带来新的经济增长点的同时,也埋下了金融风险的隐患,这对金融监管机构的监管能力提出了更高要求。而金融机构监管能力的强弱与金融监管专业人员的业务水平息息相关。倘若监管人员的业务能力无法提高,监管能力落后于金融创新,那么金融监管便会处于被动地位,出现问题了才去解决,无异于头痛医头、脚痛医脚,效率低下,从而增加了金融市场的不稳定性。因此,中国与中东国家在进行金融监管合作时,一定要加强各自监管人员业务能力的培训,学习国际金融监管知识和经验,增强宏观和微观监管的知识储备和实践能力。

与此同时,中国与中东国家的金融监管人员之间的沟通交流,也极大地影响双方金融监管合作的质量和效率。由于中国与中东国家双方在地理位置、宗教文化、工作方式、生活习惯等方面有着不同程度的差异,在日常金融监管合作过程中难免出现一些沟通不畅或是协作障碍,倘若不对这些情况加以重视和改善,则必然影响到具体行动的执行效果,长此以往将对双方的金融监管合作带来许多不必要的人为阻碍。因此,中国与中东国家一定要注意加强双方金融监管人员的相互了解和交流,定期或不定期地组织线上和线下的培训、会议及其他形式的聚会,让金融监管合作的执行人员在共同学习、共同探讨、共同行动中相互了解,从而提升工作效率,营造更加团结和谐的合作氛围。

第三节　充分发挥市场机制的重要作用

一、调动市场主体积极性

充分调动双方微观市场主体的投资和合作积极性,能有效推动中国与中东国家金融合作互动。

一方面,政府应当建立一个覆盖多方面情况的中东国家金融信息发布平台,通过中国驻当地使馆、金融机构、投资咨询机构等多个渠道,提供当地的政治形势、社会体系、法律框架、经济金融等多方面信息,打造一个专业的金融智库。另一方面,中国政府也可以通过减免税收、设立亏损准备金、提供信贷风险警告灯等一系列服务,鼓励金融机构向中东国家投资发展。中方的金融机构一定要充分树立主人翁意识并发挥带头作用,开拓进取、迎难而上,在中东国家金融市场上展现出自身实力与风采,与中东国家金融机构一道开辟出一片新的天地;而中东国家金融机构也可以充分利用"一带一路"的有利契机以及中国日益完善的开放市场和投资环境,在中国的金融市场上扩大自身份额,共享中国改革开放和经济发展的红利。

中国四大国有银行要主动承担主力军和开拓者的责任和义务,在目前已有基础上,积极拓展营业网络,加快在中东国家布点的速度,同时要提供良好的本币经营业务,以服务本土客户为抓手,逐步打开金融市场。与此同时,其他商业银行和金融机构也应该充分重视中东国家非同一般的国民收入水平给其金融市场带来的巨大消费潜力,将经营的眼光放长远,尝试在中东国家开拓业务。可以选取一到两个国家作为试点,在这些国家进行深入考察和充分调研,随后在科学论证、合理评估的基础上制订出相应的战略规划,从在相关国家布点设网开始寻求立足空间,稳扎稳打谋求进一步发展,并实时关注中国四大国有银行的业务动向,扮演好一个跟随者的角色,起到有效填补市场空白的作用,同时充分发挥自身灵活高效的特点,以一个生力军的形象,更加积极地与中东国家的金融机构进行横向联系,敢于创新、敢于试错,争取在伊斯兰金融范围内占据一席之地,并为其他金融机构在中东国家金融市场的发展提供宝贵的实践经验和案例范本。

在金融市场上,中国与中东国家的金融主体之间可以通过以下方式开展合作:

一是银企合作,包括银行担保的项目、贷款、融资等。这些都是较为基本和常规的金融业务,为国际贸易和投资提供便利。中国和中东国家之间国际贸易以及跨境投资的增长,会提高资金流动的规模,从而进一步催生对于金融服务的需求;而金融机构的广泛参与,反过来会助推国际贸易与投资的进一步发展,形成良性互动的过程。目前在中国与中东国家经济发展的过程中,对投融资的需要仍然存在着一定缺口,资金不足、流动缓慢、分布不均等难题都亟待解决,而这些问题和需求恰恰是中国与中东国家深化金融合作的重点。

二是双方金融组织开展直接联系,如互相设立分支机构、代表处、签署合作协议、进行信息共享等。对于中国银行机构来说,中东地区是非常有潜力的发展区域。一方面,这里的资金储备充足,特别是居民的储蓄率高,历史上就是国际资本的重要蓄水区,有利于金融机构发展各种项目业务;另一方面,中东国家受制于自身社会情况,当地的金融行业并不发达,民众的金融服务需求长期得不到满足,市场存在着很大的空白区域。在这样的背景下,中国的银行等金融机构应该积极进行跨境拓展,率先抢占蓝海市场。

三是资本市场合作,如股票、债券交易和参股金融机构等。与一般贸易由中国主导的情况不同,在资本市场的合作方面,中东地区,特别是海合会国家的投资意识相对更强、经验更丰富。例如,2006年中国银行和中国工商银行首次公开募股,引来海合会国家石油美元的高调竞购,成为中国与中东金融史上一个里程碑事件。

对外直接投资也是扩大金融合作范围、拓展金融合作空间的又一动力,而且相对于贸易来说,投资领域涉及的金融资源更直接、金融工具更丰富、金融服务更高端。因此,应当充分重视和提高中国与中东国家投资合作,从而为双方金融合作的发展提供不竭动力。

随着中东国家近年来在国家建设上投入的增加,中国的基建工程、劳务派遣、项目投资等行业也开始向这些国家发展,并且取得了不错的成绩。在运营方式上,中国的企业也积极与当地的代理商开展合作,通过分销经营的手段进入当地市场,在广告宣传、产品定位和企业认同等方面都获得成功。值得一提的是,中东地区的海合会国家已经成为中国在海外的第一大建筑工程承包市场。随着中国经济的不断壮大和开放程度的日益提高,中东国家对于在中国境内投资的兴趣也愈发浓厚。除了作为国家主权财富基金的政府合作项目,上市公司、地产、另类资产和私募股权,尤其是大型企业的长期项目也是中东国家在中国境内重要的投资对象。早在2014年,著名的科威特投资局就成为人民币公开市场最大的投资者,投资总额达到25亿美元。科威特投资局在大中国区(包括中国香港)的投资总额已达80亿美元[①]。作为"全球最积极投资者之一"的卡塔尔投资局也不甘落后,其对中国主要的投资领域包含房地产、基础建设和医疗保健行业,涉及的中国企业包括利福国际、阿里巴巴、中信集团、工商银行、农业银行等。相比之下,卡塔尔投资局在华投资更加注重长期投资收益,因此投资周期一般都在7~8年,而部分基础设施投资甚至可能超过10年。这一长期投资的理念背后暗含了一种判

---

① 陈莎莎:《卡塔尔向东》,载《中国金融报》,2014年11月17日,第7版。

断,即卡塔尔认为即使中国经济增速开始放缓,对华投资项目的内在价值和长期回报也不会受到影响,因此对华投资策略也会相对稳定,较少受到短期经济波动的干扰。投资者长期投资的态度,对于任何国家和地区的经济发展来说都至关重要,尤其是对于正处在经济转型期,亟需战略投资者给予长期稳定支持的中国来说,更是难能可贵。

以上所有这些对外投资活动,都构成了中国与中东国家开展金融合作的良好经济基础。一方面,政府要继续发挥领头羊作用,大力支持和推广大型海外工程承包和大型海外投资项目,对基础设施建设、能源开采和传输、工程项目投资乃至工业产品等直投项目要给予关注和支持,保证资金的供给和扶持,为中国企业走出去牵线搭桥。同时,通过政策鼓励、制度调整、模范引领等手段调动民间资本投资积极性,并加以引导,帮助企业做好风险评估、对象选择、应对国际竞争等一系列对外投资相关准备工作,激发民间资本向海外拓展的活力,推动民间资本参与到中国与中东国家经济建设的浪潮中来,从而改变以往过于强调政府主导的对外投资模式,实现政府与社会资本合作的双轮驱动模式。

在面对中东国家的投资者时,中国国内的金融和投资市场也应当抱有开放和欢迎的态度,譬如中国政府可以将人民币合格境外机构投资者(RQFII)计划扩展到更多的中东国家,并对不同国家的经济基本面和投资经验、投资规模、投资方向、投资周期等多种因素进行综合考量,设立不同等级和特色的人民币合格境外机构投资者试点,赋予不同的投资额度,从而吸引更多中东国家前来中国进行投资和开展金融合作。当然,中国国内的金融市场和金融机构也应作好充分准备,以积极的心态和强大的实力迎接来自中东国家金融机构的市场竞争。

二、培养与储备中东金融人才

为适应市场人才需求,中国许多高校都开设了金融专业,特别是在经济全球化不断深入的背景下,不断适应性地调整金融专业人才培养方案,将精通外国语言纳入教学计划中来。遗憾的是,既精通阿拉伯语又了解中东文化和金融专业知识的复合型高端人才却是少之又少。而目前已经在金融行业从事工作的通晓阿拉伯语的人员,多是语言专业背景出身,即便在金融行业就业,也主要充当翻译的角色。这是中国与中东国家开展金融合作的短板和薄弱环节,极大地制约着中国金融走向中东地区的速度和绩效。

中国推进"一带一路"倡议,有目标地、有针对性地培养通晓"一带一路"共建国家语言、了解当地文化、又具备专业学科知识的高端人才是关键。人才培养不是一蹴而就的事情,需要长时间的积累过程。因此,高校应该承担起为"一带一路"建设输送跨学科、复合型专业人才的重大责任。

(一)探索人才培养新模式

因中东地区特殊的地缘环境需要掌握政治学知识以对当地不稳定的政治局势和发展方向做出及时判断。中东国家大部分人民信奉伊斯兰教,其宗教文化独具特色,如何帮助中国金融机构融入当地社会,精通阿拉伯语、充分了解当地文化和民俗习惯就显得尤为重要了。中东国家金融体系主要遵从伊斯兰教义,在国际金融体系中也尤为独特,伊斯兰金融自2008年金融危机后也越来越受到全球金融体系的关注,因此,仅仅掌握传统的金融学专业知识是不够的,还应该加强对伊斯兰金融体系的了解,帮助中国驻当地金融机构设计符合当地金融市场需求的伊斯兰金融产品。

由此可见,扎实掌握政治学(中东研究)、语言学(阿拉伯语)和应用经济学(金融学)知识应该是中国高校体系培养中东金融专业人才的目标。然而,目前中国高校学科体系中,语言学、政治学、应用经济学彼此分隔,缺少互通互联,这种学科分隔的培养模式不适应中国参与中东金融的人才需求,无法胜任"一带一路"建设的人才储备任务。

因此,国家应该释放人才需求,并将培养"一带一路"共建国家专业金融人才纳入"一带一路"建设人才培养体系中来,在全国高校范围内深度发掘合适对象,在同时开设了政治学、阿拉伯语、金融学专业的高校实行复合型人才培养模式,在主修专业中适当增加复合型专业选修课程,如在阿拉伯语专业人才培养方案中增设中东政治、国际金融等课程,在金融学专业人才培养方案中增设伊斯兰文化、政治学、阿拉伯语二外等课程,在政治学专业人才培养方案中增设中东文化、世界经济、阿拉伯语二外等课程。此外,积极鼓励学生修读第二学位、第二专业,并开展内容丰富、形式多样的跨专业的实践及学术活动。

（二）与中东国家联合培养金融人才

目前，中国一些高校的部分专业与国外高校合作制定本科生联合培养项目，或本科生＋研究生联合培养项目。这些联合培养项目给学生提供了更多的学习机会，拓宽了学生的眼界，丰富了学生的学习经历，极大地提高了学生的学习热情和积极性。中国政府与中东国家政府可以借鉴这些成功的人才联合培养模式，鼓励中国高校与中东国家高校搭建合作平台，为培养专业的中东金融人才提供更广阔的机会。

除了一年以上的长期联合培养项目，双方还可以在各自高校的政治学、金融学、语言学等相关专业的学生中进行选拔，提供一定的公派名额互派学生到对方国家的高校进行3个月到6个月的短期出境访学。此举不仅有助于鼓励在校学生勤奋学习，更能为成功出访的学生提供更多的学习和了解对方国家文化的机会。鉴于金融学是实务性和操作性比较强的专业，国家可以考虑提供一些特殊的实习实践机会，选拔合格的学生利用寒暑假期到中东国家的中资银行等金融机构开展实习实践活动，甚至与中东国家签署合作项目，选派成绩优异的中国学生到中东国家的金融机构进行实习体验，同时也可以邀请中东国家表现优异的学生来中资金融机构实习等。此举有利于双方学生在提高专业知识水平的基础上了解更多的当地文化，增长更多见识。

（三）研究中心设立和数据库建设

1. 设立中东金融研究中心

中国在对接"一带一路"倡议、整合多方优质资源时，可设立专门的中东金融研究中心。依托拥有多语种、跨学科专业优势与特色的高校，组织专业的研究型队伍，采用金融、人文、政治三路并举的研究范式，专注中东地区的金融研究。

（1）组建团队：分别组建中东人文、经济、政治安全等若干研究方向的专业人才队伍。

（2）助力教学：积极参与涵盖高校本科生、研究生的中东金融相关课程的建设项目，为高校战略型中东金融人才培养模式的探索提出专业意见。

（3）强化科研：发表高水平的学术论文、出版高质量的专业丛书、撰写有价值的内参报告，为中央和地方政府制定重要政策时提供专业支持；致力发展成具有鲜明特色的智库。

2. 建立中东金融数据库

当今社会处在"大数据"时代，中国也建立了种类多样数量繁多的各类专题数据库，其中也包含了中东地区的专题数据库，但是数据项目主要集中在中东地区的政治形势、人口文化、贸易往来等方面。目前中国尚未建成关于中东金融的专题数据库。国外的一些国际组织如世界银行、国际货币基金组织等机构建立了中东金融发展数据库，并逐年出版金融发展报告，为了解中东金融提供了大量的指导数据。但涉及中东金融政策、金融市场的权威数据库仍然匮乏，这意味着中国涉及中东金融的重要决策缺乏扎实的基础数据支持。为提升理论研究和实践决策的科学性，中国应尽快完善中东金融数据库，从金融政策数据库、金融市场数据库、金融波动和金融风险数据库入手，最终整合为中东金融大型数据库。

三、重视金融科技的发展

随着科技的进步与发展，"金融科技"成为金融市场发展的新要素。金融科技强调金融与技术的有机结合，以科技为立足点，达到提高金融服务效率以及巧妙规避风险的目的。金融科技快速发展，促进金融服务得以在时间、空间和范围上不断拓展，对金融市场产生了重大影响。因此，促进金融与科技的融合，实现金融创新，是推动金融行业发展的动力之一。

中国金融科技产业发展速度惊人且成绩斐然。根据花旗集团2017年研究报告显示，中国金融科技风险投资占全球风险投资的比重由2015年的19%上升到2016年的46%，超过美国跃居全球首位。作为中国最大的金融科技公司，蚂蚁金服在2015年业务触角已抵达70多个国家和地区，在2017年国际权威投行美银美林发布的报告中显示，蚂蚁金服的估值已达到880亿美元，体量超过瑞士最大银行（瑞银集团）。① 近年来，中国金融科技行

---

① 美银美林研究报告，2017年6月。

业经历了快速的发展,据《中国金融科技生态白皮书(2021)》显示,2021年金融科技产业投融资规模预计达到520亿元,市场发展居于全球领先地位。在技术发展水平方面,数字金融技术研发专利数量高增,居于世界领先地位,且在大数据、云计算、人工智能、区块链等一系列技术创新方面表现出色,移动支付、大科技信贷、互联网银行等领域的技术水平都位于世界前列[①]。

20世纪末,整个中东地区的金融市场还比较落后。在石油贸易的推动下,中东金融产业在21世纪初的十多年以中高速发展,特别是海合会国家的金融产业基本上保持着近20%的年均增长速度,打造出了迪拜和巴林两个金融中心。随着全球互联网技术的不断发展和渗透,中东地区的金融行业经历着日新月异的变化,同时也催生了一个新兴产业模式——"伊斯兰金融科技"(Islamic Fintech)。然而,金融科技产业在推动中东地区经济增长过程中发挥的作用有限,反过来又阻碍了金融科技产业的进一步发展。据著名咨询机构埃森哲于2017年发布的数据统计显示,自2010年以来全球金融科技产业共获得超过500亿美元的投资,但只有不到1%的资金流入了中东地区。相比于金融技术行业在中国发展得如火如荼之势,中东国家的金融科技产业发展正面临着诸多困难,如市场监管不到位、市场准入门槛过高、必要的基础设施不足、资金来源匮乏等。面对中东地区金融科技产业发展存在的诸多问题,中东国家正在积极努力进行改善,也表达了希望向中国学习金融科技领域发展的先进经验,从而推动本国金融科技产业的发展与创新的强烈愿望。

因此,中国与中东国家开展金融合作时,可以凭借在金融科技领域的领先地位,加强与中东国家在金融科技领域的合作,提高中国金融在当地的影响力。具体可以从以下两个方面入手。

(一)注重技术创新,保持行业领先水平

目前,金融领域的很多问题可以通过技术的应用和以技术应用为背景的模式创新来解决。例如,通过与互联网平台合作,实现场景与金融服务的无缝对接,并通过数字化风险管控提高服务效率;依靠大数据技术作为支

---

① 欧阳日辉:《数字金融蓝皮书:中国数字金融创新发展报告(2023)》,社会科学文献出版社,2023年,第2—12页。

持,通过对个人用户进行多维度、多角度的分析,从而识别客户需求,开展精准营销;利用生物识别技术,交叉验证用户信息真实性,防止盗用身份套取资金等欺诈行为。①

因此,中国应该始终注重技术创新,不断开发并优化各类应用,努力增加金融科技相关机制、规则、技术水平和商业运行模式在全球大整合中的话语权,保持在全球金融科技领域的领跑地位。

(二)与中东国家合作,共同制定区域金融科技标准

"标准第一"被视为金融科技产业的发展路径指引。在标准的制定和推广上占主导地位的一方,能掌握金融科技行业全球话语权,站上新一轮经济全球化发展的制高点。中国金融科技产业已经在全球领域赢得了先发优势,因此,充分夯实目前的发展基础,及时在金融科技领域内全面规范、制定、推广中国标准,成为中国金融科技未来的发展方向。

目前,中国正与海合会国家积极推进成立中海自贸区,中国金融科技应该积极配合国家的自贸区战略部署,与海合会国家一道,充分了解双方的标准和体系,互通有无,取长补短,制定适用于双方投资贸易的金融科技标准,实现跨越式发展,并逐步形成面向全球的高标准金融科技服务体系,推动中海自贸区成为以金融科技带动金融普惠,构建人类命运共同体的示范区。

---

① 毕马威中国:2017年《中国领先金融科技公司50强》报告。

第九章

中国与中东金融合作机制的建设

中东地区自古就是中西运输的交通枢纽,战略位置极其重要。区域合作,经贸先行,金融助推。① 实质意义上的国际区域金融合作,根植于历史逻辑和现实需要,取决于双方经贸和投资合作关系的推进程度。从中国与中东国家间金融领域的合作实践看,中国与伊朗、土耳其、以色列、塞浦路斯等中东地区非阿拉伯国家间的合作仍局限于零星的以项目为基础的功能性金融合作,而与阿联酋、沙特、卡塔尔、科威特、阿曼、巴勒斯坦、巴林、约旦、黎巴嫩、叙利亚、也门、伊拉克、阿尔及利亚、埃及、利比亚、摩洛哥、苏丹、突尼斯18个中东阿拉伯国家已开始探索区域金融合作领域的机制化提升。② 事实上,这几乎包括了除非洲东部的吉布提、科摩罗、索马里和非洲西部的毛里塔尼亚4国在内的主要阿拉伯国家,中国在推进与中东阿拉伯国家间金融合作机制建设的实践亦是在阿拉伯国家的整体合作框架下展开的。以2004年中国和阿拉伯国家联盟(以下简称"阿盟")共同宣布成立的中阿合作论坛为锚点,2018年习近平在中阿合作论坛第八届部长级会议上呼吁强化金融合作的支撑作用,以成立中阿银联体为突破,中国与中东阿拉伯国家在

---

① 李宝庆、孙尚伟:《中国对外区域金融合作模式探析——兼论深化中阿金融合作》,载《世界经济与政治论坛》,2015年第9期,第165页。
② 一般认为,中东国家包括伊朗、土耳其、以色列、塞浦路斯、马德拉群岛、亚速尔群岛6个非阿拉伯国家,及阿联酋、沙特、卡塔尔、科威特、阿曼、巴勒斯坦、巴林、约旦、黎巴嫩、叙利亚、也门、伊拉克、阿尔及利亚、埃及、利比亚、摩洛哥、苏丹、突尼斯18个阿拉伯国家(基本包括除非洲东部的吉布提、科摩罗、索马里和非洲西部的毛里塔尼亚4国在内主要阿拉伯国家)。其中,鉴于马德拉群岛和亚速尔群岛为葡萄牙共和国的海外属地,故在本章暂不阐述。

区域金融领域的机制化合作艰难前行,并呈现出鲜明的时代特征。

第一节　中国与中东金融合作机制的建设发展

一、前机制化合作阶段(1956—1999 年)

随着新中国成立和中东国家相继独立,中国与中东国家友好合作关系步入新的历史阶段。这一阶段,从 1956 年中国与埃及建交,至 1990 年中国与沙特建交,中国与中东地区 10 个阿拉伯国家建立了外交关系。1992 年 1 月 24 日,该地区最后一个非阿拉伯国家——以色列宣布与中国建立正常外交关系,为中国与中东国家双边贸易和投资关系正常化开辟了道路。然而,这一时期的中国与中东国家间的贸易合作规模很小,投资合作方式也较为单一,缺乏孕育跨境金融合作的土壤。

但值得关注的是,20 世纪 70 年代后,中国经济在改革开放的春风下取得了长足进步。同时,受益于丰厚的石油美元收入,大部分中东富油国开始大力发展以市场为基础的现代经济部门,金融体系和相关产业部门得以基本构建。以海合会为代表的中东国家更率先推行包括利率和外汇市场自由化,以银行体系、资本市场和监管环境改革为主要内容的金融自由化改革。① 开放和改革战略的高度契合构筑了中国与中东国家间加强经济金融合作的前瞻性思考。中国与沙特建交后,中国与中东阿拉伯国家间的经济金融合作关系迅速升温,其金融机构开始以合办投资公司的形式进入中国。② 1998 年 9 月,阿盟部长级理事会第 110 届会议首次明确倡议阿盟成员国应重视发展与中国的关系。③ 1989 年至 1999 年短短十年间,中国与土耳其、以色列两大中东非阿拉伯国家及科威特、阿联酋、埃及、摩洛哥、阿曼、沙

---

① 杨光:《中东发展报告(2013—2014):盘点中东安全问题》,社会科学文献出版社,2014 年,第 152 页。
② 张国清:《十三五期间中阿金融合作新思路》,载《新丝路》,2016 年第 11 期,第 8 页。
③ 包澄章:《阿拉伯国家"东向"外交的动因、目标及意义》,载《阿拉伯世界研究》,2019 年第 6 期,第 98 页。

特、黎巴嫩、叙利亚、阿尔及利亚、苏丹、也门、卡塔尔、巴林 13 个中东阿拉伯国家均签署了双边投资保护协定，①为中国与中东国家经济合作关系的发展与金融合作关系的起步提供了基础保障。

但客观评估，受地缘政治、经济体制、商业文化等多重主客观条件约束及海湾战争、亚洲金融危机等重大国际事件的影响，一直到 21 世纪前，中国与中东国家间实质性的金融合作都相对较少，且大多存在于个别国家的零星项目范畴，并未在机制化合作层面取得值得关注的突破。

二、机制化合作起步阶段（2000—2013 年）

进入 21 世纪，在改革压力和转型动力的双重作用下，中东国家开始奉行务实主义外交政策，由战后的"向西看"逐渐转变为"向东看"，积极拓展与中国、韩国、日本等地理位置上位于阿拉伯世界以东的亚洲新兴经济体间的经济合作关系。同时，受全球经济一体化和中国加入世贸组织等利好因素的激励，中国与中东主要国家间的双边贸易和投资关系呈现出务实发展态势，合作水平不断提高。依托快速深化的贸易投资合作关系，以 2004 年中国银行在巴林设立代表处和 2006 年中国工商银行和中国银行首次公开募股，沙特、卡特尔和科威特等海合会国家主权财富基金高调竞购两大合作事件为标志，中国与中东国家间的功能性金融合作开始提质增速，并开始寻求与中东阿拉伯国家间经济金融领域多边对话和信息交流机制建设的突破。中阿合作论坛、中国—阿拉伯国家博览会（以下简称"中阿博览会"）两大机制在这一阶段基本成形，这也成为中国与中东阿拉伯国家间金融合作机制建设方面最具标志性的成果。

具体来看，中国与中东阿拉伯国家在金融合作领域的机制化建设首先突破于中国与阿拉伯国家整体合作框架下中阿合作论坛的逐步建立和完善。2004 年，为加强中国同阿拉伯国家间的对话与合作，时任国家主席胡锦涛在访问埃及时于阿盟总部清晰阐述了成立"中阿合作论坛"的设想，得到

---

① 《我国对外签订双边投资协定一览表》，中华人民共和国商务部网站，2016 年 12 月 12 日，http://tfs.mofcom.gov.cn/article/Nocategory/201111/20111107819474.shtml。

了与会 22 个阿盟成员国①的积极响应,涵盖部长级会议、高官委员会会议等高层次多边对话和交流机制的中阿合作论坛正式成立。其中,部长级会议每两年举办一次,围绕成员国在各领域的务实合作和共同关心的发展性问题交换意见,将其加强交流、增进互信的多边对话和交流机制的建设提升到了一个新的水平。在此基础上,2008 年,中阿合作论坛第三届部长级会议决定成立企业家大会暨投资研讨会,成为中国与阿拉伯国家经济合作领域首个政府层面的官方对话和信息交流机制。遗憾的是,尽管企业家大会对促进彼此贸易投资合作关系发挥出指引性的作用,但并未能孵化出专注于双方区域金融合作领域高层次对话交流的合作平台和决策机构。

除了政府层面的尝试,这一时期中国与中东阿拉伯国家民间层面的努力同样引人瞩目。2010 年,由中国政府牵头,酝酿已久的中阿经贸论坛正式落地,成为中国与阿拉伯国家之间民间层面最高级别的经贸盛会,宁夏被确立为论坛永久举办地。同年,中阿经贸论坛通过研究设立金融分会,为推进中国与阿拉伯国家金融领域集体对话和实质性合作发挥了关键性的作用。2012 年,《中阿金融发展战略框架倡议》于中阿经贸论坛金融分会正式发布,成为第一份中阿金融市场合作的框架性文件,对进一步提升中阿金融领域功能性和机制化合作水平做出了明确的表述。在此激励下,2013 年,已连续举办三届的中阿经贸论坛正式升格更名为中阿博览会,原金融分会升级为金融合作论坛,成为民间层面中阿金融领域高层次对话和金融信息交流合作机制建设的标志性成就。

中东地区除了 18 个主要阿拉伯国家,还包括伊朗、土耳其、以色列等非阿拉伯国家。这一时期,伊朗虽是中东地区经济大国,但因核问题以及与美国关系交恶,长期受到西方国家的经济和金融制裁。外国投资者普遍对与伊朗开展经济金融合作持谨慎态度。土耳其作为 G20 集团成员国,经济和金融基础较好,并于 2013 年挂牌成立有区域影响力的伊斯坦布尔交易所。尽管随着 2012 年与中国签署规模为 100 亿元人民币的货币互换,中国与土

---

① 阿盟共有 22 个成员国,除位于中东地区的 18 个主要阿拉伯国家,还包括非洲东部的吉布提、科摩罗和索马里和非洲西部的毛里塔尼亚。

耳其间的金融合作开始起步,但直到 2020 年土耳其才首次使用签署的货币互换协议的人民币资金。以色列方面,随着 20 世纪 80 年代中期以来实施的政府职能转变计划,该国以金融自由化为主线的金融深化取得了初步成功,并明确表达了希望与中国拓宽金融合作的意愿。① 但中国与以色列之间的金融合作非常有限。总体而言,不同于中国与中东阿拉伯国家在阿拉伯国家整体框架下开展的功能性和机制性金融合作行为,这一阶段中国与中东地区非阿拉伯国家并未就协同推进金融领域合作达成过多共识。

三、机制化合作加速阶段(2014 年至今)

21 世纪前十年间,中国与中东国家尤其是中东阿拉伯国家间快速增长的贸易投资及产能合作规模孕育了双方合力推进金融领域务实合作的时代契机。然而,当时经历深刻经济多元化改革的中东国家普遍面临融资难的问题。"一带一路"倡议落地后,科威特、阿曼、卡塔尔、沙特、约旦、阿联酋、埃及 7 个中东阿拉伯国家和伊朗、土耳其、以色列 3 个中东地区非阿拉伯国家成为亚洲基础设施投资银行(以下简称"亚投行")创始成员国。相较中东阿拉伯国家,由于地缘政治局势多变,通货膨胀和资本管制背景下货币大幅贬值,这一阶段中国与中东地区非阿拉伯国家间依旧未能就金融领域的实质性合作取得较多突破。而聚焦与中东阿拉伯国家间的金融机构、金融市场、金融监管合作等具体问题领域,提升与其在已有或新兴国际金融组织和协调机制中的合作力度,以机制力量促进区域贸易投资便利化、规避经济金融合作风险,成为这一阶段中国与中东国家携手推进金融合作领域机制化建设进程的核心考量。

从中东阿拉伯国家层面具体分析,2014 年 6 月,中国国家主席习近平在中阿合作论坛第六届部长级会议开幕式上郑重向阿拉伯世界发出共建"一带一路"倡议的诚挚邀请,得到了中东阿拉伯国家的积极支持和响应,除巴勒斯坦、约旦以外的 10 个阿拉伯国家均与我国签署了共建"一带一路"合作

---

① 《以色列和中国寻求拓宽金融合作》,环球网,2012 年 5 月 18 日,https://world.huanqiu.com/article/9CaKrnJvstc。

文件。① 围绕"资金融通"的具体要求，中国与中东阿拉伯国家就金融领域的合作步入快车道，亮点频现。2014年，中国农业银行首笔人民币债券在迪拜金融交易所上市；2015年，中国工商银行首次在海湾地区成功发行5亿美元债券。2016年，外交部发布《中国对阿拉伯国家政策文件》指出，双方应"加强在国际金融组织和机制中的协调配合，完善和改革国际金融体系，提高发展中国家的话语权和代表性"，②这为中国与中东阿拉伯国家间的金融合作指明了方向。随后，在尊重阿拉伯国家金融成长特质的基础上，我国开始重视强化与中东阿拉伯国家在现有国际金融组织和协调机制中的合作力度，积极推动迪拜、摩洛哥加入亚洲保险监督官论坛、亚洲金融合作协会，对其他阿拉伯国家产生了较强的示范效应。

2018年7月，酝酿已久的中阿银联体正式成立，中国国家开发银行（以下简称"国开行"）配备首期30亿美元金融合作专项贷款，成为中国与地区国家金融市场间首个真正意义上的多边金融合作机制。值得注意的是，中阿银联体的发起旨在加强"一带一路"倡议与主要阿拉伯国家发展愿景的有效对接，建立长期稳定、互利共赢的多边金融合作关系。③ 但事实上，从合作创始签约方埃及国民银行、黎巴嫩法兰萨银行、摩洛哥外贸银行、阿联酋阿布扎比第一银行来看，中阿银联体从设立之初便未执着于以整体合作的形式推进，而更多倾向于以差序化推进的方式率先强化中国与重点国家、重要银行金融机构之间的合作关系。

然而，2020年1月以来，随着突如其来的新冠疫情在全球范围内的蔓延，世界经济遭受重创。而疫情影响叠加油价长期波动下行、贸易保护主义回温、地缘政治风险激化等多重打击，更是在短期内严重打击了中东国家尤其是中东阿拉伯国家进一步深化国际金融合作的决心和信心。传统孵化与贸易投资和产能合作领域的金融合作项目面临挑战，中国与中东阿拉伯国

---

① 《已同中国签订共建"一带一路"合作文件的国家一览》，中国"一带一路"网，2022年2月7日，https://www.yidaiyilu.gov.cn/xwzx/roll/77298.htm。
② 《中国对阿拉伯国家政策文件》，国务院新闻办公室网站，2016年1月18日，http://www.scio.gov.cn/31773/35507/htws35512/Document/1524785/1524785.htm。
③ 《中国—阿拉伯国家银行联合体今天成立》，央视网，2018年7月12日，http://news.cctv.com/2018/07/12/ARTIQ23H7I3bTpTapWKHUkP5180712.shtml。

家间金融合作机制建设加速进程受阻。但中阿双方以一以贯之的态度,持续稳步地加强阿中各领域合作,深化两大文明之间的交流。2022年12月举办的首届中国—阿拉伯国家峰会全面规划了中阿关系发展蓝图,构建面向新时代的中阿命运共同体。当前,中阿关系处于历史最好时期。中国已同14个阿拉伯国家及阿盟建立全面战略伙伴关系或战略伙伴关系,阿拉伯世界成为中国战略伙伴关系高度密集的地区。

从长期看,"一带一路"倡议下中国与中东阿拉伯国家间贸易投资合作关系的持续深化将催生投资主体对项目融资、跨境金融服务、风险保障等多方面的金融需求,这是中国金融机构提升国际化经营能力和资源整合能力的重要契机;于中东阿拉伯国家而言,加强与中国间的跨境金融合作,无疑将是其破解自身改革困境,共享金融自由化红利、共创稳定健康金融环境的重要选项。中国与中东阿拉伯国家间发展战略的良性对接、经济转型的优势互补、协同防控金融风险的内生需求等深化金融领域合作的综合优势,将有助于双方协同合作促进区域经济发展。

2023年,中国促成沙特阿拉伯和伊朗复交,带动中东地区掀起"和解潮"。2024年,沙特、埃及、阿联酋等国成为金砖国家正式成员。作为"全球南方"的重要组成部分,中阿在联合国、金砖国家、上海合作组织等机制框架下密切沟通协作,践行真正的多边主义,推动全球治理朝着更加公正合理的方向发展。这些为拓展中国与中东阿拉伯国家金融合作深度、提升双方金融合作机制化水平提供了现实基础,也是南南合作的现实需求。蕴势蓄能,以更开放的姿态、更前瞻的视野,在重新启动因疫情蔓延而短期抑制的贸易投资、产能合作等领域金融合作需求,强化并拓展现有金融合作平台和合作机制的同时,把握绿色金融、数字经济等新兴领域的发展机遇,探索更多国家和机构参与共建的长效和新型金融合作机制,以金融领域机制化合作为双方经济恢复并迈向更高质量发展赋能,将是下一阶段中国与中东阿拉伯国家需共同努力回答的时代命题。

总体而言,中国与中东国家尤其是中东阿拉伯国家金融合作领域的机制化建设虽已实现了历史性的突破,但尚未能形成长期有效、全面覆盖的机制化框架,相对滞后于彼此之间贸易投资和产能合作需要。因此,中国与中东阿拉伯国家间的金融合作机制建设无论从广度还是深度而言,都具有较大的提升空间。

第二节　中国与中东金融合作机制建设的主客体特征

一、主体模式特征:中国先行引导差序化跟进

中国与中东非阿拉伯国家间的金融合作仍局限于零星的以项目为基础的功能性金融合作,而中国与包括主要阿拉伯国家在内的中东阿拉伯国家已开始探索区域金融合作领域的机制化提升。从机制构建主体看,区域金融合作机制通常区分为霸权国力量主导(美洲模式)、核心国家力量主导(欧盟模式)和小国联盟力量联合主导(东亚模式)三种类型。显然,中国与阿拉伯国家金融合作领域的机制化建设并未简单复制这三种模式经验。在尊重合作双方实际情况的基础上,中国在深化与阿拉伯国家整体友好合作关系、增进彼此身份认同的基础上,高度重视不同国家的机制需求差异和实力分化的评估与匹配,力求以轻重缓急平衡合作需求和合作优势,实现渐进式整合基础上的差序化推进。简言之,从机制构建主体的模式特征看,中国与中东金融合作领域的机制化建设已逐渐摸索出了一条以中国为主要先行力量,引导重点国家双边合作力量差序化跟进,逐步推动区域共建的特色之路。

这种构建主体层面的模式特征是非常直观的。从创建性地发起官方和民间对话交流机制,进而前瞻性地打造针对性更强的金融市场领域的多边合作机制,中国从"顺势而为"到"有所作为",从"观察者""参与者"成长为"先行者",在区域金融合作领域"建章立制"的建构历程中,逐渐扮演越来越重要和积极的角色。而这种主体模式的形成显然有其深刻的理论支撑和现实原因。要想实现区域金融合作机制这一典型的区域性公共产品的有效供给,需要一个兼具合作意愿和合作能力两大核心要素的主导国或主导国家集团。即便是看似一体化起步较早的中东阿拉伯国家,跨国性经济发展规

划极少,内部贸易量少质次,普遍缺乏引领区域经济金融合作的能力。① 而区域内主要多边合作力量海合会影响力日渐式微,难以承担起调动金融资源、协调合作政策的多方期待。与"碎片化"的中东国家相比,中国无疑在区域金融合作机制建构事务中具有更强的合作能力和合作意愿:政治局势稳定、产业体系完备,正处于高质量发展的重要战略机遇期,经济发展韧性、动能和潜能巨大。即便面对全球性疫情冲击下异常复杂的国内外环境,也能凭借优异的国家治理能力,率先控制住疫情,恢复经济正增长,交出令世界瞩目的"中国答卷"。同时,中国在全球和地区性热点问题处理中始终坚持以实际行动承担大国责任,带头推动"一带一路"下互联互通。由此,中国为主要先行力量,引导重点中东阿拉伯国家积极参与,率先于双边合作领域打造示范效应,进而由点及面,其余中东阿拉伯国家差序化拓展和推进的主体构建模式是契合当前阶段中国与中东各国现实的最佳方式,也是双方在区域金融合作领域的合作实践中摸索着做出的理性选择。

二、客体形态特征:多边优化,双边试点

(一) 多边层面亟待优化,双边层面试点先行

中国与中东阿拉伯国家已开始积极探索金融合作领域的机制化建设。但由于"碎片化"特征显著,导致中东阿拉伯国家在单独面对中国时的利益诉求相对复杂,很难在一个统一的机制框架下得到表达。相较于统一的多边合作机制,嵌套的、分散的双边合作机制更有助于降低谈判成本,满足特定环境下不同国家的利益诉求。事实上,尽管中国长期以来重视维护和深化与中东阿拉伯国家间的多领域尤其是经济领域的友好合作关系,并在中阿合作论坛、中阿博览会两大官方和民间对话交流机制框架下切实收获了丰硕的成果,但双方的金融合作并未着重以多边化、整体化推进。换言之,在中国与中东阿拉伯国家协同推进金融领域合作机制建设的进程中,较之"点对面"的多边金融合作机制,"点对点"的双边金融合作机制领域率先取

---

① 牛新春:《关于中阿合作机制的思考》,载《现代国际关系》,2018年第3期,第45页。

得了更多进展，成为切实提升该领域机制化合作水平的主渠道。

中国与中东国家就多边金融合作领域的机制化提升主要集中在中国与中东阿拉伯国家之间。但直到2004年和2010年中阿合作论坛和中阿博览会相继建立，并下设企业家大会和金融合作论坛，共同缔造了中国与中东阿拉伯国家间就经济金融合作加强交流、增进互信的重要平台，中国与中东阿拉伯国家间金融合作领域的多边合作机制框架才初具雏形。从机制设置看，两者停留于官方对话和民间经济金融信息交流层面，对金融合作具体问题领域的关注浅尝辄止，象征意义大于实质内涵。2018年，中阿银联体的成立标志着中国与该地区多边金融合作机制建设在以银行业为代表的重点领域取得实质性的突破。虽然成立至今，中阿之间尚未能就银联体的运作机制建设达成更多共识。但各成员方各成员行均期待在中阿银联体机制下扩大"朋友圈"、焕发更强大活力、取得更丰硕成果，建议加强战略对接，以规划合作引领共同发展；加快融资模式创新，服务实体经济发展；发挥桥梁纽带作用，促进政策与规则交流互鉴；共同防控风险，服务可持续发展。

2023年12月5日，中国—阿拉伯国家银行联合体第二届理事会会议在埃及开罗召开。各成员行均表达希望通过中阿银联体等平台，进一步深化交流、增进了解，达成更多合作共识，找到更多合作机会。

"点对面"的多边金融合作机制亟待优化的同时，"点对点"的双边金融合作机制建设亮点频现，并主要集中在与以阿联酋、埃及等为代表的中东阿拉伯国家之间，成为推进实质性金融合作的主阵地（表9-1）。以阿联酋为例：近年来，两国领导人多次互访，政府及产业主管部门围绕"一带一路"资金融通需求积极构建包括企业家投资峰会、伊斯兰金融论坛、金融科技合作研讨会等在内的多种对话机制，并先后就银行业监管合作（2011年）、货币互换（2012年）、衍生品和金融市场互动（2014年）、人民币交易清算（2015年）、设立共同投资基金（2015年）、证券期货监管合作（2016年）、金融科技合作（2017年）、央行与证券交易所合作（2018年）、产能合作园与金融平台共建（2018年）等双边金融合作关键领域发表联合声明、签署谅解备忘录；基于多层次市场主体的双边投资合作积极跟进。以亚投行、丝路基金、国开行①为代表的开发性金融机构承担价值发现和引领功能,与进出口银行等政策性金融机构一起,带动双方市场资本参与迪拜哈斯彦清洁燃煤电站等重点基建项目,联手创建第一支对阿拉伯国家合作的基金;商业银行跨境经营与市场联合、证券市场和债券市场开放等功能性金融合作顺利融入。2018年,阿联酋于中国银行间债券市场成功发行规模为20亿元的中东首支主权"熊猫债"。江苏国际经济技术合作集团与阿布扎比国际金融中心签署协议,共同创建"中国—阿联酋产能合作示范园金融服务平台",成为双边金融合作机制创新的积极探索。

表 9-1 中国—阿联酋间的双边金融合作机制

机制性质	机制名称	机制简介
货币合作机制	货币互换与本币结算机制	2012年签署货币互换规模350亿元人民币;2016年,人民币清算行落地阿联酋,当年,中阿贸易领域人民币结算达74%
主权财富基金合作机制	中国—阿联酋共同投资基金	成立于2015年,基金规模100亿美元,投资方向为传统能源、基础设施建设和高端制造业等行业重点合作项目
对话和信息交流机制	中国—阿联酋企业家投资峰会	由阿联酋在2014年发起,旨在组织政府与学界、业界精英围绕引资项目开展对话和交流
	中国—阿联酋伊斯兰金融论坛	发起于2016年,作为国内首个以研究促进伊斯兰金融服务的"一带一路"倡议的国际性对话平台,旨在推动中国与阿联酋就伊斯兰金融业务间的对话和合作
	中国—阿联酋金融科技合作研讨会	发起于2019年,阿布扎比国际金融中心与中国政府部门、监管机构、金融科技企业围绕金融科技合作与监管展开交流
金融合作创新机制	中国—阿联酋产能合作示范园金融服务平台	建立于2018年,是中国首家获得阿布扎比国际金融中心批准的金融服务平台,旨在为示范园内中资企业提供全方位金融服务,并进行"一带一路"人民币国际化试点

---

① 2015年4月,国务院正式批准中国国家开发银行、中国进出口银行、中国农业发展银行的改革方案,明确将国开行定位为开发性金融机构,其他两家银行定位为政策性银行。

（二）机制框架逐渐明晰，议题设置与执行偏弱

处于金融合作初期阶段，中国与中东阿拉伯国家致力于构建合作框架，推动相关合作。国际经验表明，国家间金融合作机制的构建一般遵循"国家战略支持—政府平台搭建—金融监管当局和金融市场参与主体跟进—民间对话磋商"的基本路径。① 两千年前，古代丝绸之路为中国与中东地区人民埋下友谊的种子，而今极具历史穿透力的"一带一路"倡议成为双方战略合作的主线。在战略对接的基础上，中国与中东阿拉伯国家间的金融合作取得了一定进展，机制化合作框架逐渐清晰，但呈现出鲜明的阶段性特征：政府及其带动的政策性和开发性金融作为主导力量积极推动价值引领，致力于搭建多层次对话和信息交流平台，宏观层面的合作机制建设方兴未艾；金融监管和商业性金融等多元市场主体开始跟进，但参与热情尚待激发，市场层面的机制建设艰难前行，金融监管及民间对话介入不足。但是，尽管中国与中东阿拉伯国家推进金融合作机制的内容设计明确，以提升双方贸易投资便利化水平、防范潜在经济金融合作风险为核心关注点，但受中东国家地缘政治局势动荡、金融体制改革尚不充分、金融发展水平两极分化、经济体制存在较大差异等多重因素的影响，议题设置能力和执行能力不强，针对性的规则标准偏低，缺乏法律和制度保护，从而使得实际效果大打折扣。被寄予厚望的人民币国际化、主权财富基金联合投资等金融合作事项均无法跳脱双方金融合作机制塑造的实际进程。

从政府层面看，金融领域的机制化合作依旧主要集中在中国与中东阿拉伯国家之间。在中阿合作论坛和中阿博览会的多边合作框架下，中国与主要阿拉伯国家已共同举办六届企业家大会暨投资研讨会、两届金融合作论坛等涉及跨境金融领域高层对话和交流的机制化合作活动，并先后发布《中阿金融发展战略框架倡议》（2012年）、《中阿合作共建"一带一路"行动宣言》（2018年），为推进政府层面的高层次对话和民间层面的金融信息交流起到了至关重要的作用。同时，双边货币合作机制正式启动：在跨境人民币结算方面，中国先后与土耳其、阿联酋、卡塔尔、摩洛哥、埃及五国中央银行签

---

① 李宝庆、孙尚伟：《中国对外区域金融合作模式探析——兼论深化中阿金融合作》，载《世界经济与政治论坛》，2015年第9期，第167页。

署双边本币互换协议,并于多哈、迪拜落实人民币清算安排合作备忘录,开设人民币业务清算行。但不同于阿联酋、卡塔尔等国,土耳其直到2020年,才首次使用中土签署的货币互换协议的人民币资金。在跨境人民币投融资方面,阿联酋、卡塔尔及科威特主权财富基金及投资机构累计获批50亿美元、10亿美元和20亿美元的QFII额度,其中卡塔尔、阿联酋还获批成为RQFII试点国家。但应注意到,从初级的对话和信息交流机制到下一阶段的货币合作机制,其建设均存在明显短板:前者至今尚未能构建起稳定性较强的议题设置和决策执行机制,因此就该领域议题的设置能力不强,执行能力偏弱;后者因人民币在中东地区的区域影响力相对有限,缺乏培育长效合作机制的基本土壤,如表9-2所示。

表9-2 中国与中东国家货币市场合作概况一览表

合作内容	合作对象	合作起始时间	合作内容
双边本币互换	土耳其	2012年	2015年续签时将互换规模由100亿元人民币扩大至120亿元人民币
	阿联酋	2012年	互换规模为350亿元人民币
	卡塔尔	2014年	互换规模为350亿元人民币
	摩洛哥	2016年	互换规模为100亿元人民币
	埃及	2016年	互换规模为180亿元人民币
人民币清算行	卡塔尔	2014年	授权中国工商银行多哈分行为人民币业务清算行
	阿联酋	2016年	授权中国农业银行迪拜分行为人民币业务清算行
合格境外机构投资者	阿联酋	2008年	累计获批投资额度50亿美元
	科威特	2011年	累计获批投资额度10亿美元
	卡塔尔	2012年	累计获批投资额度20亿美元
人民币合格境外机构投资者	卡塔尔	2014年	投资额度为300亿元人民币
	阿联酋	2015年	投资额度为500亿元人民币

资料来源:作者根据中国人民银行网站公开信息整理绘制,数据截至2021年5月。

政府的支持和引导是中国与中东间金融合作机制建设顺利开局的强心

针,但构建健康、稳定的金融合作机制离不开多元市场主体的广泛参与。2018年,中阿银联体的成立,标志着中国与主要阿拉伯国家间银行业金融机构协同推动合作机制建设取得重要突破。然而,总体而言,当前双方金融市场层面的合作多停留于具体业务层面,对金融合作行为的机制化提升才刚起步。以证券市场为例,尽管近年来国内A股和H股市场上不乏阿联酋、卡塔尔等中东阿拉伯国家主权财富基金的身影,但基于证券市场的多种金融合作机制(交叉上市、证券交易所合作等)鲜有涉及。酝酿中的"一带一路"交易所联合会[①]和以阿布扎比国际金融中心为合作对象的"一带一路"交易所[②]尚处于蓝图阶段。债券市场方面,银行间债券融资和证券交易所债券融资于迪拜试点先行,但双方少量互发的"酋长债""熊猫债"未能引起市场的足够重视,合作机制层面的探索更是乏善可陈。保险市场方面,针对中东国家投资风险高但本土保险业发展滞后的现实,中国出口信用保险公司先后与沙特、科威特、埃及、摩洛哥等中东阿拉伯国家和伊朗、土耳其等中东地区非阿拉伯国家金融市场管理机构及大型企业签署框架合作协议、合作备忘录,但从合作实践看仍未能步入实质性合作阶段。保险市场合作机制作为一项制度性安排对接"一带一路"资金融通要求尚困难重重。

(三)机制开放程度较高,制度化水平较低

理论和实践经验表明,区域金融合作机制开放程度的设计需要符合地区政治经济发展的现实需要,其合理性决定了机制的有效性。中国与中东国家间的金融合作属于典型的问题导向,该领域的机制建构回应了双方贸易投资便利化和金融合作风险规避等低政治领域的共同面临的现实问题的需要,容易达成利益契合,具有较强的开放性。

作为一种典型的区域性公共产品,区域金融合作机制根据竞争性和排他性的组合程度,可分为纯公共产品、俱乐部产品和联产品,并以简单累加、最优环节、最弱关联和权重总和四种方式组合。从机制分类看,为力求最大

[①] 《证监会:推动"一带一路"交易所联合会在上海成立》,中国"一带一路"网,2018年6月10日,https://www.yidaiyilu.gov.cn/xwzx/gnxw/58095.htm。
[②] 《中国和阿联酋将建"一带一路"交易所》,中华人民共和国商务部,2018年4月27日,http://www.mofcom.gov.cn/article/i/jyjl/e/201804/20180402737527.shtml。

程度聚拢合作力量,现有的中国与中东国家间的金融合作机制多遵循开发性原则,进入门槛不高,规则标准较低,并多以存在区域外排他性、但无区域内竞争性的俱乐部产品的形式呈现。通过开放的俱乐部式的运作模式,中国率先与中东阿拉伯国家在中阿合作论坛和中阿博览会的机制框架下开展对话交流,分享合作资源,孵化合作机遇,以助推区域金融领域的集体合作迈向全面提质升级的新时代,如表9-3所示。

表9-3 中国与中东阿拉伯国家金融合作机制的俱乐部形式

组合方式	俱乐部产品
简单累加	区域金融合作论坛(如中阿合作论坛企业家大会、中阿博览会金融合作论坛、亚洲保险监督官论坛);区域金融合作协会(如中阿银联体、亚洲金融合作协会)
权重总和	货币互换协议;区域多边金融机构(如亚投行)
最优环节	多边合作发展基金(如丝路基金)
最弱关联	行业监管合作机制(如签署银行、证券等谅解备忘录)

要实现区域内各国对某项机制的认可和支持,需要先解决制度化水平安排的问题,以充分发挥国际机制对地区事务的规范功能,引领地区内各国选择合作来解决共同面临的问题。[1] 根据国际合作的制度安排理论,机制作为"具有自制力的外交法律规则和规则系统",[2]其制度化建设将经历正式化、集中化、授权化三个阶段。[3] 从制度化水平衡量,货币互换、人民币结算等集中度和授权度较高的正式合作机制有效供给不足。其余合作机制多集中于合作论坛、合作商会、行业联合体等正式化和集中化程度相对较高,但并未获得政府实质性授权,强调自我约束的非正式合作机制,以及联合声明、谅解备忘录等并不需要国家立法机构批准即能生效的非约束性协定。虽从理论上看,高制度化水平的机制设计通常能将区域内各种要素置于合理的位置以实现机制效果的最大化。但如前分析,在与历史与现实问题交

---

[1] 马学礼:《东亚经济合作中的区域公共产品供给研究——以贸易投资合作为例》,人民出版社,2018年,第69页。
[2] 倪世雄:《当代西方国际关系理论》,复旦大学出版社,2014年,第360页。
[3] 田野:《国际制度的形式选择——一个基于国家间交易成本的模型》,载《经济研究》,2005年第7期,第98页。

织、战略利益复杂的中东国家开展合作时,高水平制度化不仅难以实现,甚至有可能适得其反。① 不同于欧洲、北美等地区金融合作机制建设对于高制度化水平的天然追求,中国与中东国家间的金融合作机制建设显然面临更为复杂的内外部政治经济因素考量,需要对机制制度化水平和机制构建路径设计有更多的关注和考虑。事实上,中国与中东国家金融合作领域的现有机制化建设普遍未能在机制框架内衍生出更有约束性的法律协议、稳定的常设机构或完善的争端解决机制,这也是制约机制效力发挥的重要原因之一。

---

① 马学礼:《东亚经济合作中的区域公共产品供给研究——以贸易投资合作为例》,人民出版社,2018年,第89页。

第十章

中国与中东金融合作机制的理论基础

在思考解决复杂发展难题的时候,其重要前提是对于发展目标和发展进程的规划和设定,这取决于如何理解自身,如何观察世界。如前所述,中国与伊朗、土耳其、以色列、塞浦路斯4个中东地区非阿拉伯国家间金融合作仍局限于零星的以项目为基础的功能性金融合作,而与18个中东阿拉伯国家已开始探索区域金融合作领域的机制化提升。中国在阿拉伯国家整体合作框架下展开区域金融合作领域机制化提升。中国与地区国家(主要为中东阿拉伯国家)协同推进区域金融合作机制建设的进程绝不是简单的经济利益驱动解释模式,更不是单纯的国际关系谈判解释模式,而是彼此在长期的多维领域互动中共同利益、身份认同、权力结构等核心要素相互作用、不断建构的动态解释模式。本章尝试对略显碎片化的国际机制理论和区域性公共产品理论观点进行整合,以期从理论层面还原国家行为体参与区域金融合作机制建设的理论逻辑,进而应用构建的理论分析框架对中国与中东阿拉伯国家协同推进区域金融合作机制建设的进程和结构做出基于定性和定量方法的考察。

第一节 国家参与区域金融合作机制的多维理论分析

一、合作机制的需求:国际关系理论的视角

(一)三大国际关系理论流派下的研究启示

在三大主流国际关系理论指导下,现有国际机制研究一般遵循理性主

义和建构主义两种研究思路。虽然两大研究路径在分析视角、分析逻辑上相距甚远,但却都从考察国家参与区域金融合作机制建设的意愿出发,在考察国家对机制建设的需求基础的问题上达成了共同关注:新现实主义和新自由主义基于结构性分析的视角,聚焦权力结构、国家利益等物质因素,以分析和预测国家做出的机制化合作决策;建构主义基于进程性分析的视角,认为共有观念形成合作文化,合作文化促使行为体形成身份认同,而身份认同和国家利益的社会建构推动行为体做出强化机制化合作的行为选择(表10-1)。

表10-1 国际关系三大理论流派论述国际机制所使用的分析框架

理论流派	新现实主义	新自由主义	建构主义
采用的分析视角	结构性分析	结构性分析	进程性分析
选择的分析思路	理性主义,强调理性	理性主义,强调理性	建构主义,强调社会化选择
强调的核心要素	权力结构	国家利益	身份认同
设定的行为假设	国家追求相对利益最大化	国家追求绝对利益最大化	国家追求利益最大化,但不同合作文化建构出不同的利益关注点
隐含的机制逻辑	承认国际机制的存在,但完全受权力结构特别是霸权国的支配	国际机制在国际政治中独立作用,是决定和影响国家行为的重要因素	强调身份和利益的社会建构在机制形成和变迁中的作用
理论化的机制类型	霸权合作型	制度合作型	文化合作型

资料来源:赵长峰,《国际金融合作:一种权力与利益的分析》,世界知识出版社,2006年,第52页。

然而,国家对国际机制的参与是一个动态、复杂的发展历程,三大理论范式为了理论的简洁性和解释的便利性,都各自着力于强调和突出国家利益、身份认同、权力结构中的一个或几个核心要素。事实上,促成国家做出参与区域金融合作机制建设决策的原因既有理性主义视阈下的权力和利益要素,也有建构主义视阈下的身份和文化因素,同时还必须将其置于国际政治经济秩序下单元和体系、历史和现实的特定背景中展开研究。国际区域金融合作领域的机制化提升是国际机制问题在国际金融合作领域的重要折射,既遵循经典国际关系理论分析框架下对机制需求基础的一般性指导,也必然因问题领域特殊性和地域特征孵化出具体的机制需求逻辑。为构建具有实践指导意义的理论分析框架,有必要从经典理论中汲取智慧,结合国际区域金融领域机制化合作行为的典型特征,就国家利益、身份认同、权力结构等影响区域金融合作机制需求与供给基础的核心要素做出更客观的解释。

(二)影响区域金融合作机制需求的核心要素

1. 国家利益的内涵和运行机制

1) 国家利益的内涵

对于主权国家而言,维护和增进国家利益是其制定外交政策的出发点。突破理性主义思路下对合作获益,即对绝对利益和相对利益的过分关注,从相互依赖状态下国家利益交互的方向性角度展开分析,国家利益应包含正向利益和互斥利益两种属性关系。其中,正向利益属于收益导向,指国家利益交互形成的共性或趋同部分,是国家参与区域金融合作机制建设的正向推动;互斥利益属于成本导向,指国家利益博弈导致的趋异部分,侧重于描述国家参与区域金融合作机制建设的负性阻碍。聚焦区域金融合作机制建设进程,正向利益可以理解为区域内国家融入或推动区域金融合作机制建设所能获得的正向机制收益,而互斥利益则体现为不同国家所需要付出的负向机制成本。显然,随着区域国家在经济金融领域相互依赖关系的不断深化,国际区域金融领域的机制化合作不应该是"零和",而应是"正和",即参与者共同获益的过程。当正向利益超越互斥利益时,催化区域金融合作机制建设的核心要素——共同利益随之生成。由此,对正向利益和互斥利益的考量实现了理性主义国际关系理论下就绝对收益和相对收益争论的某种超越,共同构成了区域金融合作机制建构研究的起点。

2) 国家利益的运行机制

基于对国家利益内涵的分析可知,当正向利益(正向的机制收益)超越互斥利益(负向的机制成本),共同利益随之生成。国家间的共同利益对国家做出参与区域金融合作机制建设决策起到根本性的作用。如罗伯特·基欧汉(Robert Keohane)所言,"促进国际机制形成的激励因素取决于共享或者共有利益的存在"。① 主权国家将根据对共同利益的权衡来做出是否加入或推动某项区域金融合作机制建设的理性决策。然而值得注意的是，共同利益的运行并非单向度的，而是经由时间和空间的有机互动和博弈，呈现出多向度的辩证关系。这种辩证关系集中体现在损益、动静两个层面，如图10-1所示：

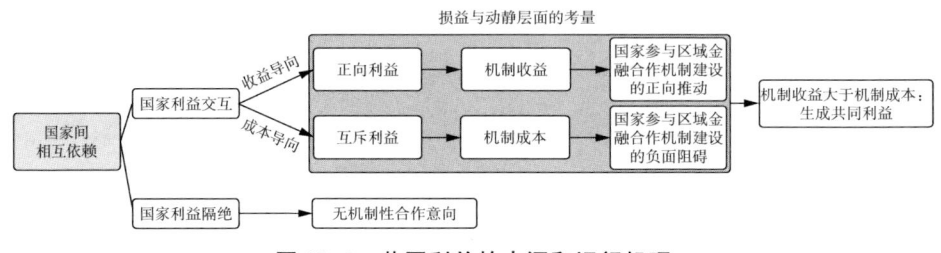

图 10-1　共同利益的内涵和运行机理

损益关系表现为国家利益的运行是损益统一的。在孵化正向利益的同时，区域金融合作机制也从规则和决策程序层面对国家行为形成制约，生成机制化集体行动下的互斥利益。这也可以理解为在国际区域金融合作领域，任何指向正向利益的机制化合作行为都需为机制约束付出成本。同时，即使是面对同一项区域金融合作机制，这种损益关系也可能呈现出极大的国别差异。因此，虽然获取共同利益是各国参与集体行动的根本驱动力，但潜在的共同利益并不一定会引致国家间机制化合作行为的实现。国家在做出是否加入或推动某项区域金融合作机制决策之前，都会对内外部条件下、经济和政治意义上的正向利益和互斥利益，即机制收益和机制成本进行权衡。

动静关系体现为区域国家对于国家利益的关注必然是动静兼顾的。国家利益并非恒定不变，而是一个变动的概念，即在不同的社会历史条件和国内外政治经济环境的综合作用下，正向利益和互斥利益在双边和多边、单元和体系、历史和现实的框架内共同形成的区域金融合作机制建设进程中共同利益的结构机理，并于不同阶段呈现出不同的时代特征和价值判断。

---

① 罗伯特·基欧汉：《霸权之后——世界政治经济中的合作与纷争》，苏长和，译，上海人民出版社，2012年，第96页。

2. 身份认同的内涵和运行机制

1) 身份认同的内涵

如前所述,基于客观层面的"收益—成本"权衡,即使存在共同利益,不同国家也不必然会采取统一的集体行动去推动国际区域金融合作领域的机制化建设。建构主义国际机制理论从主观层面的感知切入,为我们解答这一问题提供了新的视角:国家利益并不是给定因素,而是国家在国际政治文化中开展社会性实践活动习得的观念和产生的认同。换言之,国家间的金融合作行为取决于国家利益,而国家利益是由国家的身份认同决定的。[①] 在充满不确定性的国际金融合作环境中,合适的身份认同如同促进国家作出开展有效合作决策的粘合剂,为面临集体行动困境的国家行为体提供增进正向利益、抑制互斥利益的正向指引,甚至可以通过将自身内嵌入机制原则和规范的设计进程中,经由区域金融合作机制的运行对国家间的金融合作产生积极影响。因此,身份认同对于区域金融合作机制的建构尤为重要。同时,作为区域性公共产品的典型代表,区域金融合作机制的供给实践主要是由合作主导国决定和推动的。合作主导国只有为区域内成员国所认同和信任,才能在主导区域金融合作机制建设的过程中降低合作难度,减少合作阻力。

2) 身份认同的运行机制

遵循建构主义的理论假设,区域金融合作机制的创建发轫于国家在政治经济互信前提下达成的合作共识。首先,在国际或区域体系结构中,国家行为体通过互动确认各自的国家身份。亚历山大·温特(Alexander Wendt)在其著作《国际政治的社会理论》中集中探讨了个人/团体身份、类属身份、角色身份和集体身份四种国家身份,并指出集体身份对于国际合作的达成至关重要,而集体身份的创建依托相互依存、共同命运、同质性、自我约束四个变量。[②] 其次,国家在构建各自集体身份后,确认各自的利益选择,形成国家对区域金融合作机制的需求基础,进而催生国家合力提升国际区域金融合作领域机制化水平的合作意愿。值得注意的是,考虑到国际机制的

[①] 赵长峰:《国际金融合作:一种权力与利益的分析》,世界知识出版社,2006年,第100页。
[②] 亚历山大·温特:《国际政治的社会理论》,秦亚青,译,上海人民出版社,2001年,第430页。

社会性和阶段性特征,国际区域金融合作领域的机制化建设不仅是可能的,甚至可通过将身份认同内化入机制原则和规范的设计进程中,造就出一种从根本上认同机制化合作的区域性金融合作文化。

（三）区域金融合作机制的需求

三大国际关系理论着眼于机制需求,视国际机制为规范国际关系行为与构成国际体系共享文化的外生变量,①着重于考察国家行为体开展机制化合作行为的需求基础。然而,通过对影响区域金融合作机制需求生成的核心要素(表10-2)的提炼和分析可知,任何单一概念都无法全面解释区域金融合作机制建设进程中的实质性问题。从"国家利益""身份认同""权力结构"三者的关系看,国家利益尤其是共同利益是国家协同参与区域金融合作机制建设的根本驱动力,在国家行为决策中起到根本性的作用;而国家利益则是由国家间的身份认同决定的,区域性身份认同尤其是集体身份的培育是国家参与机制化合作的前提条件。共同利益和身份认同同频共振下催生的国家理性发挥着进程性的作用,孕育了意识层面的机制原则和规范,解释了国家对区域金融合作机制建设的需求基础,推动了国家形成参与某项区域金融合作机制建设的合作意愿。国家实力对比格局基础上的权力结构则以结构性的力量作用于实践层面的机制规则和决策程序,通过机制供给的作用通道对区域金融合作机制供给模式的形成和变迁起到了直接的影响作用。

表 10-2　影响区域金融合作机制需求基础的核心要素

理论化的机制类型	霸权合作型	制度合作型	文化合作型
国家利益	霸权国关注相对利益,其他国家关注绝对利益	对绝对利益的关注超过对相对收益的关注	依区域合作文化而定②
身份认同	忽视身份认同因素影响	忽视身份认同因素影响	文化决定身份,身份决定利益,利益决定行为

① 简军波、丁冬汉:《国际机制的功能与道义》,载《世界经济与政治》,2002年第3期,第15—20页。
② 建构主义认为决定国家利益的核心要素是观念:国家在霍布斯文化下关注相对收益;在洛克文化下更关注绝对收益;在康德文化下关注绝对收益甚至是区域共同利益。

(续表)

理论化的机制类型	霸权合作型	制度合作型	文化合作型
隐含的机制需求逻辑	各国政府推动的强制性机制变迁，变迁过程遵循霸权兴衰规律	由各国政府和市场力量共同推动的诱致性制度变迁，变迁的目的是区域金融一体化	非正式制度变迁，变迁的过程是区域身份认同形成的过程
催化的机制需求类型	不对称型合作；被动型合作；单边依附型合作	趋向对称型合作；主动型合作；多边互动型合作	依区域合作文化的建构性质而定

资料来源：张建政，《国际区域金融合作的制度分析》，吉林人民出版社，2009年，第227页。

为更好指导实践，我们需在厘清影响区域金融合作机制需求基础的核心要素的前提下，从学理层面对区域金融合作机制需求生成的底层逻辑做出更清晰的梳理，以形成规律化的分析框架。这一分析框架应建立在三个重要观点之上：

（1）这个需求分析框架的核心是"交感而化"，即国家在交往互动中引致的国家利益和身份认同的渐进式变化进程；[①]

（2）决定区域金融合作机制本质特征的机制原则和机制规范是这一进程的产物，属于规范性建构层面的塑造；

（3）国家利益是一个可以被解构的概念，国家对国家利益尤其是共同利益的关照是损益结合、动静兼顾的，而国家间的身份认同对此具有重要的建构作用。

综上，区域金融合作领域机制化合作需求的生成遵循如下路径：国家间开展多维领域的互动和合作，催生彼此间的身份认同；身份决定利益，利益决定行为，在正向的机制收益即正向利益和负向的机制成本即互斥利益权衡之下，国家行为体意识到该领域机制化合作可能存在的共同利益；共同利益和身份认同的同频共振孕育了意识层面的机制原则和规范，共同建构形

---

① 魏玲：《结构、进程与权力的社会化——中国与东亚地区合作》，载《世界经济与政治》，2007年第3期，第10页。

成国家参与区域金融合作机制建设的需求基础。如果国家间的身份认同和正向利益在区域互动过程中发生积极向好的变化,且机制收益大于机制成本,那么国家就会萌生融入或推动区域金融合作机制建设的意愿;相反,如果国家间的身份认同和共同利益发生消极负向的变化,不仅会威胁已有的区域金融合作机制原则和规范,还可能激化国家间潜在的冲突和矛盾。区域金融合作机制需求生成的分析框架可由图10-2表示。

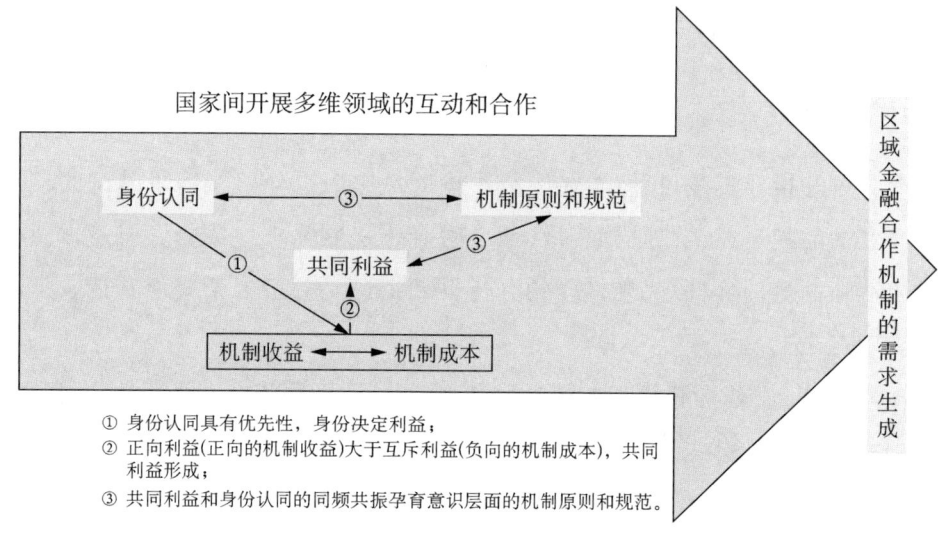

图 10-2 区域金融合作机制需求生成的分析框架

三大国际关系理论遵循规范性分析路径,对区域金融合作机制建设的需求基础展开分析,从理论层面回答了区域国家参与区域金融合作机制建设的合作意愿的生成即合作必然性的问题。但这一基于区域层面的考察并未能打破国家研究的"黑箱",对国家行为体的差异化机制供给决策做出令人说服的解释。由此,我们仍需依循程序性分析路径,经由国际政治经济学视阈下区域性公共产品理论内核的指引,对区域金融合作机制的供给实现的可能性问题展开基于国别差异的考察,以期更准确回答该领域机制构建主体、机制供给模式特征、机制供给客体形态等具体问题。

二、合作机制的供给：区域性公共产品理论的视角

（一）区域性公共产品理论视角下的逻辑内涵

1. 区域金融合作机制的构建主体及供给模式特征

1）区域金融合作机制的主导国作用

国际机制属于原则规范、规则和决策程序层面静态的内容，其操作和运转则需要动态的机制构建主体的推动。① 显见，区域国家并非无差别地参与某项区域金融合作机制建设进程，而是呈现出极大的国别角色差异。如前分析，共同利益和身份认同的同频共振生成了国家对国际区域金融领域机制化合作的需求，而区域金融合作机制的供给实践则主要是由合作主导国决定和推动的。这一作用通道萌芽于主导国在感知到国际区域金融合作领域机制化合作需求后触发的较强的合作意愿，发起并发展于主导国对实践层面的机制规则、决策程序的提出和比较，并最终落地于主导国以多种方式联合区域内其他成员国共同推动机制建构方案的具体实施。简言之，主导国作为区内关键性发起力量，是区域金融合作机制的核心构建主体，主导国的确立将对国家间的合作方式产生了深刻的影响。因此，合适的主导国的存在是区域金融合作机制建设成败的关键。一般认为，合适的主导国需要兼具合作能力和合作意愿两大前提条件：

其一，在机制化合作能力方面，主导国需要具备相对较强的政治经济综合实力。国家间的实力对比格局即权力结构将直接作用于区域金融合作机制的供给实践，对实践层面的区域金融合作机制规则和决策程序的创建和变迁起到关键性作用。这是一种关于合作规则、合作模式、合作内容等的倡议或决定权，是一种建立在合作中"给"与"取"，或者说权利与义务活动基础上的话语权。② 只有具备了相对较强的综合实力，才有能力去发现国家协同推进国际区域金融合作领域机制化合作的潜在共同利益，承担机制发起初期引致的主要供给成本，进而直接助推区域金融合作机制的建构进程。

---

① 成志杰、王宛：《金砖国家治理型国际机制：内涵及中国的作为》，载《国际关系研究》，2014年第4期，第76页。
② 马学礼：《东亚经济合作中的区域公共产品供给研究——以贸易投资合作为例》，人民出版社，2018年，第69页。

其二，在机制化合作意愿方面，主导国需要具备一定的全局意识和奉献精神。理性主义的国际机制理论倾向于把国家看成单一的、理性的行为体，忽视了国家在国际合作进程中为了长远利益而牺牲部分短期利益的前瞻性思考，这种忽视在建构主义那里并没能得到应有的弥补。事实上，在区域金融合作机制建设的推进过程中，区域内不同国家主体间的实力水平、合作意愿通常呈现出极大的国别差异。以机制化合作着力实现金融合作行为的协调统一，势必会对不同类型国家形成不对称的冲击。① 在这种差序格局下，需要合作主导国秉持一定的全局意识和奉献精神，立足长远，发挥比较优势，带头参与区域性金融公共产品的供给实践，并为短期内的带头行动付出额外的救助和合作成本，以助力政治经济实力相对较弱国家渡过难关，追随而上。

2) 区域金融合作机制供给的核心要素

权力结构的内涵：实力基础上的能力是国家的权力渊源，②各国不均衡的实力对比决定了国家权力资源的丰寡，即权力结构情况。建构主义认为，国家权力结构的变化将导致机制规则和决策程序的变化。在区域金融合作机制的建构进程中，权力结构因素主要体现为国家行为体依托所拥有的综合实力，在区域金融领域开展并深化机制化合作方面的能力差异。这种差异对于区域金融合作机制供给模式的形成和变迁起到了更直接的影响。换言之，权力结构要素在区域金融合作机制构建进程中更应被放在机制供给而非机制需求的研究通道上。因此，可在下文对机制供给进行研究时另做集中探讨。

权力结构的运行机制：国家间权力结构的变化见证了区域金融合作机制建构和变迁的历史进程，绝大多数研究者都将权力结构作为区域金融合作机制研究的核心要素。然而，不同于现实主义国际机制理论将权力要素作为机制生成和变化的唯一的、决定性的变量，当代国际关系学者普遍认为，在不同时空条件下权力结构能发挥多大程度的作用，主要取决于该领域

---

① 张建政：《国际区域金融合作的制度分析》，吉林人民出版社，2009年，第161—164页。
② 罗伯特·基欧汉、约瑟夫·奈：《权力与相互依赖》，门洪华，译，北京大学出版社，2012年，第20页。

的机制化合作对国家行为体核心利益产生影响的显著程度。显然，在政治、安全、军事等高级政治领域，权力结构是决定行为体做出合作或冲突决策的决定性和根本性因素；在经济、金融等低政治领域中，相对而言国家并没有这般关注实力对比格局即权力结构的变化。受国际环境影响，权力结构既可能成为抑制区域金融合作机制建设进程的消极因素，也可能发挥催化该领域机制化合作进程的积极效用。综上，考察权力结构对区域金融合作机制建设的作用机理应将其置于具体问题领域和历史阶段之中，并通过机制供给而非机制需求的研究通道展开分析。

3) 区域金融合作机制供给模式的类型特征

与主导国直接相关的另一个问题是区域金融合作机制供给模式的确定。作为引领区域金融合作机制建设进程的核心力量，主导国对合作方式的选择是塑造区域金融合作机制类型特征的重要依据。根据历史上的典型实践，区域金融合作机制的构建模式通常表现为三种：一是以霸权国力量为主导的霸权国单独供给模式，如拉美国家南北型金融合作机制；二是以核心国家力量为主导的核心国联合供给模式，如欧洲以"法德轴心"为特征的北北型金融合作机制；三是以小国联盟力量主导的联合供给模式，如东亚国家以东盟"小马拉大车"为特征的南南型金融合作机制，分别对应霸权合作型、制度合作型和文化合作型的理论化机制类型，综合对比如表10-3所示。

表 10-3　代表性区域金融合作机制供给模式的比较

理论化的机制类型	霸权合作型	制度合作型	文化合作型
权力结构	一强独大，极不对称的强制性权力	趋向于对称的制度性权力	不对称或趋向于对称的结构性权力或生产性权力
隐含的机制供给逻辑	霸权国主导，现实主义倾向的南北型区域金融合作机制	核心国主导，自由主义倾向的北北型区域金融合作机制	小国联盟主导，建构主义倾向的南南型区域金融合作机制
制度化水平	高度正式化、高度集中化、向适度授权化发展	高度正式化、高度集中化、高度授权化	正式化、非集中化、非授权化

(续表)

理论化的机制类型	霸权合作型	制度合作型	文化合作型
实践中的机制代表	拉美国家金融合作机制	欧洲国家金融合作机制	东盟国家金融合作机制
代表性机制运行简介	20世纪末，拉美国家政府宣布实行经济"美元化"，用美元取代本国货币	在法德等核心国推动下，欧盟实行控制财政赤字比、成立欧洲央行、统一货币等一揽子金融改革计划	亚洲金融危机后，东盟和中日韩签订《清迈倡议》，推动建立亚洲区域外汇储备库

资料来源：马学礼，《东亚经济合作中的区域公共产品供给研究——以贸易投资合作为例》，人民出版社，2018年，第88—92页；田野，《国际制度的形式选择——一个基于国家间交易成本的模型》，载《经济研究》，2005年第7期，第96—108页。

这种总结从区域层面出发，有其深刻的历史脉络，但多少存在西方理性主义研究范式中结果导向型思维的印记，对于复杂主体间的阶段性合作特征缺少必要的关注。以中国与中东阿拉伯国家间金融合作机制的建构为例：中国作为迅速崛起的地区新兴大国，在与地区阿拉伯国家——这一奉行地区多边主义的中小国家联合体合作的进程中，存在着发展水平、文化宗教等方面的巨大差异，面临利益分歧和身份认同困境，难以直接沿用历史上现有的传统模式经验做出令人满意的解释。我们有必要在研究过程中突破西方术语本位和分析路径的桎梏，遵循整体外交思路下差序化合作路径的指导，从对合作能力和合作意愿的结构性测度和匹配出发，对新时期双方金融合作机制建构的特色化路径做出前瞻性的规划。

2. 区域金融合作机制供给客体的形式分类

仅仅厘清主导国对机制供给模式的影响，而没有详尽分析作为供给客体的机制形式是缺乏现实指导意义的。我们曾根据机制功能的差异，将区域金融合作机制划分为由各国央行牵头的货币合作机制、市场主体牵头的金融市场合作机制和金融监管机构广泛参与的金融监管机制。但考虑到主导国对实践层面的机制规则和决策程序的重要影响，我们有必要从区域性公共产品理论中汲取智慧，对区域金融合作机制的具体组织形式做出更细致的考察。

按照最传统的纯公共产品、俱乐部产品和联产品的分类,[①]结合前文提到的以简单累加、最优环节、最弱关联和权重总和四种方式实现供给,[②]将现有的区域金融合作机制进行了大致分类(表 10-4)。从国际实践来看,现有的区域金融合作机制主要为有排他性、但无竞争性的俱乐部产品,并多以简单累加和权重总和的组织形式呈现。

表 10-4　区域金融合作机制的形式分类

公共产品类型	纯公共产品:无排他性,无竞争性	俱乐部产品:有排他性,无竞争性	联产品:无排他性,有竞争性
简单累加:总水平等于各国贡献总和	暂无	区域金融合作论坛;区域金融合作协会(如亚洲金融合作协会)	暂无
权重总和:总水平为各国贡献乘以相应权重后相加之和	跨区域金融协定(如区域汇率稳定机制)	应急储备安排(如金砖国家应急储备安排);区域外汇储备库(如《清迈倡议》多边化协议);双边及区域货币互换协议;区域多边金融机构(如亚投行、金砖开发银行)	单一共同货币(如欧元);区域金融援助
最优环节:最大贡献者决定总水平	暂无	多边合作发展基金(如丝路基金)	暂无
最弱关联:最小贡献者决定总水平	区域性金融标准	区域金融便利化措施	暂无

资料来源:张彬、胡晓珊,《区域性国际金融公共产品的中国供给:缘起、问题与对策》,载《太平洋学报》,2020 年第 6 期,第 87 页;安东尼·埃斯特瓦多道尔、布莱恩·弗朗兹、谭·罗伯特·阮,《区域性公共产品:从理论到实践》,张建新、黄河、杨国庆等,译,上海人民出版社,2010 年,第 17—21 页。

(二)区域金融合作机制的供给

区域金融合作机制的供给并非在自由空间中流动,而是在由权力结构

---

① 安东尼·埃斯特瓦多尔、布莱恩·弗朗兹、谭·罗伯特·阮:《区域性公共产品:从理论到实践》,张建新、黄河、杨国庆等,译,上海人民出版社,2010 年,第 21 页。该书将俱乐部产品和联产品统称为非纯粹公共产品,为了突出非纯粹公共产品与纯公共产品间的区别,安东尼等人对其进行了单列。为了避免混淆,本人在梳理区域金融合作机制的形式分类时,将其删除。

② 樊勇明:《从国际公共产品到区域性公共产品:区域合作理论的新增长点》,载《世界经济与政治》,2010 年第 1 期,第 150 页。

界定的合作空间内遵循一定的模式特征动态发展。我们试图还原这一供给路径：在区域金融合作领域机制化合作需求生成的基础上，拥有较强机制化合作能力的国家率先激发出较强的提升该领域机制化合作水平的合作意愿；作为主导性金融合作力量，该主导国承担起区域金融合作机制供给主导者的角色，或选择单独供给，或选择联合供给的方式，建构起实践层面的区域金融合作机制规则和决策程序，推动意识层面的区域金融合作机制原则和规范落地实施。区域金融合作机制的供给实践因区内权力结构差异引致的主导国选择的合作方式的不同，而在构建主体模式、供给模式类型、供给客体形式等方面呈现出鲜明的范式差异（图10-3）。

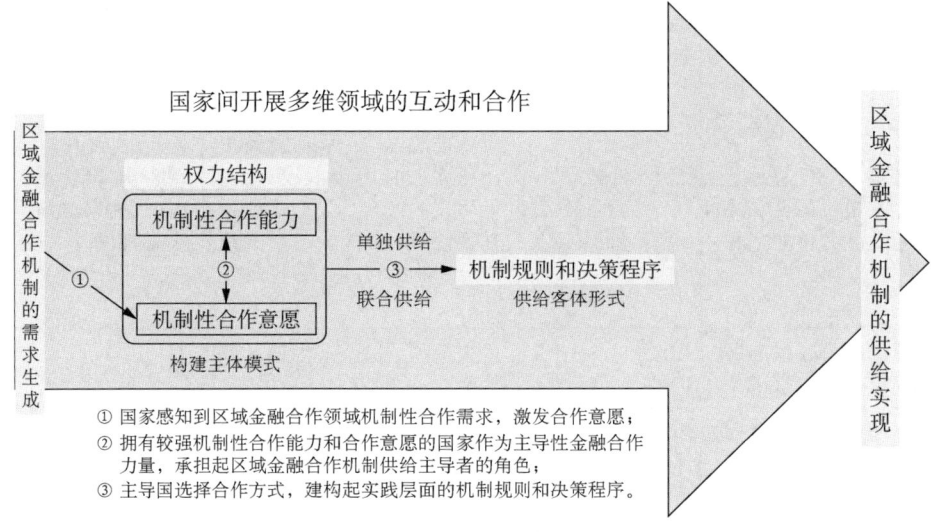

图 10-3　区域金融合作机制的供给分析框架

三、中国与中东金融合作机制建设的理论分析框架的构建

（一）区域层面的进程性分析思路

鉴于从中国与中东国家于金融领域的合作实践看，中国与中东地区非阿拉伯国家间的合作仍局限于零星的以项目为基础的功能性金融合作，而实质意义上的区域金融合作领域的机制化提升主要集中于中国与中东阿拉伯国家间。因此，考察中国与中东协同推进金融合作机制建设的进程集中

在中国与中东阿拉伯国家之间。

从区域层面考察中国与中东阿拉伯国家协同构建区域金融合作机制的进程性逻辑。双方提升该领域机制化合作水平的需求源于身份认同基础上共同利益的汇聚,及因此催生的对意识层面的机制原则和机制规范的追求。落脚于各国基于权力结构的现实,或单独或联合起来打磨实践层面的机制规则和决策程序,进而实现机制的有效供给。以上进程性分析框架可由图 10-4 做出解释。

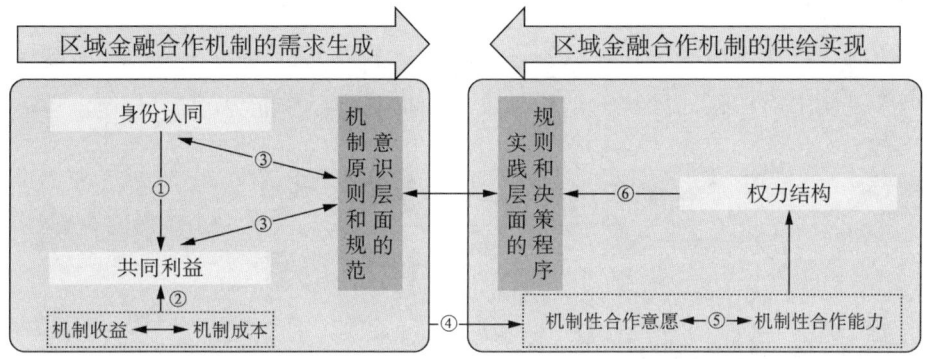

① 身份认同具有优先性,身份决定利益;
② 正向利益(正向的机制收益)大于互斥利益(负向的机制成本),共同利益形成;
③ 共同利益和身份认同的同频共振孕育意识层面的机制原则和规范;
④ 国家感知到区域金融合作领域机制性合作需求,激发机制性合作意愿;
⑤ 拥有较强机制性合作意愿和合作能力的国家作为主导性金融合作力量,承担起区域金融合作机制供给主导者的角色;
⑥ 主导国选择合作方式,或单独或联合供给,建构起实践层面的机制规则和决策程序。

图 10-4　中国与中东阿拉伯国家间金融合作机制建设的进程性分析框架

（二）国别层面的结构性分析思路

本部分从国别层面角度考察中国与中东阿拉伯国家协同构建区域金融合作机制的结构性逻辑。如前所述,进程性分析框架已从如何推动机制建设进程的角度考虑到了不同国家在进程中的结构性角色差异,即因政治、经济、金融基础方面的异质性,不同国家从同一区域金融合作机制中能获得的机制收益迥异(收益敏感性不同),对机制成本的承担能力也有较大差异(成本敏感性不同)。而收益敏感性和成本敏感性的差异将直接影响不同国家在区域金融合作领域的机制化合作意愿。拥有较强机制化合作能力和合作意愿的主导国率先引领,各国共担责任的差序化机制构建逻辑已成为区域金融合作机制建设的基本战略路径。这一点,在考察中国与中东阿拉伯国家间的经济金融合作问题时尤为重要。从国别层面看,该问题领域金融合作机制的构建和发展根植于国内环境,并深受区域和国际环境的影响,呈现出极大的结构性差异。与其他地区相比,地理上紧密相连、文化上同根同源、一体化较早起步的中东阿拉伯国家却面临着内部权力结构严重失衡的现实困境。这势必将对深化双方经济金融合作进程产生深远的影响。依据以上分析,我们可以认为,中国与中东阿拉伯国家选择合作方式的出发点是在身份认同加深基础上不同国家对机制化合作需求的感知和权衡,进而萌发的不同程度的合作意愿,决定性因素是实力对比格局即权力结构基础上的机制化合作能力(图 10-5)。

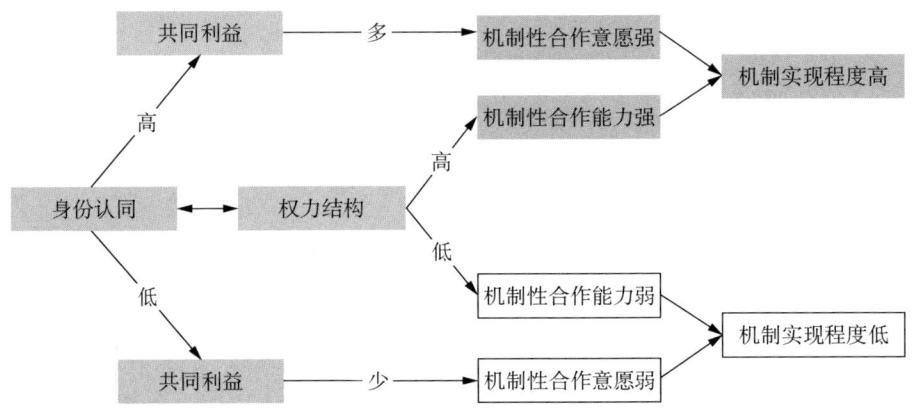

图 10-5　中国与中东阿拉伯国家间金融合作机制建设的结构性分析框架

然而,尽管前述研究得出的理论分析框已能相对清晰地解释中国与中东阿拉伯国家协同推进金融合作机制建设的进程性和结构性考量,但从研究方法看,始终停留于抽象意义的定性概述,并未能将更深层次结构性因素纳入分析框架,得出更具实操性的机制规划建议。考虑到阿拉伯国家间巨大国别差异对多元主体合作意愿、合作能力的直接影响,极有必要对双方金融合作机制建构进程中的差序化结构路径做出更合理规划。这需要遵循理论分析框架指引,对中国与中东阿拉伯国家推进金融合作机制建设的历史实践、现实逻辑有更清晰的认知,也需要突破定性分析方法的桎梏,以更直接和具体的定量分析方法,对基于合作意愿和合作能力的国家行为做出解释和预测。

值得注意的是,在研究不同国家协同推进区域金融合作机制建设进程中合作意愿和合作能力的结构性差异时,不应仅局限于经济方面因素,更应高度关注如中东地区复杂的地缘政治、金融生态环境和商业文化对区域金融合作机制形成与发展的深刻影响。换言之,计划将中国与中东阿拉伯国家共建金融合作机制的解释变量的范围设计为政治、经济、文化因素。这种设计是对区域金融合作机制研究完整性的补充,也符合该领域研究由简单诉诸经济因素向更为系统的政治经济因素扩展的研究趋势。

第二节 区域层面的进程性逻辑检验:基于定性方法

深化中国与中东国家间的金融合作是推动"一带一路"互联互通目标在阿拉伯国家落地的重要支撑。然而,鉴于复杂的地缘政治原因,中国在中东金融合作领域的机制化塑造仍集中在中国与区内阿拉伯国家间。在理论分析的基础上,我们应从区域层面对中国与中东阿拉伯国家间的金融合作机制建设进程做一个充分的分析:既要准确认识双方参与区域金融合作机制建设的意愿基础,即金融领域机制化合作需求生成的必然性,又要清醒识别不同国家深化金融合作机制建设的能力差异,即合作机制稳定供给的可行性。通过把握其中的身份认同、共同利益、权力结构要素的阶段性表达,以更好应对下一阶段机制建设的机遇和挑战。

一、合作机制需求生成的必然性

根据上一节搭建的理论分析框架,从主观层面考察中国与中东阿拉伯国家间金融合作领域机制化建设需求生成的必然性,可遵循如下逻辑:首先,在日益频繁的国际经济金融交往实践中,中国与中东阿拉伯国家通过多维度的互动和合作确认各自的国家身份;其次,双方在达成身份认同的基础上,对协同推进金融领域机制化合作可能带来的机制收益和机制成本进行权衡,发现并整合机制化合作的共同利益;最后,共同利益和身份认同两者的同频共振构成了国家参与区域金融合作机制建设的需求基础,催生了其协同提升区域金融合作领域机制化水平的合作意愿,孕育了该领域机制化合作的原则和规范。然而,值得注意的是,影响合作机制需求生成的身份认同和共同利益要素都属于历史范畴,其诉求和表达总是与特定的时代背景、社会状况紧密相连。因此,我们有必要首先对其做出具体的情境分析。

(一)身份认同:合作机制建设需求生成的前提条件

国家通过多维领域的互动和合作,催生了彼此身份认同基础上的对于共同利益的追求。从中国与中东阿拉伯国家协同推进经济金融领域务实合作的历史进程来看,为规避对中东地区内部事务的过多介入,双方并未就中东地域概念做刻意界定,彼此合作理念的提炼和升华主要厚植于中国与阿拉伯世界整体政治互信前提下达成的合作共识。悠久的交往传统、相似的历史遭遇、共通的文化理念,都是新时期提升中国与阿拉伯国家间身份认同的强大的历史逻辑。然而,除了面临阿拉伯国家内部分化严重、凝聚力与日俱减等内部认同问题,中国与阿拉伯国家间较大的政治经济和社会发展路径差异,使得准确把握中国与阿拉伯国家间的身份认同一直是困扰学界和业界的现实问题。普遍认为,只有明确合作理念,打造各方广泛接受的合作价值观,才能够将其凝聚在一起,形成有凝聚力的身份认同。近年来,以呼吁共建合作共赢的伙伴关系为纽带,阿拉伯国家对华友好度不断提升,而"一带一路"倡议下彼此稳定的利益契合和合作预期更是加深了双方的身份认同。

历史昭示,同为发展中国家,六十余年互相扶持,"和平合作、开放包容、互学互鉴、互利共赢"始终是中国与阿拉伯国家文明交往的常态,[①]中阿双方更是在反对国际霸权主义和强权政治方面达成高度一致,国家身份认同基础不断得到巩固。[②] 我们可以根据中国与阿拉伯国家间不同层次的伙伴关系来考察主观层面相互认同的亲疏远近。[③] 具体来看,中国与阿拉伯国家的伙伴关系可从多边和双边两种层面加以理解。前者指中国与阿盟的集体合

[①] 卢秋怡、丁俊:《中国与阿拉伯国家关系的历史特征与当代发展》,载《回族研究》,2017年第4期,第77页。
[②] 曾泽栎、王筱寒:《"一带一路"倡议与阿盟的经济战略对接》,载《区域治理》,2020年第46期,第75页。
[③] 孙德刚:《论21世纪中国对中东国家的伙伴外交》,载《世界政治与经济》,2019年第7期,第117页。

作关系,后者指中国对阿拉伯国家的双边合作关系。从多边形态看,在全面建交的基础上,进入21世纪后中阿伙伴关系遵循建立新型伙伴关系(2006年)—战略合作关系(2010年)—战略伙伴关系(2018年)的路径动态推进,层次不断提升、内涵不断丰富,业已成为新时期南南合作的鲜活范例(表10-5)。从双边层面看,中国在与卡塔尔(2014年)、苏丹(2014年)、伊拉克(2015年)、约旦(2015年)、摩洛哥(2016年)、科威特(2018年)、阿曼(2018年)和非中东地区的吉布提(2017年)8个阿拉伯国家达成战略合作、创新全面伙伴和战略伙伴关系的基础上,先后与埃及(2014年)、阿尔及利亚(2014年)、沙特(2016年)、阿联酋(2018年)实现了至全面战略伙伴关系的升级。显然,阿拉伯国家已成为新时代中国特色大国外交的重要事件场域,是与中国共建"一带一路"、打造"人类命运共同体"的重要合作伙伴,而阿拉伯国家也充分认同中国是其可靠的政治经济伙伴,这都为双方酝酿和进一步提升身份认同打下了良好的基础。

表10-5 中国与阿拉伯国家伙伴国关系标志性进展

结伴阶段和形态		中阿伙伴国关系进展代表性事件
20世纪全面建交		1956年中国与埃及建交,中阿友好合作开启新纪元
		1990年中国与沙特建交,中阿实现全面建交
21世纪伙伴关系不断深化	多边层面	2004年中国与阿盟决定创建中阿合作论坛
		2006年中阿合作论坛第二届部长级会议,指出要加强双方政治、经济、文化及国际合作,建立新型伙伴关系
		2010年中阿合作论坛第四届部长级会议,中国和阿拉伯国家发表《天津宣言》,宣布在论坛框架下建立"全面合作、共同发展"的战略合作关系
		2018年中阿合作论坛第八届部长级会议,提升为"全面合作、共同发展、面向未来"的战略伙伴关系
	双边层面	全面战略伙伴关系:埃及(2014年)、阿尔及利亚(2014年)、沙特(2016年)、阿联酋(2018年)
		战略合作、创新全面伙伴和战略伙伴关系:卡塔尔(2014年)、苏丹(2014年)、伊拉克(2015年)、约旦(2015年)、摩洛哥(2016年)、吉布提(2017年)、科威特(2018年)、阿曼(2018年)

资料来源:孙德刚,《论21世纪中国对中东国家的伙伴外交》,载《世界政治与经济》,2019年第7期,第107—128页。

聚焦经济金融领域,中国作为当今世界上最大的发展中国家,崛起中的地区大国身份定位清晰,历来秉持平等合作、互惠互利原则开展国际经济金融合作。于中东阿拉伯国家而言,成为主权国家历史不久,普遍高度重视来之不易的独立国家身份,打造现代化经济金融体系愿望迫切,以阿联酋等为代表的海湾经济强国更立志于向打造世界级金融中心的目标迈进。国际金融危机后,在改革压力和转型动力的双重作用下,阿拉伯国家普遍开始奉行务实主义外交政策,逐渐"向东看",经贸交往和合作重心从传统欧美地区不断向亚洲地区倾斜。从政府层面看,中东阿拉伯国家陆续与我国签署了共建"一带一路"合作文件,①对中国国家形象及对外合作战略认同度持续上升。从民众层面看,尽管以海合会为代表的部分阿拉伯国家拥有丰裕的金融资本,但其金融力量(如主权财富基金)独立性较强,决策层多为拥有西方教育背景的各国精英,对中国的理解和认知难免存在偏差。② 如何培育最广泛市场主体基于身份认同的利益共识,助力中阿金融领域务实合作,是中阿持续推进该领域机制化建设时的深层难点所在。

同时,值得关注的是,"身份"是在与"他人"的关系中构建起来的。阿拉伯国家历来重视发展与传统西方国家,尤其是美国之间的关系。换言之,以美国为代表的主要西方国家是中国与阿拉伯国家在增进身份认同、深化金融事务合作进程中典型的"他者"的存在。在阿拉伯世界问题上,美国秉持"有原则的现实主义"③倾向,致力于打造依托关系紧密的"中心—外围"联盟体系;④沙特、埃及和约旦等国是美国在阿拉伯世界的战略盟友;阿联酋、卡塔尔、科威特、阿曼、阿尔及利亚、突尼斯和摩洛哥等大部分阿拉伯国家与美国的关系较为密切,在政治、经济和安全等方面对美国存在较强依赖。在阿拉伯国家内部事务改革、地区安全稳定等核心问题上,美国历来诸多干预,

---

① 《已同中国签订共建"一带一路"合作文件的国家一览》,中国"一带一路"网,2022 年 2 月 7 日,https://www.yidaiyilu.gov.cn/xwzx/roll/77298.htm。
② 《智库合作是中海经贸发展重要支撑》,人民网,2017 年 2 月 10 日,http://theory.people.com.cn/n1/2017/0210/c83853-29072795.html。
③ 2017 年 8 月,美国前总统特朗普颁布美国阿富汗新政时首次提出,并于 9 月 25 日在第 72 届联合国大会上的首次演讲时进行阐述。特朗普认为,美国外交政策基于"有原则的现实主义",这种现实主义是基于世界各国的"共同目标、利益和价值观",突出强调美国利益,以结果为导向。
④ 刘博文、方长平:《周边伙伴关系网络与中国周边安全环境》,载《当代亚太》,2016 年第 3 期,第 68 页。

改变犹太人定居点立场，允许以色列在巴勒斯坦地区扩大定居点等。阿盟曾多次召开紧急会议公开谴责美国政府行为，美国在中东阿拉伯国家盟友中的信誉以及认同度正在下降。

与美国不同，中国打破"中心—外围"结构限制，以求同存异作为处理不同诉求的原则，①更侧重于建设性地拓展与阿拉伯国家间开放多元的对等结构。2014年以来，更是秉承柔性原则，重拾中阿古丝绸之路的历史情缘，在中东阿拉伯国家尤其是海湾国家沿线积极推进"一带一路"倡议。"一带一路"这个由全球最大的爱好和平、倡导新型国际关系的新兴经济体提出的标签，在这个战略纵深不断推进、不信任感加剧的国际环境中，无疑可以作为采取集体行动改变国际政治经济体系现状、提升国际金融领域话语权的符号象征，为中国与地区阿拉伯国家间的集体身份认同打开一些外交空间。而新冠疫情期间，中国通过元首外交积极推动与阿拉伯国家间的战"疫"合作，倡导构建"健康丝绸之路"，极大提升了中国的地区政治影响力。阿拉伯国家的态度表达得非常清晰，中国可以作为一个朋友，与中国建立友好伙伴关系能从客观上"稀释"大国联盟体系的影响力，对霸权主义、单边主义形成软制衡。②

综上，自2018年中国与阿拉伯国家确定战略伙伴关系以来，中东阿拉伯国家认同中国是其可靠的政治经济伙伴，双方政府层面已就"一带一路"下的战略协调、经济合作等重要问题达成了诸多共识。然而，准确把握中国与中东阿拉伯国家间的身份认同仍有两点值得关注：第一，中国与阿拉伯国家最广泛市场主体之间的互相认同尚待培育；第二，美国依旧是影响彼此认同与合作的重要外部性变量，美国能否接受中国在推动地区经济金融领域机制化合作中扮演积极角色，而不仅仅是负责任的利益相关者的事实，仍然有待更为审慎的观察。

（二）共同利益：合作机制建设需求生成的根本驱动力

中国与阿拉伯国家携手推进区域金融合作，并共同开启该领域机制化

---

① 孙德刚：《论21世纪中国对中东国家的伙伴外交》，载《世界政治与经济》，2019年第7期，第111页。
② 孙德刚：《论21世纪中国对中东国家的伙伴外交》，载《世界政治与经济》，2019年第7期，第128页。

合作的积极尝试,其需求基础主要来自国家和区域内部。身份认同之上,双方对机制收益和机制成本权衡之下对共同利益的正向预期才是推动区域金融合作机制建设从构想走向实践的根本驱动力。进一步从机制收益产生的领域看,中国与地区阿拉伯国家协同推进区域金融合作机制建设的预期收益主要包含经济收益和规则收益两种:经济收益侧重于考察金融合作机制在促进贸易投资便利化、合作规避潜在金融风险方面的回报,这是共同利益在"量"上的体现;规则收益倾向于关注参与区域金融合作机制建设对提升区域金融合作领域话语权和解释权,进而捍卫自身金融安全和经济金融领域发展利益的积极作用,这是共同利益在"质"上的飞跃。

1. 机制收益分析

1) 经济收益

传统的国际机制理论认为,国际机制作为权力、利益、认知等影响因素与模式化行为结果之间的干预性变量,①通过设置多种层次上的规范性共识,改善外部信息的不完备性,提升国家行为体对合作收益的预期,帮助其解决共同问题、追求互补目标。那么,对于关注具体问题领域的区域金融合作机制的建立,则能够有效帮助合作方至少获取两大层面的经济收益:一是促进贸易投资便利化;二是合作规避潜在金融风险。两大经济收益目的的金融合作机制在现实中并不分离,而是共同存在于区域金融合作的实践中。

从前者看,区域金融合作机制的建立与区域国家之间的贸易投资和产能合作产生的金融服务需求密切相关。"一带一路"倡议下,能源、加工制造、电子通信等产业的跨境贸易、基础设施建设、产能合作和工程承包是中国与中东阿拉伯国家的重点合作领域。这些领域的合作普遍存在建设周期长、投资风险高、资金投入大的特点,因而对多元稳定的融资渠道需求极为迫切。据统计,2019 年至 2023 年,中东地区仅能源领域项目投资规模就突破万亿美元规模。② 根据基建项目权益类投资占比通常维持在 10% 左右的

---

① 王彦志:《新自由主义国际投资机制初探——以国际机制理论为视角》,载《国际关系与国际法学刊》,2011 年第 1 期,第 117 页。
② Oman Daily:"$1 in energy investments planned in MENA region", March 23, 2019. https://www.omanobserver.om/1tn-in-energy-investments-planned-in-mena-region/2019/。

国际惯例,则五年间该领域的融资需求高达九千亿美元。然而,无论富油国还是贫油国,阿拉伯国家都普遍经历着深刻的经济结构改革,面临建设资金紧缺、项目融资困难的现实挑战,因而对外部直接投资需求强劲。随着相关产业跨境贸易、基建投资和产能合作水平的不断提升,如何构建更大范围的境内外联动、高效开放、适应市场需求的跨境金融服务支撑机制更是任重而道远。着眼于新时期中国与阿拉伯国家多维度合作提质升级的长远需要,双方于金融领域构建的合作机制可涵盖项目前期开发阶段的信息获取、投资保险、并购融资,到项目中期建设和后期运营阶段的国际结算清算、贸易融资、资金管理、汇率风险管理的全过程,并涉及官方的政策对话和监管合作、货币合作、金融机构和资本市场合作等多个层面,旨在对中阿双方的贸易投资便利化起到积极的促进作用,从而为双方带来可预期的正向经济收益。简言之,对中国来说,"一带一路"倡议下中国与阿拉伯国家间贸易投资合作关系的持续深化将催生投资主体对项目融资、跨境金融服务、风险保障等多方面的机制化金融需求,这是中国金融机构提升国际化经营和资源整合能力的重要契机,也是阿拉伯国家破解自身经济金融改革困境,共享金融自由化红利、共创稳定健康金融环境的重要选项。

从后者看,值得注意的是,尽管中国与阿拉伯国家间的贸易及投资规模增长明显,但其波动显著。2011年前后爆发的中东变局、2014年国际油价断崖式下跌等地区安全和经济热点事件均对中国与中东阿拉伯国家间的贸易投资决策造成了显著的负面影响。中阿产业合作项目多为中方企业带资入驻,随着彼此经济金融交往进程的不断深入,双方就减少贸易投资风险、共同防范金融合作风险、合作抵御世界金融风险冲击的经济收益诉求逐渐显现。值得注意的是,紧张的地缘政治关系、复杂的营商环境、独特的商业文化均导致中东地区阿拉伯地区投资生态不稳定且国别差异较大的问题持续暴露。根据中国社会科学研究院发布的《海外投资国家风险评级报告(2021)》,仅卡塔尔处于低风险级别(A),其余大多数阿拉伯国家均属于中等风险级别(BBB),而阿尔及利亚和苏丹则属于高风险(B)国家。[①] 在这种情

[①] 中国社会科学研究院税额经济与政治研究所:《中国海外投资国家风险评级报告(2021)》,中国社会科学出版社,2021年,第18—21页。

况下，充分发挥"金融血液"的柔性支持作用，从制度管理和机构支持层面构建起多元化、多层次的风险保障和监管约束机制，在帮助中阿合作项目解决融资难题的同时，助力"走出去"的中国企业从容应对政治、经营、文化适应等多维度风险，显得极为迫切。

2）规则收益

机制之争是国际规则之争最直接的载体。① 随着中国这一新兴经济体的快速崛起，阿拉伯国家努力谋求经济多元化改革进程的加快，国家和地区金融安全与金融发展利益成为关系双方经济社会发展全局的一件带有战略性、长远性的大事。由于国际经济金融规则的"非中性"特征，金融领域机制化安排中的竞争区别于单纯的福利得失中的竞争，牵扯到经济金融规则主导权这一更深层次的关键性问题。谁主导机制原则规范，谁将在机制话语权和解释权的博弈中占据有利地位。

在当前国际经济金融格局中，国际金融话语权和解释权长期由西方发达国家所主导，新兴经济体、发展中国家的话语权和代表性不够充分，处于从属或相对弱势的地位。进而在现有的国际金融领域机制化安排中，掌握了规则话语权和解释权的传统西方发达国家在很大程度上掌握了对经济金融收益的分配和调整权。中国面临着将不断增强的经济实力转换为区域影响力、全方位提升国家综合实力的迫切需求；而中东阿拉伯国家肩负着在大国夹缝中尽快立身，摆脱金融霸权国钳制，实现国家经济多元化转型升级的殷殷期待。在此背景下，加强对金融合作机制规则收益的关注和投入具有极强的现实意义。同为引人注目的发展中国家代表性力量，中国与阿拉伯国家的经济金融改革是一个在摸索中前行的过程，并没有现成的理论可以指导，也没有既定的蓝图可以借鉴。包含意识层面和实践层面两个维度的综合考量，国际金融领域的合作机制将可能成为中国与阿拉伯国家参与地区或全球金融治理，提升经济金融国际地位的重要平台。或积极融入，或努力创新，如何突破传统金融秩序规则的不利束缚，通过建设性的态度合作提升经济金融领域的话语权和解释权，获得与综合国力、竞争实力相匹配的国

---

① 李巍、罗仪馥：《从规则到秩序——国际制度竞争的逻辑》，载《世界经济与政治》，2019年第4期，第28页。

际权力和规则收益,捍卫金融安全和金融发展利益,成为中国与中东阿拉伯国家做出协同构建金融合作机制决策时的重要考虑因素。

2. 机制成本分析

尽管获取经济或规则领域的共同收益是中国与中东阿拉伯国家生成金融合作机制建设需求的根本驱动力,但如理论探源时分析的那样,合作利益的运行并非单向度的,而是经由国家行为体在时间和空间的有机互动和博弈中构成的多向度的辩证关系。这种辩证关系集中体现在收益共享和成本分担两个层面。换言之,中国与中东阿拉伯国家在做出是否加入或推动某项区域金融合作机制建设决策之前,应对内外部条件下、经济和政治意义上的正向利益和互斥利益,即机制收益和机制成本进行综合权衡。

1)经济成本

与经济收益相伴而生,经济成本指的是中国与阿拉伯国家在共同提升金融领域机制化合作水平的进程中,因金融服务带动贸易投资自由化趋势加速,而合作国产业结构调整相对滞后导致的经济损失。这一损失可能会给相对弱势国家经济金融增长和金融产业部门转型升级带来的一定的负面影响。

从理论分析看,金融领域的机制化合作能加深双方在促进贸易投资便利化、协作规避潜在金融风险等议题上的合作默契,进而促进金融资本要素的跨境流动,助力合作方从中获取共同经济收益。然而,从金融生态看,中国与中东阿拉伯国家之间、主要阿拉伯国家内部之间的经济金融发展水平均存在较大差异,各国在推进金融自由化和国际化上的进程不一而足。考虑到受限的汇率和利率管理办法、较小的国内金融市场容量等原因,为防范国际金融投机,阿拉伯国家仍普遍对外资银行网络拓展、资本市场准入等较为审慎,就外资企业的资产规模、业务范围、本地化就业等条件作出诸多限制,且国别差异较大。这就决定了当前阶段,从多边层面推进中国与中东阿拉伯国家在金融领域的多边合作机制建设相对困难。现有机制框架设计多集中在制度化水平较低、成本分担压力较小的俱乐部产品,并率先在中国与重点阿拉伯国家的双边合作领域取得突破。然而,随着"一带一路"倡议下资金融通的逐步走深走实,资本、服务等要素必然倾向于从低效率国家经济金融部门流向高效率国家经济金融部门,进而导致相对综合国力、竞争实力较弱的国家部门和企业蒙受调整的压力,支付因开放和机制建设冲击而带来的经济成本。由此,如何在遵循"受益人"支付原则,努力克服"搭便车"现象的基础上,因时因事制宜,合理控制和分担机制参与者的经济成本,是新时期该领域金融合作机制建设过程中需要审慎考量的重要问题。

2) 规则成本

规则成本指机制参与方接受机制规则而受到的约束。[①] 国际机制理论强调在外部强制权力缺失的无政府国际体系中,通过制度性合作完善外部条件,设立相互间和自我内在约束力,解决集体行动的困境,增加各国间的相互依赖。换言之,中国与中东阿拉伯国家推进金融合作机制构建的过程同时也是区域金融合作规则的生成过程:打造区域金融合作论坛和区域金融合作协会、签署双边货币互换协议、设立多边合作发展基金、创建行业监管合作机制等各种形式的机制化合作行为,都意味着可能会对本国经济金融规则、政策调整产生约束。事实上,为了促成金融领域的机制化合作,各个国家都需要做出规则和决策程序上的协调和让步,即付出相应的规则成本。

共同利益构成了中国与中东阿拉伯国家间金融合作领域机制化建设需求生成的根本驱动力。从收益—成本权衡的角度看,只有当经济收益、规则收益的总和大于经济成本、规则成本的总和,即存在正向的共同利益预期时,才能实现双方金融合作行为从"量"到"质"的跨越。遵循这一逻辑,增强共同利益认知预期的途径无非两条:增加经济收益和规则收益预期,增强机制化合作需求动力;降低经济成本和规则成本,减少机制化合作的内部阻力。

二、合作机制持续供给的可行性

仅仅从必然性角度考察中国与中东阿拉伯国家于金融领域生成机制化

---

① 马学礼:《东亚经济合作中的区域公共产品供给研究——以贸易投资合作为例》,人民出版社,2018年,第63—64页。

合作需求的基础是不够完备的。金融合作机制建设的现实需求源于彼此身份认同基础上对共同利益的追求，但最终仍需落脚于双方如何基于实力对比格局，联合起来实现机制的有效和稳定供给。换言之，中国与中东阿拉伯国家协同推进区域金融合作机制这一供给实践的真正落地，则需要在实力对比格局即权力结构基础上，兼具合作能力和合作意愿的合适的主导国的引领。

从历史实践看，正是中国作为主要先行力量，推动了与中东阿拉伯国家协同提升金融合作领域机制化水平的主要进程。其合理性在于，从合作能力看，相较于经济一体化水平较低、内部贸易和投资量少质次、跨国性经济发展规划不足的阿拉伯世界，[①] 中国这一世界第一大外汇储备国、最大贸易国、世界第二大经济体，显然具有相对更强的政治、经济和金融实力，更有能力去发现国家协同推进区域金融合作的潜在共同利益，率先承担机制建构引致的主要供给成本，进而直接推动区域金融合作机制的建构进程。从合作意愿看，中国积极奉行互利共赢的开放战略和"公平、正义、互利共赢"的外交理念，以负责任大国的姿态，坚决捍卫多边主义，主张共赢发展，倡导开放合作，力求在实现自身发展的同时更多惠及其他国家和人民。在合作实践中，中国更是始终秉持全局意识和奉献精神，并不片面地追求一国短期之利，而是立足长远，分享红利。通过发挥比较优势带头参与区域性金融公共产品的供给实践，并为短期内的带头行动付出额外的救助和合作成本，以助力政治经济实力相对较弱国家参与合作。

国际经验表明，一国经济发展水平与其对外金融合作水平并非完全同步，且即使政治经济实力再强大的国家也无法长期单独承担金融合作机制的主要成本。当前，中国金融国际化程度仍滞后于经济发展水平，合作机制塑造和运行经验不足，尚不具备独立支撑区域金融合作机制建设的实力。因此，从地区现实和长远合作来看，克服"搭便车"现象，培育区内国家共同参与的机制供给模式更具有可持续性。[②] 正如前述章节分

[①] 牛新春：《关于中阿合作机制的思考》，载《现代国际关系》，2018年第3期，第45页。
[②] 马学：《东亚经济合作中的区域公共产品供给研究——以贸易投资合作为例》，人民出版社，2018年，第89页。

析，在尊重彼此金融成长特质的基础上，中国与中东阿拉伯国家或强化在国际金融组织和协调机制中的合作力度，或协同构建新型区域金融合作机制，"中国为主要先行力量，引导多边合作力量差序化推进，逐步推动区域共建"的可持续发展路径已雏形渐成。中国与中东阿拉伯国家金融领域的机制化合作由此实现了从无到有的跨越，并致力于在实践中摸索，在摸索中优化。

中国与阿拉伯国家共建区域金融合作机制的进程中，选择合作方式的出发点是身份认同加深基础上不同国家对机制化合作需求的感知和权衡，进而萌发的合作意愿，决定性因素是实力分布基础上的机制供给能力的差异。换言之，中国与中东阿拉伯国家间金融合作机制的供需匹配需要同时满足"合作意愿"和"合作能力"两方面条件：中国与中东阿拉伯国家在历史和现实互动中身份认同逐渐加深，均认识到金融领域的机制化合作存在有吸引力的共同利益，因此愿意为此约束和规范各自行为，付出相应的机制成本；而区域金融合作机制的有效供给并非无差别的力量联合，需要实力对比格局之上收益敏感性较高、成本敏感性较低的一方的率先倡导和供给。这一供给实践中，中国具备了先行者的要素禀赋，起到了积极的带动作用。然而，由于阿拉伯国家的异质性特征，区域内不同阿拉伯国家参与区域金融合作机制建设的合作意愿和合作能力呈现出较大差异，应尤其注意结合该领域金融合作机制建设处于初始阶段和阿拉伯国家异质性的具体情况，制定符合国别特征的推进策略，以推动更深层次的机制化金融合作目标的达成。

第三节　国别层面的结构性逻辑检验：基于定量方法

区域层面的理论分析框架依托定性分析方法，对中国与中东国家间金融合作机制建设的进程逻辑展开抽象表达，解释了机制需求生成和机制有效供给的基本逻辑。但这一分析路径以不同国家的合作进程和合作成效等具体信息为基础,并未将主要阿拉伯国家内部明显分化的结构性特征纳入考察,因而无法准确捕捉、客观比较不同合作主体合作能力和合作意愿的异质性信息。事实上,尽管中东阿拉伯国家均为世界最早成立的地区性组织——阿盟的主要成员,较早在构建民族认同方面取得了较大进步,实现了政治经济一体化的起步。但随着该地区国家政治经济状况、外交战略规划等方面差异的不断扩大,阿盟组织力量严重退化。由此,依托定性分析方法从区域层面出发,以解释中国与政治经济一体化看似起步较早,实则内部力量"碎片化"甚至"颗粒化"的中东阿拉伯国家间的金融合作问题时,难免力有不逮,难以满足政策实践对智力支持的刚性需求。

与定性分析方法形成互补,定量分析方法通过量化指标分析金融合作情况,能在理论和定性分析的基础上以更客观的评价标准解释国别差异,预测国家行为。本节尝试运用基础定量分析方法,对阿拉伯世界多元主体合作意愿、合作能力两大核心要素的测度和匹配做出客观评估,对新时期构建"一带一路"倡议下中国与中东阿拉伯国家间金融合作机制的特色化路径贡献有益思考。

一、定量测度合作对象结构性差异的相关研究

通过文献梳理可知,现有研究虽关注阿拉伯国家金融发展状况、中阿金融合作的现状和挑战等问题,但由于中东地区情况复杂、统计数据缺失等原因,该领域的相关研究多停留在定性分析层面,定量研究极少。近年来,国内学者尝试突破定性分析方法的桎梏,立足"一带一路"共建国家社会、经济、文化等实际情况,以量化分析方法考察和评估中国与"一带一路"共建国家的金融合作程度和水平。然而,针对与"一带一路"共建国家开展金融合作机制建设的结构性差异的研究仍处于起步阶段,尚未形成统一、标准的定量研究方法。值得注意的是,基于中东阿拉伯国家地缘政治、金融生态环境指标选取均面临数据获取困难、指标自洽性较差的现实困难,尚难形成一套具有公信力的指标评价体系,但我们仍可在理论分析框架的指引下,借助国内外权威经济金融领域数据库,采用较为成熟的基础定量分析手段,部分弥

补该领域量化研究有效供给不足的缺憾。

从现有定量研究方法看，可分为直接衡量法和间接衡量法两种方法（表10-6）。直接衡量法着眼于货币合作、金融市场合作、金融安全和监管合作情况等国家间金融合作的具体内容，重点评估金融合作的进展状况，对衡量初级阶段的区域金融合作有较强的解释能力。间接衡量法则力求避免人为选取指标主观性较强的弊端，主要依托最优货币区、消费风险分担等相对成熟的理论，倾向于从金融合作结果入手，测度国家间金融合作的可行性和程度水平。[①] 虽具有理论支撑，但因其金融一体化和实现完全风险分担的假设前提，更适合于衡量合作程度较高的区域金融合作，对金融生态环境欠佳、资本市场成熟度较低的经济体适用性不强。

表10-6 定量测度金融合作对象结构性差异的代表性研究[②]

测量方法	测量视角	作者	定量方法	研究对象
直接衡量法	多指标综合评价	刘方等（2020）	事件赋值法	中国与东盟国家金融合作的演化特征与国别差异
		申韬等（2020）	熵值法	中国与50个"一带一路"沿线国家的金融合作程度及排序
		崔崑等（2017）	加法综合评价模型	中国与63个"一带一路"沿线国家资金融通水平的国别分类

---

① 申韬、蒙飘飘：《关于金融合作内涵、动因、挑战和测度的研究综述》，载《广西社会主义学院学报》，2020年第31卷第2期，第99页。

② 申韬、蒙飘飘：《关于金融合作内涵、动因、挑战和测度的研究综述》，载《广西社会主义学院学报》，2020年第31卷第2期，第100页；刘方、丁文丽：《中国——东盟金融合作指数的构建及其演变特征》，载《国际商务》，2020年第1期，第71—82页；马广奇、秦亚敏：《互联网时代丝路金融合作的影响因素与推进建议》，载《广西财经学院学报》，2020年6月第33卷第3期，第55—65页；申韬、蒙飘飘：《对外直接投资、金融发展与双边金融合作——基于中国与"一带一路"沿线国家的研究》，载《金融与经济》，2020年第12期，第62—70页；崔崑、王继民等：《"一带一路"沿线国家五通指数报告》，商务印书馆，2017年，第68—89页；Poshan Yu, Zuozhang Chen, Yingzi Hu, "The Impact of Belt and Road Initiative on Regional Financial Integration-Empirical Evidence from Bond and Money Markets in Belt and Road Countries", The Chinese Economy, Vol. 54, No. 4, 2021, pp. 286-308；刘文翠、蒋刚林：《基于消费风险分担模型的中国—东盟金融合作程度的实证分析》，载《新疆财经大学学报》，2014年第3期，第13—17页；Sun Jin, Hou Jack W., "Monetary and Financial Cooperation Between China and the One Belt One Road Countries", Emerging Markets Finance and Trade, Volume 55, Issue 11. 2019, p. 2609-2627。

(续表)

测量方法	测量视角	作者	定量方法	研究对象
间接衡量法	单一指标评价	Poshan Yu et al. (2021)	β收敛和σ收敛	中东欧、东亚、独联体国家和非洲四大区域国家对"一带一路"倡议下金融一体化的不同反应程度
	多指标综合评价	刘文翠等 (2014)	消费风险分担模型	中国与东盟国家金融合作程度
		Sun Jin et al. (2019)	最优货币区理论指数法	中国与东南亚、东欧、中亚、中东四个区域沿线国家开展货币金融合作的国别路径

基于现阶段中国与阿拉伯国家金融合作机制建设水平仍处于初级阶段的实际情况,在构建该领域金融合作结构性差异指标评价体系时,更适宜采用直接衡量法。即在国内外研究成果和前文构建的理论分析框架的基础上,综合考虑中东阿拉伯国家于该领域机制性合作意愿、合作能力两大核心要素,通过指标合成,对不同国家在金融合作机制建设过程中的生态位问题做出积极回应。

二、中东阿拉伯国家结构性差异的定量考察

以中东地区 18 个主要阿拉伯国家为考察对象,因伊拉克、叙利亚、巴勒斯坦 3 个国家多项数值缺失,最终实际考察 15 个主要的阿拉伯国家(表 10-7)。

表 10-7 结构性差异定量考察的阿拉伯国家

区域	数量(个)	国家名称
亚洲西部	9	阿联酋、阿曼、巴林、卡塔尔、科威特、黎巴嫩、沙特、也门、约旦
非洲北部	6	阿尔及利亚、埃及、利比亚、摩洛哥、苏丹、突尼斯

(一)指标评价体系的构建

在中国与主要阿拉伯国家协同推进区域金融合作机制建设的进程中,双方选择合作方式的出发点是身份认同加深基础上不同国家对机制化合作需求的感知和权衡,进而萌发的合作意愿,落脚点是在实力对比格局即权力

结构基础上机制供给的能力差异。为了更好把握不同阿拉伯国家在区域金融合作领域机制化合作意愿和合作能力的结构性差异,找准其在机制建设进程中的生态位,本章计划借鉴国内外相关研究成果,从合作意愿和合作能力两个维度构建指标评价体系,定量测度中东阿拉伯国家推进与中国间的金融合作机制建设的结构性差异。合作意愿越强,该国融入或参与金融合作机制建设的态度就越主动;合作能力越强,该国在区域金融合作领域建章立制的能力就越突出。遵循定量分析完备性、典型性、可比性等原则,本书尽量选取宏观层面相对量的指标,不纳入较难获得可靠和公开数据支撑的微观层面指标。

具体来看,指标评价体系计划从"合作意愿"和"合作能力"两个基本方面设立横纵坐标。具体评价指标的选取和说明如下。

1. 合作意愿指标选取

尽管通过理论分析,本书已明确主要阿拉伯国家对区域金融合作机制的需求意愿取决于国家身份认同,在这个基础上,双方就收益分配和成本分担的动态权衡追求共同利益。然而,考虑到金融合作起步阶段机制化合作收益和合作成本较难度量,本章计划参考北京大学发布的《"一带一路"沿线国家五通指数报告》的指标构建思路,①从不同合作意愿导向的不同机制化合作成果差异出发,通过驻华使领馆数、高层交流频繁度、孔子学院/课堂数量、友好城市数量、经济金融领域双边重要文件签署数量、已达成的金融合作机制数量6个维度选取反映双方金融合作机制需求意愿强烈程度的相关指标(表10-8)。

表10-8 衡量中国—阿拉伯国家金融领域机制化合作意愿的指标维度

指标名称	指标说明	数据来源
驻华使领馆数	该国驻我国使领馆数量	外交部网站
高层交流频繁度	该国与我国领导人年度高层会晤交流次数	根据中国政府网公布信息整理

① 北京大学"五通指数"课题组2018年发布《"一带一路"沿线国家五通指数报告》。该报告通过构建指标评价体系,对"一带一路"沿线94个国家的"政策沟通""设施联通""贸易畅通""资金融通""民心相通"这五方面合作水平展开定量分析和客观比较。

(续表)

指标名称	指标说明	数据来源
孔子学院/课堂数量	我国在该国设立的孔子学院和课堂数量	孔子学院《年度发展报告》
友好城市数量	我国与该国互设友好城市数量	中国国际友好城市联合会《友好城市统计手册》
经济金融领域双边重要文件签署数量	该国与我国签署的远景规划、合作声明、联合公报等重要文件签署数量	根据外交部网站、中国政府网公布信息整理
已达成的金融合作机制数量	该国与我国已达成的金融合作机制数量	根据外交部网站、中国政府网公布信息整理

2. 合作能力指标选取

在实力对比格局即权力结构基础上的合作能力是区域性公共产品可持续供给的主要决定性因素。如前分析，金融领域的机制化合作能力需综合考虑政治、经济、金融等方面的影响。借鉴国内外研究成果，本章计划选取涉及主要阿拉伯国家政治基础、经济基础、金融基础3个方面的17个指标作为衡量其机制化合作能力的基本维度。具体评价指标分为3级，其中一级指标3个，二级指标10个，三级指标17个。具体评价指标的选取和说明见表10-9。

表 10-9 衡量中国—阿拉伯国家金融领域机制化合作能力的指标维度

一级指标	二级指标	三级指标	指标说明	数据来源
政治基础	稳定性	政治稳定性	该国政治系统能够保持动态的有序性和连续性的程度	世界银行年度发布的"世界治理指数"①
	未来性	政府远见性	该国政府着眼于未来发展的前瞻性、长远性规划能力	世界经济论坛发布的《全球竞争力报告》②

---

① 世界银行自 1996 年起，开发世界治理指数（The Worldwide Governance Indicators）以评价全球主要经济体的政府治理质量，是当前影响较大的政府治理情况综合性评价指标。
② 世界经济论坛自 1979 年起每年发布《全球竞争力报告》（The Global Competitiveness Report），对全球主要经济体的国家竞争力进行评判。

(续表)

一级指标	二级指标	三级指标	指标说明	数据来源
经济基础	经济发展规模	国内生产总值	该国当年国内生产总值	国际货币基金组织网站数据库
	经济发展效率	宏观经济稳定性	该国宏观经济环境稳定状况	世界经济论坛发布的《全球竞争力报告》
	营商环境	贸易开放度	该国进行跨境贸易自由程度	世界经济论坛发布的《全球竞争力报告》
		投资自由度	该国接受跨境直接投资的自由程度	世界经济论坛发布的《全球竞争力报告》
	贸易投资规模	双边贸易总额	该国与中国年双边贸易总额	国家统计局网站
		直接投资存量	中国对该国的直接投资存量	商务部发布的《对外直接投资统计公报》
金融基础	金融发展规模	银行总资产	该国商业银行总资产额	阿拉伯货币基金组织发布的《阿拉伯国家联盟经济报告》①
		银行信贷总额	该国商业银行信贷投放规模	阿拉伯货币基金组织发布的《阿拉伯国家联盟经济报告》
		股票交易总额	该国股市年度交易总额	阿拉伯货币基金组织发布的《阿拉伯国家联盟经济报告》
	金融发展深度	资产证券化率	上市公司股票总市值占国内生产总值的比率,反映一个国家资本市场的深度	阿拉伯货币基金组织发布的《阿拉伯国家联盟经济报告》
	金融稳定性	货币稳健性	该国货币增长、通货膨胀标准差、年度通货膨胀、拥有外币银行账户的自由度等货币稳健情况	加拿大菲沙研究所发布的《世界经济自由度年度报告》②

---

① 阿拉伯货币基金组织自1980年起,发布有年度《阿拉伯国家联盟经济报告》(*The Joint Arab Economic Report*),对阿盟成员国的年度经济状况做出考察。
② 加拿大菲沙研究所(Fraser Institute)是世界著名的非盈利智库,从1996年起每年都会发布《世界经济自由度年度报告》(*Economic Freedom of the World*),从政府规模、法律体系和财产权、货币稳健、国际贸易自由和监管等五个范畴考察全球主要经济体的自由度状况。

（续表）

一级指标	二级指标	三级指标	指标说明	数据来源
金融基础	金融稳定性	金融系统稳定性	该国金融系统缓解过度冒险和投机行为的稳定能力	世界经济论坛发布的《全球竞争力报告》
	金融开放度	金融自由度	该国政府对金融业管制程度、金融服务公司营商难易程度、政府对信贷资金分配影响大小等金融自由化程度	美国传统基金会和《华尔街日报》联合发布的"经济自由度指数"①
		货币互换及RQFII/QFII额度	该国与中国签订的双边货币互换协议及获得的RQFII和QFII额度	中国人民银行、国家外汇管理局网站
		在华商业银行数量	该国各大银行在中国设立的分支机构数量	全球银行与金融机构分析库②

（二）数据来源与预处理

研究数据主要来源为：①世界经济论坛、阿拉伯货币基金组织、美国传统基金会等国际组织发布的权威指数和年度研究报告；②国家统计局、外汇管理局、中国人民银行、商务部等国内相关机构和政府网站发布的信息统计；③孔子学院、中国国际友好城市联合会等国内行业组织联合发布的统计公报。

本研究选用2019年数据，数据源统计口径基本保持一致，符合权威性、可靠性、客观性的基本要求。另外，数据的预处理是对数据进行分析和挖掘的前提。因此，在对数据进行分析之前，应以清理、集成、选择、变换、归纳等方法对数据进行预处理。对极少数缺失无法获取的数据（例如利比亚2019年的宏观经济稳定性等指标），依据统计学原理，结合其发展情况进行了空缺值填充。

（三）合作意愿分析

1. 研究方法

本节计划运用构建的指标评价体系测算和评估不同阿拉伯国家对于中

---

① "经济自由度指数"（Index of Economic Freedom）是美国传统基金会和《华尔街日报》发布的年度报告，是全球权威的经济自由度评价指标之一。
② 全球银行与金融机构分析库（ORBIS Bank Focus）是欧洲金融信息服务商 Bureau van Dijk 开发的当前全球最具权威性的银行业信息库。

国深化金融合作机制建设意愿的国别差异。一般而言,在进行测算时,需要对指标评价体系中的各指标赋予合理的权重,然后以指标测算结果乘以相应权重后加总,得出不同国家在合作意愿维度上的最终得分。由于用于测算不同阿拉伯国家的指标项间可能存在信息重叠,在对原始数据进行预处理后,可采用客观赋权法中的熵权法确定各指标权重,为多指标综合评价提供依据。"信息熵"是熵权法的核心要义。如果说"信息"是对系统有序程度的一种度量,"熵"则是对系统无序程度,即不确定程度的度量。信息熵越小,则某项指标提供的信息量越大,在多指标综合评价中所起的作用越大,应赋权重更高;反之亦然。具体步骤遵循如下逻辑:[1]

A. 构建原始指标矩阵:

假设有 m 个待评价对象,n 项评价指标,原始评价矩阵为 $X = (x_{ij})_{m \times n} (0 \leqslant i \leqslant m, 0 \leqslant j \leqslant n)$,其中 x_{ij} 表示第 i 个评价对象的第 j 个指标的指标值。

B. 对原始数据进行 Z-score 标准化处理:

$y_{ij} = \dfrac{x_{ij} - \bar{x}_j}{s_j}$,其中 $\bar{x}_j$ 为第 j 项指标值的平均值,s_j 为第 j 项指标值的标准差。

C. 指标同度量化处理:

$p_{ij} = \dfrac{z_{ij}}{\sum\limits_{i=1}^{m} z_{ij}}$,即计算第 j 项下第 i 个评价对象指标值的比重。

D. 计算评价指标的信息熵值:

$e_j = -k \sum\limits_{i=1}^{m} p_{ij} \ln p_{ij}$,其中 k 为常数,$k = \dfrac{1}{\ln m}(k > 0), 0 \leqslant e_j \leqslant 1$。

E. 计算评价指标的差异性系数:

$h = 1 - e_j$,当 h_j 越大时,该指标重要性越强。

F. 计算评价指标的权重系数:$w_j = \dfrac{h_j}{\sum\limits_{j=1}^{n} h_j}$

---

[1] 陈伟、夏建华:《综合主、客观权重信息的最优组合赋权方法》,载《数学的实践与认识》,2007 年第 37 期,第 17—22 页。

G. 计算各评价对象合作意愿的综合评价值：$r_i = \sum_{j=1}^{n} w_j p_{ij}$

2. 评价结果

本章运用 IBM SPSS Statistics 22.0 软件进行熵值法分析。运用熵值法对衡量阿拉伯国家合作意愿的 6 项指标进行权重计算，可得出驻华使领馆数、高层交流频繁度、孔子学院/课堂数量、友好城市数量、经济金融领域双边重要文件签署数量、已达成的金融合作机制数量的权重值分别为 0.265、0.199、0.167、0.258、0.012 和 0.099。各指标项间的权重大小有着一定的差异，其中驻华使领馆数、友好城市数量、高层交流频繁度的权重较大，这与当前双方金融领域合作尚处国家主导、政府支持的起步阶段现实情况相一致。政府引导高层、行业间的交流和互动对提升国家身份认同、激发合作意愿有较强的推动作用。另外，孔子学院/课堂数量、已达成金融合作机制数量、经济金融领域双边重要文件签署数量在考察年度内变动较小，因此相应权重也较低，侧面佐证了金融合作机制建设的长期性和艰难性，如表 10-10。欲借助金融合作领域已有的框架协议和合作文件直接提升双方的实质性合作意愿，任重而道远。

表 10-10 熵值法计算权重结果汇总

指标项名称	信息熵值 e	差异性系数 h	权重系数 w
驻华使领馆数	0.617 2	0.382 8	0.265
高层交流频繁度	0.712 2	0.287 8	0.199
孔子学院/课堂数量	0.759 4	0.240 6	0.167
友好城市数量	0.627 4	0.372 6	0.258
经济金融领域双边重要文件签署数量	0.981 9	0.018 1	0.012
已达成的金融合作机制数量	0.857 1	0.142 9	0.099

为了更直观比较不同阿拉伯国家对金融合作领域机制化合作需求水平的差异，本章通过线性加权法计算出不同阿拉伯国家对与中国深化金融合作机制建设合作意愿的综合评价值（图 10-6）。显然，现阶段不同阿拉伯国

家对该领域机制化合作意愿呈现出明显的两极分化状况,埃及、阿联酋、摩洛哥等国排在前列,而即便是金融开放度相对较高的科威特、巴林、阿曼等传统海合会国家的意愿程度也仍处于较低水平。

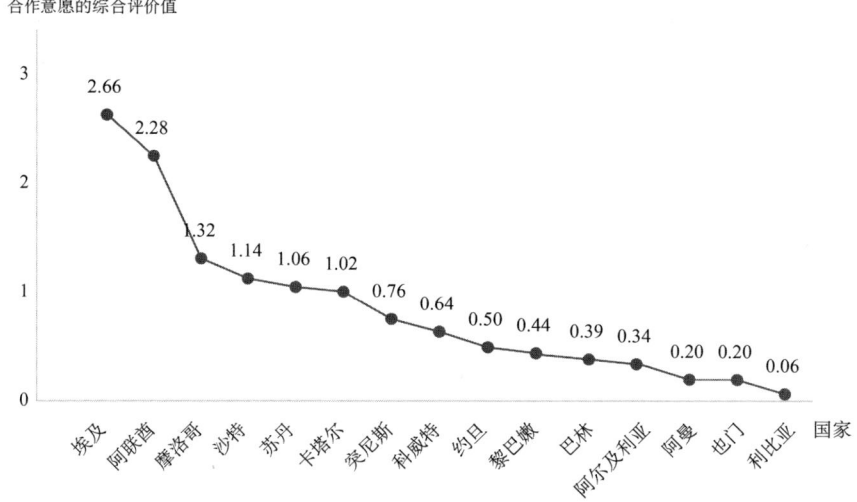

图 10-6　主要阿拉伯国家对与中国深化金融合作机制建设的意愿差异

为了更直观展示国别差异,本文对各国的综合评价得分值进行了区间化(interval)的量纲化处理。某国在该项得分为 0,这意味着该国在 15 个中东阿拉伯国家中对中国深化金融合作机制建设的意愿最低;反之,得分为 100,则意味着其在所有样本国家中的合作意愿最强烈。

表 10-11　主要阿拉伯国家"合作意愿"得分

排名	国家	合作意愿得分	合作意愿得分区间化处理
1	埃及	2.66	100.00
2	阿联酋	2.28	85.38
3	摩洛哥	1.32	48.46
4	沙特	1.14	41.54
5	苏丹	1.06	38.46
6	卡塔尔	1.02	36.92

(续表)

排名	国家	合作意愿得分	合作意愿得分区间化处理
7	突尼斯	0.76	26.92
8	科威特	0.64	22.31
9	约旦	0.50	16.92
10	黎巴嫩	0.44	14.62
11	巴林	0.39	12.69
12	阿尔及利亚	0.34	10.77
13	阿曼	0.20	5.38
14	也门	0.20	5.38
15	利比亚	0.06	0.00

表 10-11 显示，中东阿拉伯国家对中阿金融合作机制需求程度存在较大的国别差异。埃及、阿联酋、摩洛哥、沙特、苏丹位居合作意愿排名前五，其中埃及、阿联酋两国的合作意愿显著高于同地区其他国家。

（四）合作能力分析

中东阿拉伯国家经济金融发展水平呈现出典型的两极分化特点。如何对各指标进行赋权是测算不同阿拉伯国家机制合作能力的关键。鉴于本章用于测算合作能力的 17 个指标并非完全独立，因此有必要对其进行归类分析，进而从变量群中提取共性因子。本章拟运用 IBM SPSS Statistics 22.0 软件进行因子分析，确定 17 个指标项的内在相关关系和各指标的相应权重。权重确定的具体步骤如下。

1. KMO 和 Bartlett 检验

使用因子分析对信息进行浓缩，首先应确定数据是否适合开展因子分析。对原始数据进行 KMO 和 Bartlett 检验，检验结果显示：数据 KMO 值为 $0.644>0.6$，Bartlett 检验对应 $p<0.001$，表明各变量独立性假设不成立，故合作能力维度 17 个指标项通过了因子分析适应性检验，可以用因子分析法重新组合，对其赋予权重，如表 10-12 所示。

表 10-12　KMO 和 Bartlett 的检验

KMO 值		0.644
Bartlett 球形度检验	近似卡方	329.045
	Do	120
	p 值	<0.001

2. 因子分析

使用 IBM SPSS Statistics 22.0 软件进行因子分析,共提取出 3 个因子。3 个因子特征根值均大于 1,旋转后的方差解释率分别是 30.449%、29.931% 和 18.842%,旋转后累积方差解释率为 79.222%,能基本反映整体的指标信息,如表 10-13 和图 10-7 所示。

表 10-13　旋转前后方差解释率

因子编号	特征根			旋转前方差解释率			旋转后方差解释率		
	特征根	方差解释率	累积	特征根	方差解释率	累积	特征根	方差解释率	累积
1	8.324	48.966%	48.966%	8.324	48.966%	48.966%	5.176	30.449%	30.449%
2	3.422	20.127%	69.093%	3.422	20.127%	69.093%	5.088	29.931%	60.380%
3	1.722	10.129%	79.222%	1.722	10.129%	79.222%	3.203	18.842%	79.222%
4	0.827	4.866%	84.087%	—	—	—	—	—	—
5	0.765	4.502%	88.590%	—	—	—	—	—	—
6	0.585	3.443%	92.033%	—	—	—	—	—	—
7	0.461	2.710%	94.742%	—	—	—	—	—	—
8	0.283	1.663%	96.405%	—	—	—	—	—	—
9	0.192	1.128%	97.533%	—	—	—	—	—	—
10	0.127	0.745%	98.278%	—	—	—	—	—	—
11	0.121	0.713%	98.991%	—	—	—	—	—	—
12	0.065	0.382%	99.373%	—	—	—	—	—	—
13	0.045	0.262%	99.636%	—	—	—	—	—	—
14	0.035	0.206%	99.842%	—	—	—	—	—	—

(续表)

因子编号	特征根			旋转前方差解释率			旋转后方差解释率		
	特征根	方差解释率	累积	特征根	方差解释率	累积	特征根	方差解释率	累积
15	0.019	0.114%	99.955%	—	—	—	—	—	—
16	0.006	0.033%	99.988%	—	—	—	—	—	—
17	0.002	0.012%	100.000%	—	—	—	—	—	—

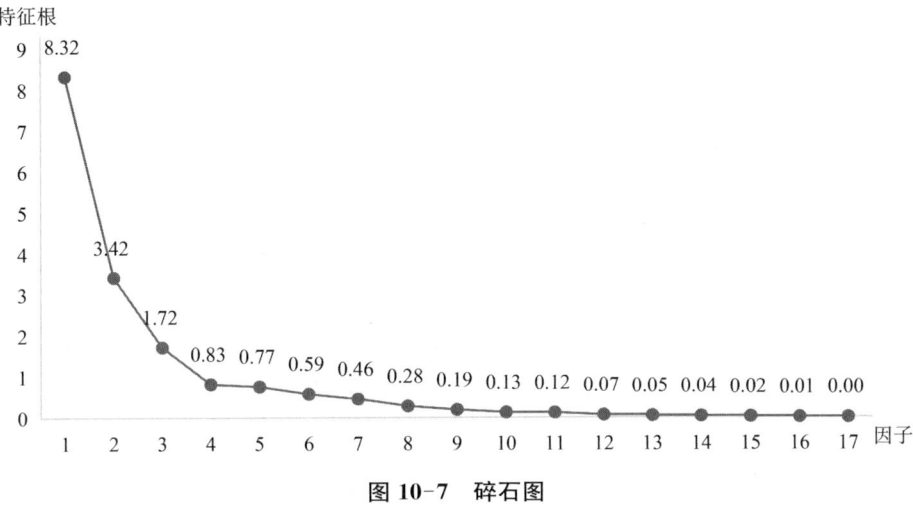

图 10-7　碎石图

使用最大方差旋转方法（Varimax）对数据进行旋转，以找出因子和指标项的对应关系。表 10-14 列示了因子对指标项的信息提取情况，以及因子和指标项对应关系。从结果可知，所有指标项对应的共同度值均高于 0.4，表明指标项和因子之间存在较强的关联性，因子可以有效提取出信息。

表 10-14　旋转后因子载荷系数

指标项名称	因子载荷系数			共同度（公因子方差）
	因子 1	因子 2	因子 3	
政治稳定性	**0.723**	0.063	0.218	0.573
政府远见性	**0.643**	0.261	0.418	0.656
国内生产总值	0.073	**0.900**	0.368	0.952

(续表)

指标项名称	因子载荷系数			共同度
	因子1	因子2	因子3	（公因子方差）
宏观经济稳定性	**0.767**	0.355	0.206	0.756
贸易开放度	**0.577**	0.269	0.249	0.468
投资自由度	**0.871**	−0.140	−0.219	0.826
双边贸易总额	0.008	**0.870**	0.350	0.879
直接投资存量	−0.029	0.341	**0.885**	0.900
银行总资产	0.279	**0.634**	**0.629**	0.875
银行信贷总额	0.294	**0.780**	**0.520**	0.965
股票交易总额	0.087	**0.978**	−0.046	0.966
资产证券化率	0.323	**0.921**	−0.031	0.953
货币稳健性	**0.693**	0.165	0.023	0.508
金融系统稳定性	**0.908**	0.183	0.102	0.869
金融自由度	**0.875**	0.039	0.083	0.773
货币互换及RQFII/QFII额度	0.205	0.023	**0.951**	0.947
在华商业银行数量	**0.407**	**0.436**	**0.495**	0.600

注：表格中加粗项表示载荷系数绝对值大于0.4。

随后，分析因子和指标项的对应关系情况（因子载荷系数绝对值大于0.4时即说明该项和因子有对应关系）。通过观察旋转后因子载荷矩阵可以发现：

因子1：政治稳定性、政府远见性、宏观经济稳定性、金融系统稳定性、货币稳健性、贸易开放度、投资自由度、金融自由度这8个指标由因子1来体现。这8个指标主要衡量该国政治、经济和金融系统的稳定性、开放性和自由度情况，能反映该国当前及未来短期内金融领域机制化合作的前瞻状况，因此本文将因子1命名为"合作前瞻性因子"；

因子2：国内生产总值、银行总资产、银行信贷总额、股票交易总额、资产证券化率、双边贸易总额这6个指标由因子2体现。这6个指标主要衡量该国生产、贸易、银行和资本市场的规模情况，能反映该国于金融领域开展机

制化合作的基本面状况,因此本文将因子2命名为"合作基本面因子";

因子3:直接投资存量、货币互换及RQFII/QFII额度、在华商业银行数量这3个指标则由因子3体现。其中货币互换及RQFII/QFII额度、在华商业银行数量两个指标反映了该国与中国货币市场和银行部门的合作深度。而直接投资存量与因子对应关系情况,与研究预期完全不符。表明中国对主要阿拉伯国家的既有直接投资存量并不是该国融入或参与双方金融合作机制建设的考量因素,因此考虑删除。因其余2个指标能反映该国于金融领域开展机制化合作的实际落地情况,故计划将因子3命名为"合作落地性因子"。

通过IBM SPSS Statistics 22.0用回归的方法计算出不同阿拉伯国家3个因子的得分,然后以各个公因子对应的方差贡献率为权重,旋转后方差解释率与因子得分相乘后累加计算得到各国金融领域机制化合作能力总得分。即针对当前数据的计算公式为:

(30.449×因子1得分+29.931×因子2得分+18.842×因子3得分)/79.222

最终主要阿拉伯国家"合作能力"得分为:

0.384×因子1得分+0.378×因子2得分+0.238×因子3得分

进而,通过数据的区间化处理,中东阿拉伯国家在协同推进中阿金融合作机制建设方面的能力得分,如表10-15所示。

表10-15 主要中东阿拉伯国家"合作能力"得分

排名	国家	合作前瞻性因子	合作基本面因子	合作落地性因子	合作能力得分
1	沙特	86.55	100.00	72.84	100.00
2	阿联酋	100.00	60.20	100.00	73.21
3	卡塔尔	38.94	42.59	46.68	43.80
4	埃及	32.42	34.61	13.67	34.35
5	科威特	25.68	19.59	23.98	21.80
6	阿曼	21.99	17.56	39.11	20.31
7	阿尔及利亚	11.82	9.25	15.79	10.39
8	利比亚	8.67	6.15	6.80	6.81

(续表)

排名	国家	合作前瞻性因子	合作基本面因子	合作落地性因子	合作能力得分
9	摩洛哥	6.17	5.15	18.54	6.17
10	黎巴嫩	1.37	1.68	36.30	3.47
11	约旦	4.00	3.03	7.07	3.42
12	苏丹	2.87	1.84	0.49	1.88
13	也门	2.04	1.25	0.00	1.22
14	巴林	0.29	0.34	7.82	0.59
15	突尼斯	0.00	0.00	3.10	0.00

注：表中数值经过区间化处理。

由测算结果可知，沙特、阿联酋两国的三个主因子均保持较高的水平，并与其他国家拉开很大差距，充分表明不同阿拉伯国家在金融领域的机制化合作能力同样呈现出较大的不平衡性。卡塔尔、埃及、科威特、阿曼等经济实力相对较强的阿拉伯国家于金融领域机制化合作能力大体处于同一水平，但三个维度的因子得分仍有较大的国别化差异。其余阿拉伯国家除黎巴嫩在金融合作落地性方面表现相对亮眼，其余方面的表现均处于较低水平。

三、基于定量分析结果的中东阿拉伯国家聚类特征描述

在推动整体合作进程的同时，审慎分析和主要阿拉伯国家基于国别层面的结构性差异，是新时期中国提升与中东阿拉伯国家间金融合作水平的理性选择，对实现中国与主要阿拉伯国家经济金融发展战略的有机对接和合作机制的有序统筹意义重大。通过上文分析可知，阿拉伯国家与中国协同推进金融领域机制化合作进程中的意愿和能力，决定了其在机制建设格局中的生态位置。为了便于直观比较不同国家在两大评价维度上的表现，下面分别以"合作意愿"和"合作能力"为横纵坐标，通过散点图（图10-8）的形式对中东阿拉伯国家的聚类特征展开分析。

根据中东阿拉伯国家在与中国推进金融领域机制化合作问题上意愿和能力的不同表现，本章将15个重点阿拉伯国家分为支点国家（机制建设进程

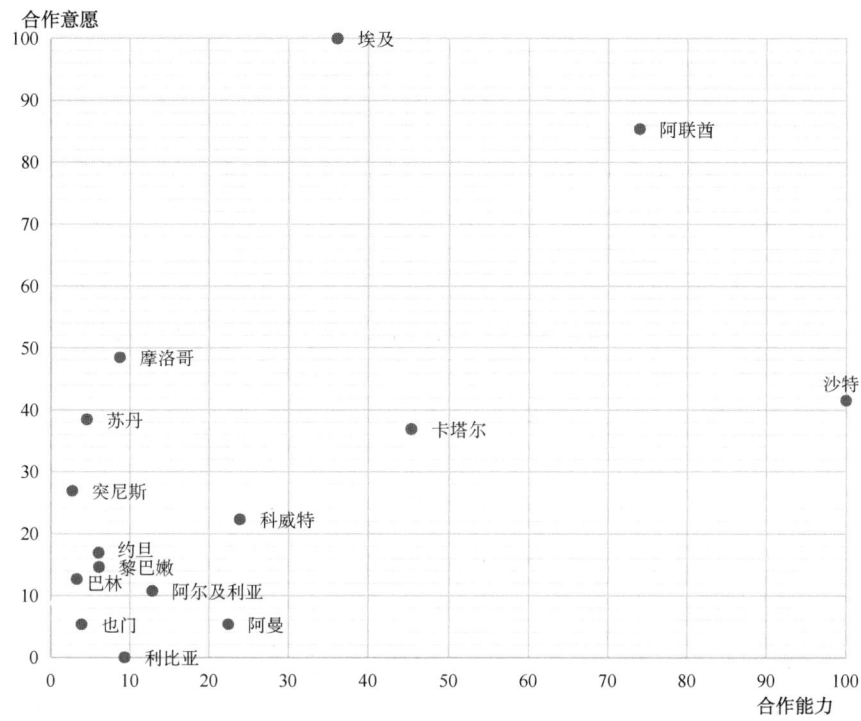

图 10-8　主要中东阿拉伯国家合作意愿和合作能力的得分分布

中发挥支点作用)、结点国家(机制建设进程中发挥补充作用)、一般国家(机制建设进程中作用尚未显现)三类,具体分类结果见表 10-16。

表 10-16　主要中东阿拉伯国家合作意愿和合作能力聚类特征

国家类型	特征描述		金融机制化合作实现程度	代表性国家
	合作意愿	合作能力		
支点国家	强	强	实现程度高	阿联酋
	较强	强	实现程度高	沙特
	强	较强	实现程度高	埃及
结点国家	较强	较强	实现程度相对较高	卡塔尔、科威特
	较弱	较强	不确定性强	阿曼
	较强	较弱	不确定性强	摩洛哥、苏丹、突尼斯
一般国家	较弱	较弱	实现程度低	阿尔及利亚、约旦、巴林、黎巴嫩、也门、利比亚

（一）支点国家

支点国家主要为阿联酋、沙特、埃及三个阿拉伯大国，是中国推进与该地区经济金融合作最有力的支撑，在机制建设进程中发挥着重要的作用。通过前文的定性分析可知，从合作进程看，中国与三个支点国家已构建起初步的金融合作机制，并将金融合作纳入双边战略合作框架内进行综合考量。但从合作质量看，中国与支点国家仍未能形成结构清晰、长期有效的金融合作机制，且存在机制形式相对单一、机制结构较为松散、缺乏制度和法律保障的多重问题。同时，从合作深度看，最广泛、最具活力的金融市场层面的合作机制尚未建立，因此也在一定程度上限制了双方金融合作的进一步深化。

定量分析的方法则从结构主义的视角考察了支点国家协同推进与中国间的金融合作机制建设的合作意愿和合作能力。概括支点国家表现，可认为具有如下典型特征。

1. 支点国家对推动中阿金融合作机制建设有较强的意愿

首先，支点国家对中国的国家身份认同度较高。长期以来，中国践行"以对话消除误解，以包容化解分歧"[①]的合作理念，积极维护与阿拉伯国家间的伙伴外交关系。三个支点国家与中国的友谊历久弥新，在中国的地区伙伴国中占据极为重要的位置，较早与中国构建了较高层次的"全面战略伙伴关系"。[②] 中阿伙伴关系展现出的较强韧性使得三个支点国家无须过多顾虑"选边站"的问题，给予了其在低政治领域深化与中国间的功能性和机制化合作以极大的舒适空间，因此受到了支点国家的普遍认同和欢迎。近年来，中国与支点国家高层间频繁访华（表10-17），而中国国家领导人更是继2016年访问沙特、埃及后，将阿联酋作为2018年中共十九大以来中国国家元首国际访问的第一站。同时，阿联酋、沙特、埃及均是亚投行意向创始成员国，并率先与中国签署了共建"一带一路"协议和产能合作协议。从国家发展战略的角度看，阿联酋"愿景2021国家议程"、沙特"2030愿景"、埃及

---

① 《习近平在中阿合作论坛第八届部长级会议开幕式上的讲话》，中国政府网，2018年7月10日，http://www.gov.cn/xinwen/2018-07/10/content_5305377.htm。
② 在2010年中国与阿拉伯国家确立战略合作关系的基础上，中国分别与埃及（2014年）、阿尔及利亚（2014年）、沙特（2016年）和阿联酋（2018年）四个阿拉伯国家升级为全面战略伙伴关系。

"经济振兴计划"等国家转型战略,与中国为应对经济新常态、促进产业转型升级提出的从"中国制造"迈向"中国智造""中国创造"的中国梦不谋而合。由此,厚植于历史积淀和现实需要的中阿身份认同,构建了双方战略和意识层面相互理解、深化认同的坚实根基。

表 10-17 近年来支点国家高层访华情况

国家	全面战略伙伴关系升级时间	高层访华情况
阿联酋	2018 年	2019 年,阿布扎比王储穆罕默德·本·扎耶德访华
沙特	2016 年	2017 年,沙特国王萨勒曼·本·阿卜杜勒阿齐兹访华
沙特	2016 年	2016 年、2019 年,沙特王储穆罕默德·本·萨勒曼访华
埃及	2014 年	2014 年至 2019 年间,埃及总统阿卜杜勒·法塔赫·塞西六次访华

资料来源:作者根据中华人民共和国外交部网站和中国政府网公布信息整理绘制。

其次,支点国家与中国在金融领域达成机制化合作的潜在收益较为可观,成本相对可控。20 世纪 70 年代以来,阿联酋、沙特、埃及等国致力于探索适应本国国情的经济发展道路,积极推进工业化进程,以市场为基础的现代经济和金融体系发展取得了重要进步。[①] 同时,三国奉行务实主义政策,前瞻性地将合作目光从动荡不安的西方国家转向以中国为代表的快速发展的东方世界。当前,沙特是中国在中东最大的贸易伙伴,而中国更是连续多年保持阿联酋、沙特、埃及三国最大的贸易伙伴国地位。三国在产业结构上与中国有较强互补性,利益交汇点颇多。随着近年来双方在贸易投资、产能合作、基础设施建设等多领域合作范围的不断拓宽,其合作生成巨额金融服务需求的现实基础逐渐清晰,这也意味着深化中国与支点国家间的金融合作有着广阔的战略空间。值得注意的是,除了拥有丰沛的石油美元,三国还拥有全球领先的主权财富基金。根据主权财富基金研究所(SWFI)于 2021 年 7 月发布的数据,阿联酋、沙特、埃及的主要主权财富基金,如阿布扎比投资局、沙特公共投资基金、迪拜投资公司、埃及主权基金分别位列全球

---

① 俞海杰:《"一带一路"背景下中国与阿拉伯国家金融合作研究》,载《国际关系研究》,2021 年第 1 期,第 129 页。

第4、第8、第10和第41位,基金资产总额超过1.5万亿美元。① 中国与三国通过主权财富基金在国际金融市场开展合作,不但有利于实现互利共赢,更有利于增强双方在国际金融体系中的权力资源分配和议价能力。② 而这一目标的达成,无疑需要制度性更强、内涵更丰富的金融合作机制的保驾护航。

此外,处于金融合作的初期阶段,当前以中阿合作论坛、中阿博览会为支撑的机制化合作仍处于官方对话和民间信息交流的初始阶段,并未产生较大的机制化成本。然而,中东地区动荡局势,无论出于提升经贸合作效率和便利化程度,或共同抵御潜在经济金融风险的多重目的,率先夯实与支点国家间金融合作机制的支撑作用,对双方来说都将存在可观的潜在利益。

2. 支点国家在持续推动中阿金融合作机制建设方面保有相对较强的能力

从区域层面看,阿联酋、沙特、埃及三国政治体制相对稳定,都拥有区域内占优的经济体量和发展实力,金融市场相对安全稳健,在海合会、阿盟、伊斯兰合作组织等地区组织中有着不可替代的地位和影响力,是能发挥示范和辐射作用的地区强国。例如,阿联酋是中东地区最重要的经济中心之一,在全球竞争力排名中位列阿拉伯地区首位。③ 其于2004年开始建设的迪拜国际金融中心拥有独立的监管体系,更是在2019年全球金融中心中排名第8,成为中东、非洲和南亚地区唯一进入全球前十的金融中心。④ 沙特和埃及跻身中东四大强国之列,其中沙特领土面积广袤,是世界上石油生产量及输出量最大的国家,而埃及是中东阿拉伯国家中的第一人口大国,⑤ 也是阿盟总部所在

---

① Sovereign Wealth Fund Institute: "Sovereign Wealth Quarterly July 2021 Edition", https://www.swfinstitute.org/services/sovereign-wealth-quarterly。
② 马青、杜子平:《"一带一路"倡议下中阿金融合作新路径初探》,载《青海民族研究》,2017年第2期,第211页。
③ 世界权威智库世界经济论坛(The World Economic Forum)从1979年开始通过对国家和地区的综合因素考察,发布《全球竞争力报告》。在2019年的报告中,阿联酋、卡塔尔和沙特分别排名阿拉伯国家前3位,其中阿联酋排名世界第25位。2020年,因受新冠疫情影响,该报告未对国家竞争力做出排名。
④ 《迪拜国际金融中心排名全球金融中心指数第8位》,中华人民共和国商务部网站,2019年9月22日,http://www.mofcom.gov.cn/article/i/jyjl/k/201909/20190902901022.shtml。
⑤ 孙德刚:《论21世纪中国对中东国家的伙伴外交》,载《世界政治与经济》,2019年第7期,第119页。

地。结合定量分析结果,无论是从经济实力、金融环境还是政治稳定性看,阿联酋、沙特、埃及三国均是具有全球影响力的地区大国,在持续推动中阿金融合作机制建设方面保有相对较强的合作能力。

然而,受地区局势和原油需求不确定性等多重因素的影响,全球范围内各经济体风险共振的可能性和复杂性短期内更难以消弭。三个国家要想改变其在传统国际金融体系中的被动局面,在该领域利益和权力资源分配、影响力发挥方面占据更主动地位,仍需要一个强有力的合作伙伴。中国无疑是其最合适的选择。

概言之,阿联酋、沙特、埃及三个支点国家在合作意愿和合作能力方面均有相对较好表现,在诸多关于与中国协同打造经济金融合作对接机构及合作领域机制化建设问题上均给予了支持和肯定。三个支点国家属于积极推进与中国间金融合作机制建设的样板国家,对其他阿拉伯国家而言发挥着重要的带头和示范作用。然而,通过图10-9可知,内陷多种矛盾,外临大国博弈,在当前大变局下,三个支点国家在合作意愿和合作能力两个维度上亦有着不同的表现:阿联酋在合作意愿和合作能力两个维度上表现最为均衡;沙特在合作能力维度展现出较大的优势,但在合作意愿方面,与三个支

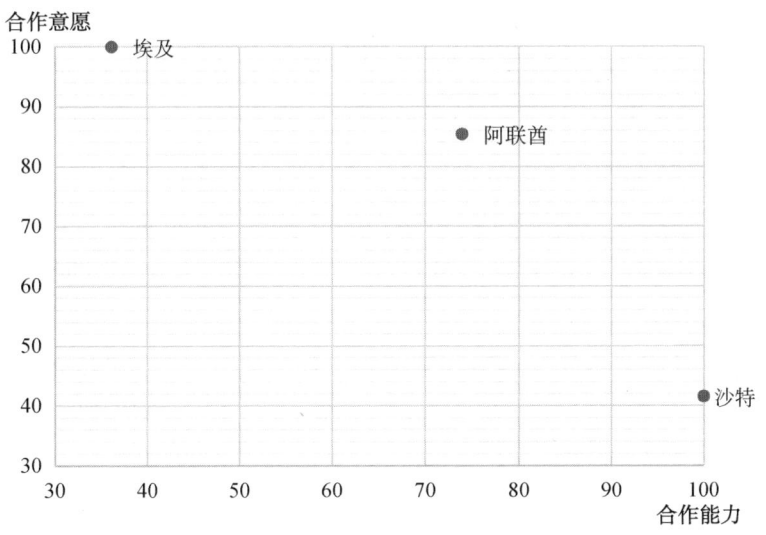

图 10-9　支点国家合作意愿和合作能力得分分布

点国家中合作能力相对较弱的埃及形成了鲜明的对比。而对合作能力的构成因子做进一步的考察(图10-10)后发现,沙特合作能力方面的优势主要体现在合作基本面因子维度。阿联酋虽在合作能力总得分方面稍逊于沙特,却在合作落地性和前瞻性两个因子维度有相对更亮眼的表现。

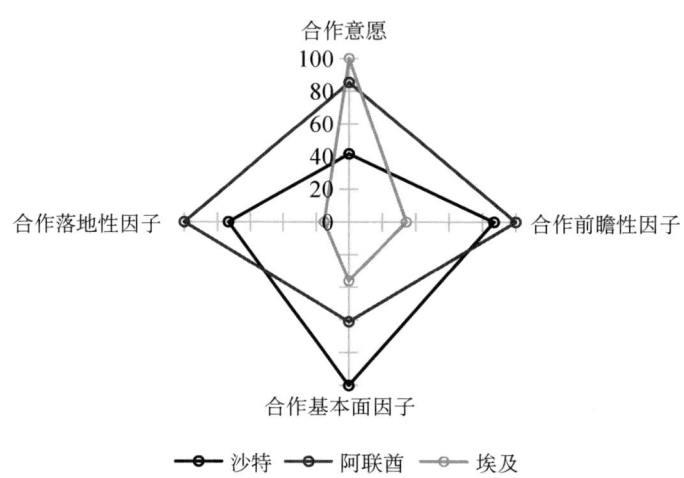

图 10-10 支点国家合作意愿和合作能力因子得分雷达图

关注到支点国家的结构性差异对合作机制构建路径而言至关重要。推进与不同阿拉伯国家间的金融合作不存在一个标准化、集中化的统一战略。即使是作为核心合作对象的支点国家之间不仅存在合作逻辑,也存在为了各自利益竞争的复杂情况。① 阿联酋、沙特、埃及都在努力实施相似的经济转型计划,这也导致三国本质上存在一定的竞争关系。如何应对支点国家多元化的利益诉求,尽力避免国家间矛盾对中阿经济金融合作可能造成的政治副作用,应成为下一阶段中国充分发挥支点国家示范作用的核心关注。

(二) 结点国家

定量分析结果显示,卡塔尔、摩洛哥、苏丹、突尼斯、科威特和阿曼这六个国家可归于结点国家。较之支点国家,这六个国家经济体量有限,国家人口较少,或多或少面临着国家局势不稳、经济利益纠葛、营商环境不成熟等

---

① Sun Degang, Zoubir Yahia H.: "China's Economic Diplomacy towards the Arab Countries: challenges ahead?", Journal of Contemporary China, Vol. 24, No. 95, 2015, p. 903-921.

多重问题的挑战。因此,在推进与中国间的金融领域机制化合作问题上,除卡塔尔、科威特在合作意愿和合作能力两个维度表现相对均衡,其余结点国家或合作意愿较弱(如阿曼),或合作能力欠缺(如摩洛哥、苏丹、突尼斯),目前并不是中国在该地区寻求经济金融领域机制化合作伙伴的首选项(图 10-11)。但由于深化区域金融合作存在典型的"滚雪球"效应,上述国家能在中国与支点国家开展合作时发挥重要的桥梁和纽带作用,是进一步发展为支点国家的储备力量,对拓展中国在中东阿拉伯国家乃至阿拉伯世界间的国际合作网络能起到潜在的结点作用,故将其命名为"结点国家"。从聚类特征看,结点国家具有以下典型特征。

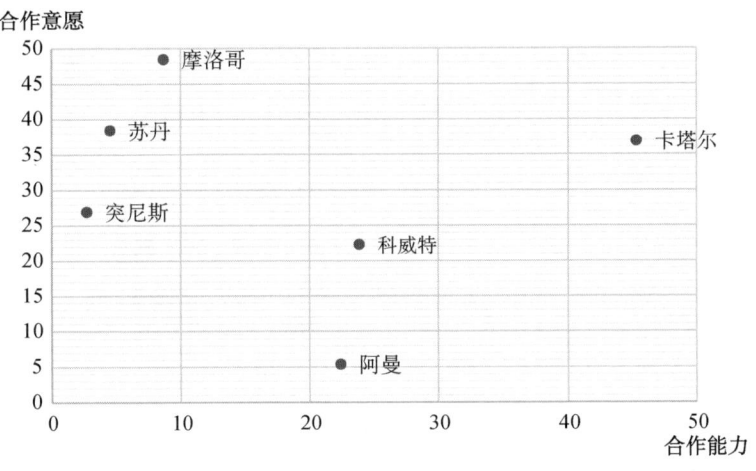

图 10-11 结点国家合作意愿和合作能力得分分布

(1) 结点国家对中国友好度良好,但与中国开展金融领域机制化合作的意愿仍待进一步培育。

从国家身份认同角度看,六国始终与中国保持着良好的友好合作关系,与中国在增强政治互信、增进双边认同方面成效明显:六国都曾先后派出领导人或高层官员前往中国共商合作事宜(表 10-18),更是先后与中国签订共建"一带一路"合作文件,明确将进一步加强与中国间的政策沟通,推动"一带一路"与本国发展战略的对接。虽与支点国家相比,六国与中国的伙伴关系尚未实现至"全面战略伙伴关系"的跨越,但卡塔尔、摩洛哥和苏丹是较早与中国从"战略合作关系"升级为"战略伙伴关系"的引领国,卡塔尔、科威特、阿曼更是亚投行意向创始成员国。显然,中国与六个结点国家均保持着相对良好的认同度。然而,由于国家体量和经济规模有限,结点国家普遍处于地区大国的地缘政治博弈的夹缝之中,面临着维护政局稳定、推动发展转型、破解民生难题的多重挑战。因此,结点国家多在处理西方和地区大国关系时奉行大国平衡战略,在政治、经济和安全等方面对美国、欧洲有较强依赖,在合作意愿表达方面相对模糊。

表 10-18 结点国家与中国友好及认同情况

国家	战略伙伴关系建立时间	签订"一带一路"合作文件时间	高层互访情况
卡塔尔	2014 年	2014 年	2019 年埃米尔①塔米姆·本·哈马德·阿勒萨尼访华
科威特	2018 年	2014 年	2018 年埃米尔纳瓦夫·艾哈迈德·贾比尔·萨巴赫访华
阿曼	2015 年	2018 年	2018 年外交事务主管大臣优来福·本·阿拉维·本·阿卜杜拉访华
摩洛哥	2016 年	2017 年	2016 年国王穆罕默德六世访华
苏丹	2014 年	2018 年	2011 年苏丹总统奥马尔·哈桑·艾哈迈德·巴希尔访华
突尼斯	2018 年	2018 年	2017 年外交部部长赫米斯勒·朱海纳维访华

资料来源:作者根据中华人民共和国外交部网站和"中国一带一路网"公布信息整理所得。

(2)结点国家占据重要地理位置,但与中国深化金融领域机制化合作的能力相对较弱,并呈现出较大的国别差异。

地理位置决定了结点国家普遍占据重要的战略位置:卡塔尔、科威特和阿曼位于石油探明剩余可采储量占世界剩余可采储量近一半的海湾地区;摩洛哥、突尼斯则位于扼地中海入大西洋门户的马格里布地区。然而,尽管战略位置重要、国家资金储备相对丰沛,但波动的石油资源价格、消极的投资情绪以及复杂的地缘政治状况导致结点国家经济金融发展前景仍存在诸多不确定性。例如,合作意愿相对较强,视中国为重要合作伙伴的苏丹和突

---

① 卡塔尔和科威特是君主立宪制的酋长国,埃米尔为国家元首和武装部队最高司令。

尼斯，正处于政治体制转型期间，①深受政局突变和地区敏感事件的沉重影响。即便是在合作意愿和合作能力维度得分相对均衡的卡塔尔和科威特也都面临生存和发展的难言之隐：凭借富庶的资源与宽松的战略环境，被誉为"全球最富有的国家之一"的卡塔尔，自 2017 年卡塔尔断交风波后遭到沙特、阿联酋、埃及等主要地区大国的联合抵制，这也基本宣告其早在 2005 年便提出的"将卡塔尔金融中心打造成为资产管理、再保险、专业自保等三个核心市场提供服务的世界金融中心"的目标已经流产；而科威特作为地区老牌金融中心，金融自由化程度较高，②曾在本国"2035 发展愿景"中明确表达了将本国建设成为地区商业和金融中心的雄心壮志。但受低油价的冲击，国际社会对科威特的财政状况给予了直接的负性评价，认为"科威特目前采取的财政措施对弥补损失并无实质性帮助"，③这也必然将影响其拓展国际经济金融合作的能力。

结点国家合作能力的国别化差异同样体现在合作意愿和合作前瞻性、合作基本面、合作落地性三个因子的匹配上。除卡塔尔、科威特两国获得了相对均衡的合作意愿和合作基本面、合作落地性、合作前瞻性因子得分，其余四个结点国家的表现显然不尽如人意（图 10-12）。

简言之，卡塔尔、科威特、阿曼、摩洛哥、苏丹、突尼斯这六个结点国家目前尚不能成为中国在中东地区主要阿拉伯中寻求经济金融领域机制化合作伙伴的首选项，但其中卡塔尔和科威特相对较有潜力率先发展成为支点国家。对结点国家而言，要想以发展解决发展难题，必然需要一个有力的经济体起到带动作用，而深化与中国间的经济金融领域互惠性合作无疑是六国极好的选择。而对中国而言，在促进政治互信的基础上，积极支持结点国家的合作诉求，能为推动结点国家向支点国家升级奠定不可或缺的共同利益基础，进而为中国拓展在中东阿拉伯世界的经济金融领域合作网络树立榜样。

---

① 孙德刚、张丹丹：《"一带一路"与中阿战略伙伴关系新定位》，载《当代世界》，2018 年第 10 期，第 68 页。
② 参考美国传统基金会和华尔街日报联合发布的"经济自由度指数"，科威特在"金融自由度"子指标上的得分为 60 分，显著高于中国得到的 20 分。
③ 《穆迪：科威特是受低油价冲击最大的海合会国家》，中国驻科威特大使馆经济商务处网站，2020 年 10 月 29 日，http://kw.mofcom.gov.cn/article/ztdy/202010/20201003011798.shtml。

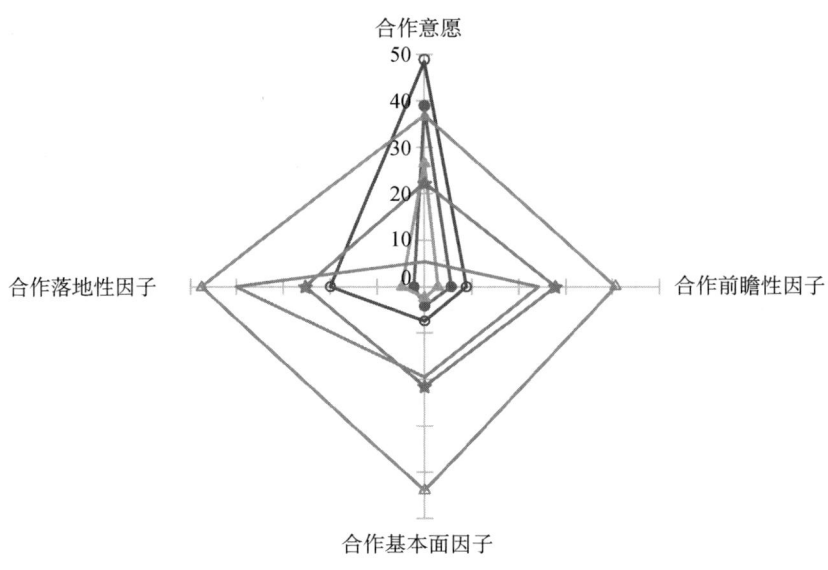

图 10-12　结点国家合作意愿和合作能力因子得分雷达图

（三）一般国家

阿尔及利亚、约旦、巴林、黎巴嫩、也门、利比亚六个阿拉伯国家,及因数据缺失未纳入结构性考察的伊拉克、叙利亚和巴勒斯坦虽在地缘上相对集中,但国家政局动荡不安,经济金融发展相对滞后,腐败问题严峻,积累了严重的"发展赤字"和"治理赤字",[①]属于经济金融合作基础较差的"高风险"国家。世界银行将利比亚、叙利亚、也门、伊拉克、黎巴嫩和巴勒斯坦列为地区最不稳定国家,[②]世界经济论坛点评这些国家的竞争力"停滞不前"。[③] 事实上,这些国家的关注点多在获得金融援助以缓解国内经济下行压力,尚难以开展正常的国际经济和金融合作活动,短期内更难以在与中国开展金融领域务实合作问题上取得实质性的突破。

需要说明的是,本章采用的基础定量分析方法虽通过了 KMO 和

---

① 邹志强:《2030 年可持续发展议程与阿拉伯国家发展转型》,载《阿拉伯世界研究》,2020 年第 3 期,第 102 页。
② 姜英梅:《中国对中东地区投资:疫情影响下的困难与前景》,载《国际经济合作》,2020 年第 3 期,第 43 页。
③ World Economic Forum:"The Arab World Competitiveness Report 2018", Geneva: Economic Forum, p.5–7.

Bartlett等检验,但指标评价体系仍存在历史数据无法完全预测未来、指标项代表性尚待进一步推敲等明显的内生性缺陷。例如,测算结果显示苏丹机制化合作意愿较强、合作能力较弱,虽测算数值并不靠前,但仍归类于结点国家范畴。但自2019年以来,苏丹经历了两次剧烈的政权变迭。政局动荡之下,抗议示威和暴力冲突频发,社会秩序一度混乱。2020年苏丹国内通胀率高达115.3%,较2019年度飙升121.8%,GDP增长率为−3.6%,较上一年度下降66.7%,[1]国内经济状况堪忧,显然无法承载稳定的经济金融合作事项。而阿尔及利亚因定量分析考察结果显示机制化合作意愿和能力均不突出,被归于一般国家类型。然而,考虑到对金融合作的间接而非直接影响,本章构建的指标评价体系并未纳入国土面积、资源禀赋等地缘政治经济因素。事实上,作为非洲第一大国,阿尔及利亚地大物博,能源蕴藏极为丰富,也是石油输出国组织成员之一。丰富与阿尔及利亚之间的多领域合作内容对快速发展的中国而言具有潜在的重要战略意义。因此,本章构建的指标评价体系并非铁板一块,而应该遵循本章厘清的基本方法指引,根据每个阶段中国和阿拉伯国家的具体情况进行动态的调整。

---

[1] 根据世界银行网站数据库公布数据计算。

第十一章

中国与中东阿拉伯国家金融合作的挑战与突破

阿拉伯世界历来是中国拓宽周边外交战略空间、深化与伊斯兰世界合作关系的重要伙伴。[①] 2008 年国际金融危机和 2014 年国际油价断崖式下跌分别让阿拉伯国家意识到拓展与亚洲主要经济体的合作关系、力促经济多元化发展的重要性。而世界百年未有之大变局加速演进,国际格局发生了深刻变化,再度提升阿拉伯国家尤其是中东阿拉伯国家拓展与中国多领域合作广度、提升合作水平的迫切意愿。如何从理论分析和历史实践中汲取智慧,综合考虑区域层面进程性逻辑和国别层面结构性特征背后身份认同、利益诉求、权力结构等要素的变化和组合,直面困境,寻求突破,是新时期为中国与中东阿拉伯国家互惠互利、协同发展提供新动力的题中之义。

第一节 中国与中东阿拉伯国家金融合作机制需求变化

在中国与中东阿拉伯国家共建区域金融合作机制的进程中,选择合作

---

① 包澄章:《阿拉伯国家"东向"外交的动因、目标及意义》,载《阿拉伯世界研究》,2019 年第 6 期,第 98 页。

方式的出发点是身份认同加深基础上不同国家对机制化合作需求的感知和权衡,决定性因素是实力分布基础上的机制供给能力的差异。从出发点看,多重负外部性下国家认同的新变化、预期收益分化下共同利益的再整合都会对中国与中东阿拉伯国家金融领域的机制化合作需求产生深刻的影响。

一、负外部性下增进身份认同的新契机

身份认同对于国家协同开展金融合作机制建设的作用是间接却重要的,主要表现为身份认同对于共同利益的重新塑造之功效。"一带一路"倡议下中国与阿拉伯国家就协同推进金融领域机制化合作必要性和可行性的共识是中国与中东阿拉伯国家达成身份认同的起点。历史上来看,中国视阿拉伯国家尤其是中东阿拉伯国家为新时期开展特色大国外交的重要事件场域。"应与中国在推动经济金融发展和维护经济金融安全方面深化合作"成为中东阿拉伯国家政府高层在认识上的趋同。

然而,相较于政府,部分阿拉伯民众对"一带一路"动机和效用仍存在理解偏差,从而制约了最广泛市场主体对中阿金融领域机制化合作的认同深化。"身份"是在与"他人"的关系中构建起来的。包括中东阿拉伯国家在内的大多数阿拉伯国家历来与美国保持较为密切的盟友关系。作为中国与阿拉伯国家商议推进金融合作问题时的重要外部性因素,美国天然地对地区机制塑造保持较高的警惕。新冠疫情暴发初期,美国部分别有用心人士利用全球供应链遭受的短暂冲击,鼓吹对华"脱钩"以重构国际经济和供应链格局。[1] 民粹主义、地缘主义、保护主义在世界范围内沉渣泛起。在中国抗疫最艰难时刻,沙特、阿联酋、卡塔尔、摩洛哥等为代表的中东阿拉伯国家第一时间向中国表达慰问和支持,援助防控物资,给予中国以坚定支持。但伴随着新冠疫情在全球范围内的肆虐,受不良政客和媒体的误导,中东阿拉伯地区一些国家出现了针对华人和中资企业的歧视事件。[2] 重大变革压

---

[1] 何亚非:《谨防有人推动全球供应链脱轨》,环球网,2020年3月17日,https://baijiahao.baidu.com/s?id=1661346821569516489&wfr=spider&for=pc。
[2] 姜英梅:《中国对中东地区投资:疫情影响下的困难与前景》,载《国际经济合作》,2020年第3期,第43页。

力之下,如何重新理解自身、观察世界成为阿拉伯国家政府和民众迫切待解的难题。

这种情况下,中国政府并未逡巡不前,而是以共情的态度、建设性的行动积极消弭敌意。通过开展元首外交,从构建人类命运共同体的高度,积极推动疫情防控领域的国际合作。在阿拉伯国家面临疫情严峻挑战时,中国投桃报李,深入阿拉伯国家疫情前线,与 21 个阿拉伯国家召开卫生专家视频会,向 8 个阿拉伯国家派遣医疗专家组、援建实验室,①毫无保留地向阿拉伯国家分享抗疫经验和技术。习近平主席同多位阿拉伯国家元首通话近 10 次、互致信函近 20 次,为中国与阿拉伯国家尤其是中东阿拉伯国家关系发展提供了战略指引,②复工复产、贸易投资等合作梯次跟进。狭路相逢的智慧、勇气和意志充分彰显了中国作为一个负责任大国的担当,极大提升了其在中东阿拉伯民众中的国家形象和身份认同。2020 年 10 月,由阿拉伯本地调研机构执行的全国性民调结果(图 11-1)显示,中东阿拉伯民众喜爱中国远胜美国。同时,尽管中国与阿拉伯国家间的经济合作关系不断加强,但认为中国可能构成重大威胁的中东阿拉伯公民却相对很少(图 11-2)。

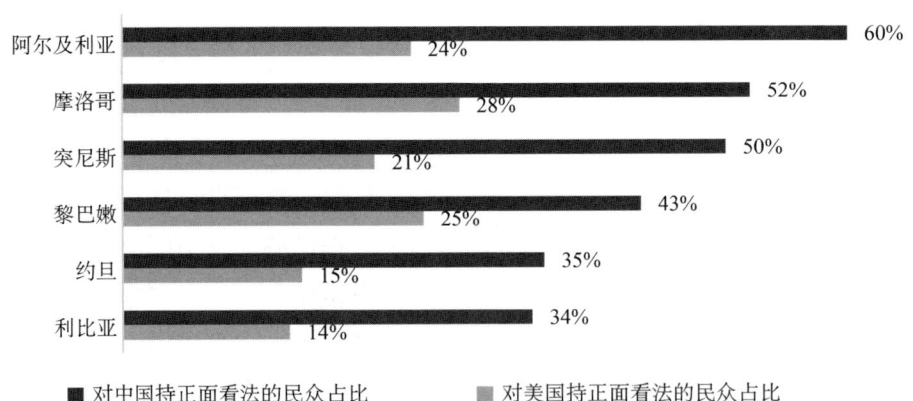

图 11-1　阿拉伯国家民众对中国与美国认同程度的比较

---

① 《中阿合作抗疫携手打造命运共同体》,载《人民日报》,2020 年 7 月 14 日 03 版。
② 《2020 年 12 月 25 日外交部发言人汪文斌主持例行记者会》,中华人民共和国外交部网站,2020 年 12 月 25 日,http://new.fmprc.gov.cn/web/fyrbt_673021/t1842731.shtml。

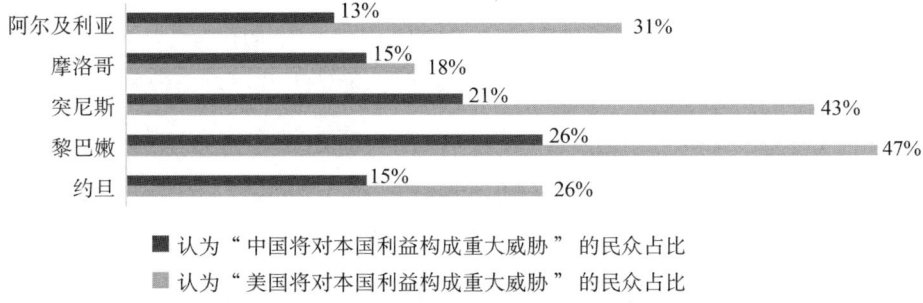

图 11-2　阿拉伯国家民众对中国与美国威胁度的看法

图 11-1 和图 11-2 的资料来源：Michael Robbins,"U. S. & China's competition extends to MENA", Arab Barometer, Jan. 12, 2021, https://www.arabbarometer.org/2021/01/u-s-chinas-competition-extends-to-mena/,登录时间：2021 年 5 月 31 日。

　　从伙伴关系的实质性进展、发展战略的高度契合、经济结构转型的良性互补等各维度看，中国在购买中东阿拉伯国家能源材料、完善基础设施建设、推动经济多元化发展等领域发挥的关键性作用是无法被替代的，中东主要阿拉伯国家"向东看"战略并没有被打断，双方的协同合作甚至有望为区域经济恢复和金融稳定提振信心。世界百年未有之大变局在给中国与中东阿拉伯国家带来巨大挑战的同时，也给双方带来了增进认同和深化合作的重要契机。尽管中国与美国为代表的部分西方国家之间的交锋不断升级，但中国与中东阿拉伯国家之间互动的新一页已然打开。新时期，中东阿拉伯国家将是中国在共建"一带一路"倡议下打通欧亚非经济金融大动脉的重要合作伙伴，而其政府和民众层面对中国国家形象及对外合作战略的认同度亦不断上升。双方在经济金融等涉及核心利益关切的重点领域的合作将迎来新的机遇。

二、预期收益分化下共同利益的再整合

　　在身份认同的基础上，中国与中东阿拉伯国家对共同利益的正向预期才是推动区域金融合作机制建设从构想走向实践的根本驱动力。通过前述分析可知，从"收益—成本"权衡的角度看，只有当机制收益大于机制成本，即存在正向的共同利益预期时，才能实现双方金融领域合作行为从功能性

向机制化的跨越。从机制收益的角度看，"一带一路"共建框架下，发展战略的良性互动与经济结构的优势互补为中国与中东阿拉伯国家拓展金融领域合作奠定了基础。在此基础上，促进贸易投资便利化和合作规避潜在金融风险的经济收益诉求，以及提升经济金融领域话语权和解释权的机制收益诉求，共同孕育了中国与中东阿拉伯国家协同推进金融领域机制化合作的正向收益预期。从机制成本的角度看，推动该领域机制化合作意味着合作参与者需要共同承担因金融服务带动贸易投资自由化趋势加速，合作国弱势产业结构调整相对滞后而导致的经济成本与调整本国经济金融规则、政策需付出的机制成本。显然，对于中国与中东阿拉伯国家间的金融合作机制建设的历史实践而言，潜在的内生性经济收益和外源性机制收益，远大于当前制度化水平较低、成本分担压力较小的"俱乐部产品"需要付出的经济成本和机制成本。

聚焦短周期，2020年全球范围内的新冠疫情叠加地缘政治危机，国际贸易争端频发、地缘政治冲突不断，几乎所有国家、所有行业都受到了波及，全球经济剧烈收缩，整体低迷。对中国而言，虽率先在疫情阻击战中交出亮眼的"中国答卷"，但确实付出了巨大经济代价。对中东阿拉伯国家而言，新冠疫情引发的石油需求危机与原油价格战重创石油市场，能源产业首当其冲成为受打击最大的行业，全球外国直接投资一度降幅达到208%，[1]这无疑给经济发展高度依赖原油贸易的阿拉伯国家以沉重的一击。此外，中国与中东阿拉伯国家间的进出口贸易、中国在中东阿拉伯国家的重点投资和合作项目一度受疫情停工停产和全球产业链、贸易链中断的影响，出现放缓和停滞。逆风之下，双方贸易的投资规模扩张与结构深化势必将面临项目周期延长、信息沟通受阻、流动性紧张等诸多不确定性，进而对跨境融资、风险保障等金融配套提出更高的要求，也催生了对契合阶段性金融纾困需要的跨境信息交流和银企沟通机制、应急融资和应急储备机制、风险预警和金融监管机制的更迫切的诉求。显见，多重挑战叠加之下，随着中国与中东阿拉伯国家金融合作阶段性重点更多从促进贸易投资便利化转向防范潜在经济金

---

[1] UNCTAD: "Coronavirus could cut global investment by 40%, new estimates show", Mar. 26, 2020, https://unctad.org/news/coronavirus-could-cut-global-investment-40-new-estimates-show。

融合作风险,机制经济成本和协调成本随之推高,双方于该领域推进机制化合作的共同利益基础面临再整合的现实考验。

关注中长期,中国与中东阿拉伯国家推进金融合作机制建设的主要利好因素并未逆转。2020年,中国与包括中东阿拉伯国家在内的中阿贸易总额达2 398亿美元,中国稳居阿拉伯国家第一大贸易伙伴国地位;中国对阿拉伯国家直接投资存量达201亿美元,在疫情下仍实现了同比6.4%的增长。但全球范围内各经济体风险共振的可能性和复杂性短期内难以消弭。危机之中育先机,对于中国与中东阿拉伯国家而言,彼此经贸投资和产能合作势必需要在能源贸易、加工制造、基础设施建设等传统优势合作领域打造更深层次合作新格局的同时抓住新机遇,从核能、航天卫星、新能源三大高新领域和人工智能、绿色金融、智慧城市、远程教育、金融科技等新业态中深挖潜力,从能源伙伴、贸易与投资伙伴向高科技伙伴迈进,丰富合作内容。预期经济金融合作方向的调整将直接导致预期金融合作机制收益分化和成本增加的困境。在这种情况下,充分发挥"金融血液"的柔性支撑作用,从制度管理和机制设计层面前瞻性布局适应新时期中国与中东阿拉伯国家金融合作需要,能体现双方金融合作特色的多元化金融服务配套机制和多层次金融风险监管机制,帮助"走出去"的中国企业及时应对政治、经济、文化适应等多维度风险,显得极为迫切。

第二节 中国与中东阿拉伯国家金融合作机制有效供给的困境

如果说身份认同基础上,对促进贸易投资便利化、规避潜在经济金融合作风险、提升区域金融领域话语权等共同利益的考量是生成中国与中东阿拉伯国家协同推进区域金融合作机制建设合作意愿的根本动力,那么主要合作国实力对比格局即权力结构基础上的合作能力的匹配则是该领域机制稳定供给的决定性因素。通过前面的分析可知,中国与中东阿拉伯国家间的金融合作机制的建设并未简单复制国际上的传统模式经验,而是在尊重双方政治、经济、社会特质的基础上摸索出了一条"以中国为主要先行力量，引导中东主要阿拉伯国家双边合作力量差序化推进，逐步推动区域共建"的特色之路。然而，尽管新时期拓展双方金融合作深度、提升金融合作机制化水平的迫切现实需求和主要利好因素均未改变，但中国与中东阿拉伯国家金融合作机制协同供给的风险和挑战依然不容忽视。

一、中国方面：多重冲击下先行力量发挥面临挑战

中国在地区金融合作机制"建章立制"的建构历程中，从"顺势而为"到"有所作为"，从"观察者""参与者"成长为"先行者"，逐渐扮演着越来越重要角色。多重冲击之下，中国坚决推进共建"一带一路"的决心不变，携手中东阿拉伯国家深化经济金融领域功能性和机制化合作的信心不减，展现出强大韧性。"一带一路"之下的区域合作，经贸先行，金融助推。[1] 中国与中东阿拉伯国家间金融合作机制的探索，其本身依托于彼此贸易投资状况和产能合作项目的内生需求。然而，短期内项目收益减少、融资成本和风险增大，将直接冲击中国实体企业和金融机构持续加大机制化合作的投入意愿和能力，进而对中国在该领域合作机制建设进程中作为主要先行力量的发挥带来多重挑战，战略破局必要性凸显。

服务于中国实体企业海外投资产生的金融需求，中国与中东阿拉伯国家政府及其带动的政策性和开发性金融机构是当前推进双方金融合作机制建设的主要先行力量。因此，大变局对金融合作机制先行力量的多重冲击便主要体现为合作项目融资成本的增加和投资结构调整对其合作能力的直接影响。如前所述，出于战略驱动和优势互补的考量，中东阿拉伯国家能源产业及其相关的加工制造、基础设施建设领域是中国资本聚集的高地。以1995年中国通过国际竞标获得苏丹境内穆格莱德盆地6区块石油开发权为开端，至近年来投资阿尔及利亚中部港口、共同经营阿联酋境内陆海重要石油区块，经过20余年的深耕细作，中国企业已在中东阿拉伯国家传统油气领域构建形成包括勘探开发、工程建设、加工利用、成品销售、运

---

[1] 李宝庆、孙尚伟：《中国对外区域金融合作模式探析——兼论深化中阿金融合作》，载《世界经济与政治论坛》，2015年第9期，第165页。

营管理等环节在内的全产业链条,为中国国内贡献超过65%的海外原油权益产量。① 这些项目多为油价较高时获得,油价的下跌将直接影响企业的投资收益,严重打击金融合作机制主要服务对象——中国实体企业的投资积极性。

同时,这些项目建设周期长、投资风险高、资金投入大,因而对多元、稳定的融资渠道需求最为迫切。然而,深陷财政吃紧的困境,中东阿拉伯国家普遍面临建设资金紧缺、项目融资困难的现实问题。除极少数大型项目曾获得东道国的主权担保,大多数项目的资金依靠中国企业背后的中资银行的贷款支持。规模实力和项目经验处于高位的大型央企作为主要投资力量,曾习惯性依赖政策主导下的"中资银行/银团有追索权贷款+中信保"保险项目融资模式解决资金瓶颈(图11-3)。即由投资企业提供项目担保和资产抵押,中国国家开发银行带动国内商业银行为海外投资项目发放贷款。这种间接融资结构相对简单,曾符合国内融资发展趋势,但因渠道单一、成本较高、周期受限,很难满足中国在阿拉伯国家直接投资对项目开发可持续性和风险敏感性的要求。受多重冲击的影响,中国与阿拉伯国家之间现有贸易和投资项目极有可能面临进出口订单撤单、产业项目融资成本增加等难题。原有合作项目面临融资压力、新项目市场拓展进度受阻的情况,都将深刻影响作为金融合作机制建构主体的金融同业机构的风险预期,进而使其对持续加大在该领域机制化合作的投入产生畏难情绪。

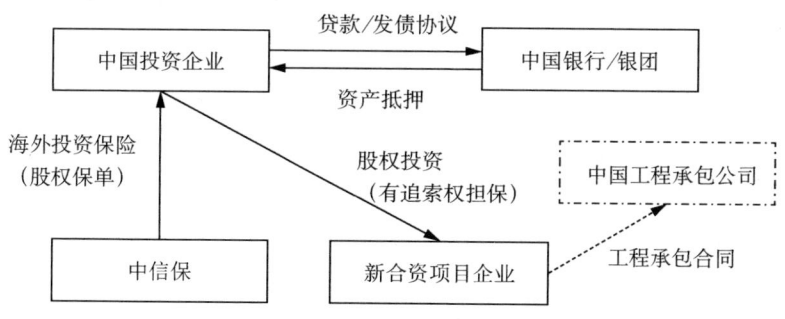

图11-3 中国企业在阿拉伯国家开展项目融资的基本模式

---

① 《中石油海外油气权益产量当量首次突破1亿吨,海外油气业务获历史性突破》,载《上海证券报》,2020年1月14日,http://news.cnstock.com/news/bwkx-202001-4477326.htm。

二、中东阿拉伯国家方面：不确定性围困下合作生态的风险积聚

在尊重彼此金融成长特质的基础上，中国与中东阿拉伯国家或强化在现有国际金融组织和协调机制中的合作力度，或努力尝试构建新型区域金融合作机制，"以中国为主要先行力量，引导中东主要阿拉伯国家双边合作力量差序化推进，逐步推动区域共建"的可持续机制构建路径雏形渐成。动荡与发展、集权与民主、宗教与世俗，多重的二律背反深刻影响着中东阿拉伯国家的实力分布格局，进而从政治、经济、文化等多个维度加大了中国推进与中东阿拉伯国家间金融合作机制建设的现实难度。本章通过定量分析方法，从合作意愿和合作能力维度对中东阿拉伯国家的金融合作生态做出了聚类描述，并将其划分为支点国家、结点国家和一般国家三类。然而，这一考察并非静止和单向度的，为更科学规划不确定性围困下双方金融合作机制的突破路径，我们有必要对当前中东阿拉伯国家金融合作生态普遍面临的风险状况作出分析。

（一）复杂的地缘政治难以为合作机制提供稳定平台

稳定、良性的政治环境是经济体发展其金融部门，推动区域金融合作机制平稳运行的基本前提。然而，外临大国博弈，内有多重矛盾，中东阿拉伯国家复杂的地缘政治矛盾长期为国际社会诟病。近年来巴以、利比亚、巴林等多个地缘冲突中心硝烟再起，成为金融合作机制建设的直接障碍。

从地区格局看，该地区地缘政治风险积聚。避乱求治是人民的共同诉求，然而，自 2011 年中东巨变以来，地区大国就中东事务的主导权之争从未平息。埃及转型艰难，叙利亚、伊拉克、也门、利比亚局势动荡，宗教极端主义与恐怖主义难以根除，地区冲突多点爆发。2017 年卡塔尔断交事件打破了地区金融中坚力量即海合会成员国之间的政治生态平衡，卡塔尔当日股市大幅收跌 7.7%，在美上市的卡塔尔 ETF 基金（Exchange Traded Fund，交易型开放指数基金）创下历史最大跌幅。[①] 2019 年 9 月 14 日全球最大石

[①] 《外交危机导致卡塔尔 ETF 创历史最大跌幅》，新浪财经，2017 年 6 月 6 日，https://finance.sina.com.cn/stock/usstock/c/2017-06-06/doc-ifyfuzny3414954.shtml。

油企业沙特阿美遇袭,沙特 TASI 指数(Tadawul All Share Index,塔杜乌尔全股指数)开盘即暴跌 3.1%。① 地缘政治风险的加速累积将直接影响金融市场决策者的风险偏好,给机制化合作的建构带来诸多变数。

从大国关系看,大国战略利益面临多重博弈。尽管中东阿拉伯国家已在阿拉伯国家整体框架下于 2010 年和中国建立起全面合作、共同发展的战略合作关系,但区内主要合作机制阿盟、海合会影响力日渐式微,难以承担起调动金融资源、协调合作政策的多方期待,中国与中东阿拉伯国家间的金融合作机制建设缺少可以依托的地区主导力量。同时,中东地区是美国掌握世界金融话语权武器"石油美元"的发源地,而沙特、埃及、阿联酋、科威特等经济金融实力相对较强的中东阿拉伯国家与美国等西方国家在地区安全防务问题上保持着盟友关系。随着共建"一带一路"倡议下中国与阿拉伯国家间金融合作机制化建设的推进,人民币区域影响力的上升容易触发美国等西方国家大国对华战略焦虑。

从社会关系看,国家制度化建设能力相对不足。尽管中东阿拉伯国家普遍珍视来之不易的独立国家身份,有着稳定政局、提振经济的迫切愿望,但教派和家族利益仍是其国家决策层制定国家对外合作政策的重要考量,国家民主化、法制化建设百废待兴。新冠疫情犹如一次大考,是对各国治理体系和治理能力一次前所未有的压力测试。美国传统基金会 2021 年发布的"经济自由度指数"显示,国际社会除对沙特、阿曼、巴林、卡塔尔的政府公信力和司法公正性给予了较好的评价,其余中东阿拉伯国家在这两大政府治理指标方面的表现不尽如人意。② 中东阿拉伯国家制度化建设的基础较弱、内生动力不强,将直接影响国际金融合作机制的达成和长效运行。

(二)欠佳的金融生态导致金融资源调控能力普遍不足

开放稳定的金融生态深刻影响着投资者的投资效率和资产安全。③ 总

---

① 《沙特 TASI 指数开盘跌逾 3%》,凤凰网财经,2019 年 9 月 15 日,http://finance.ifeng.com/c/7pzS1sjMcBZ。
② The Heritage Foundation: "2021 Index of Economic Freedom", March 2021, https://www.statista.com/statistics/256965/worldwide-index-of-economic-freedom/。
③ 秦琳贵、储怡士:《东道国金融生态对我国海外直接投资效率及风险的影响》,载《金融与经济》,2019 年第 7 期,第 73—79 页。

体而言,大多数中东阿拉伯国家的经济金融体制尚处于转型之中,金融市场发育程度和金融资源调控能力相对薄弱,金融生态环境欠佳。中东阿拉伯国家直面油价暴跌、地缘政治矛盾激化等多重负外部性的严重冲击,国家经济收缩、流动性紧张、股市剧烈动荡,多国股市一度触发熔断。而不同国家间经济运行状况、金融发展水平、监管有效程度的巨大差异,直接推高了中国与其开展金融合作机制建设的协调难度。

从经济运行状况看,中东阿拉伯国家经济运行平稳性欠佳。国家间经济结构互补性较差,经济合作动力不足,金融周期波动风险积聚。除海合会国家为代表的六个阿拉伯石油出口国全球竞争力表现相对亮眼,其余国家竞争力显著不足。① 然而,石油出口国盯住美元的固定汇率制度安排加剧了其在油价波动时经济运行的脆弱性。② 2014 年,沙特为与美国页岩油争夺市场份额而调低原油售价,导致全球油价断崖式下跌,海湾国家股市相继崩盘;2020 年,疫情"黑天鹅"之下,沙特领导的石油输出国组织与俄罗斯就原油限产谈判破裂,主要产油国同盟瓦解,阿拉伯地区股市急剧震荡,世界最大石油生产公司沙特阿美开盘即跌破发行价。海合会国家资本市场遭受数十年来最高纪录的损失。同时,债务加重等经济脆弱性问题更为突出。2019 年阿拉伯国家整体外债负债率未能守住 20% 的安全线,达到 35.1%。③ 随后部分中东阿拉伯国家经济活动骤减,流动性压力激增,公共部门债务高企,逾半数国家公共债务率远超 60% 的国际预警线(图 11-4)。简言之,经济波动和区内流动性趋紧的现实放大了中国与中东阿拉伯国家合力构建金融合作机制的市场风险。

从金融发展水平看,中东阿拉伯国家金融体系发展迅速,但国家间差异巨大。就市场融资方式而言,中东阿拉伯国家银行业高度垄断,以银行为主体的间接融资渠道在其国家资金融通方面起主导作用,证券、债券市场发展

---

① 根据世界经济论坛发布的《2019 全球竞争力报告》,六个海合会国家阿联酋、卡塔尔、沙特、阿曼、巴林、科威特的全球竞争力分别排名 25、29、36、53、45 和 46 位。
② 除科威特,科威特货币科威特第纳尔实行与以美元为主的一篮子货币挂钩的汇率制度。
③ Arab Monetary Fund: "The Joint Arab Economic Report 2020", https://www.amf.org.ae/en/jointrep, piiii.

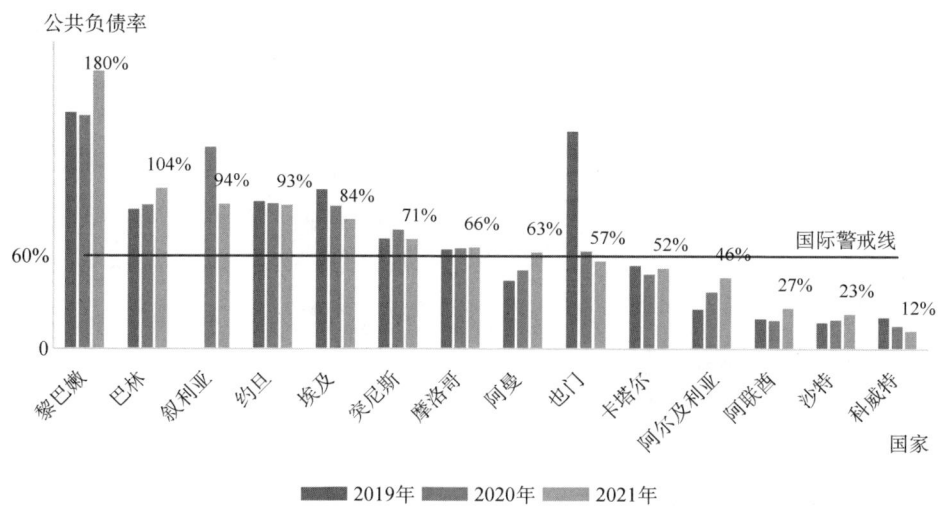

图 11-4　主要阿拉伯国家公共负债率(公共负债/GDP)情况

资料来源:根据加拿大菲沙研究所发布的《世界经济自由度 2021 年度报告》整理。图中数据为 2021 年公共负债率。

相对滞后。截至 2020 年年底,中东阿拉伯国家 16 家证券市场总市值为 3.3 万亿美元,仅占当年全球证券市场总市值的 3%,①除沙特、卡塔尔、科威特外的中东主要阿拉伯国家资产证券化水平显著落后于世界平均水平(图 11-5)。中东阿拉伯国家间相似的、以间接融资为主的市场融资模式容易造成金融部门的繁荣错觉,削弱其应对经济风险的能力。事实上,英国《银行家》发布的全球银行 1 000 强数据显示,2021 年,中东阿拉伯国家地区银行上榜数量较上年减少了 4%,贡献收入仅占全球榜单的 3.7%。② 中东阿拉伯国家银行流动性压力剧增,信贷增长意愿和能力储备不足,金融环境趋紧状况下融资难问题更趋严峻。

从市场结构看,中东阿拉伯国家间金融部门发育不平衡性突出。海合会六国率先推进金融改革,在立足本国经济发展需要调整银行体系、完善资本市场以控制通胀并解决流动性问题的同时,力促资本市场国际化和自

---

① Arab Monetary Fund:"Arab Financial Markets Performance",https://www.amf.org.ae/sites/default/files/history/prv_yearly_summary.htm。

② Marie Kemplay:"Global share of profits, 2021 ranking",https://top1000worldbanks.com/。

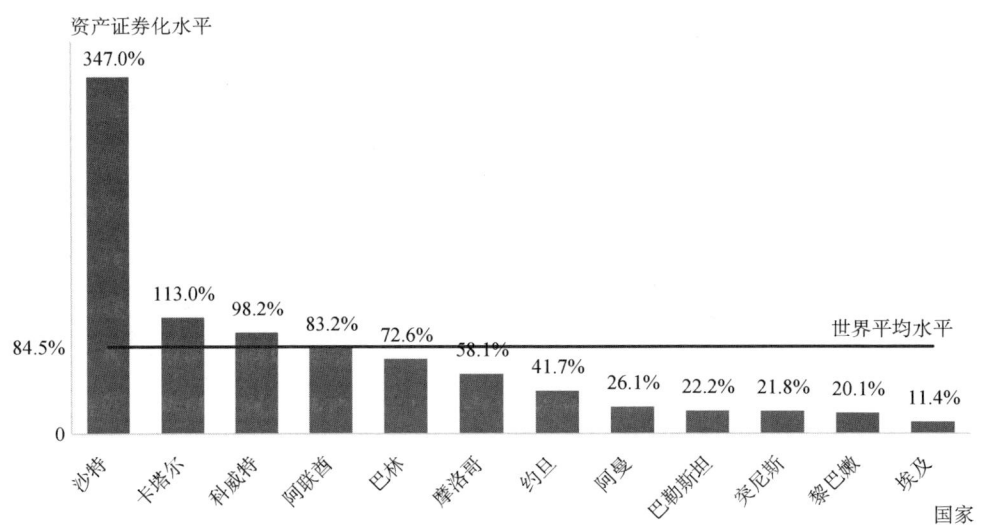

图 11-5 2020 年中东主要阿拉伯国家资产证券化水平

资料来源：根据世界银行、世界货币基金组织数据库整理绘制。

由化，①并取得了突出进展。以一级资本规模计，跻身中东阿拉伯地区前25强的银行中80%聚集在六个海合会国家；②六国股市占阿拉伯国家证券市场总市值的96.2%，其中沙特一国独占77.4%，如图11-6所示。③ 同时，就金融市场开放程度而言，国际社会对迪拜、卡塔尔等国际金融中心的建设给予了肯定，但考虑到较小的国内市场容量，为防范金融投机，阿拉伯国家普遍对外资银行网络拓展、资本市场准入等较为审慎，就外资企业的资产规模、业务范围、本地化就业等条件作出诸多限制。例如，卡塔尔的银行业、保险公司禁止外国投资者；沙特银行业对外开放，但在市场准入上采用基于个案的行政许可制；阿曼禁止外籍人士经营保险服务。至今，中国仅与卡塔尔、阿联酋、摩洛哥、埃及四国落实了双边本币互换协议，于多哈、迪

---

① 马青、杜子平：《"一带一路"倡议下中阿金融合作新路径初探》，载《青海民族研究》，2017年第2期，第210页。
② 根据《银行家》公布数据，2021年中东地区前25强银行基本集中在沙特（8家）、阿联酋（6家）、卡塔尔（3家）、科威特（2家）、阿曼（1家）。"Top 1000 World Banks 2021," https://top1000worldbanks.com/middleeast/.
③ Arab Monetary Fund："Arab Financial Markets Performance," https://www.amf.org.ae/sites/default/files/history/prv_yearly_summary.htm.

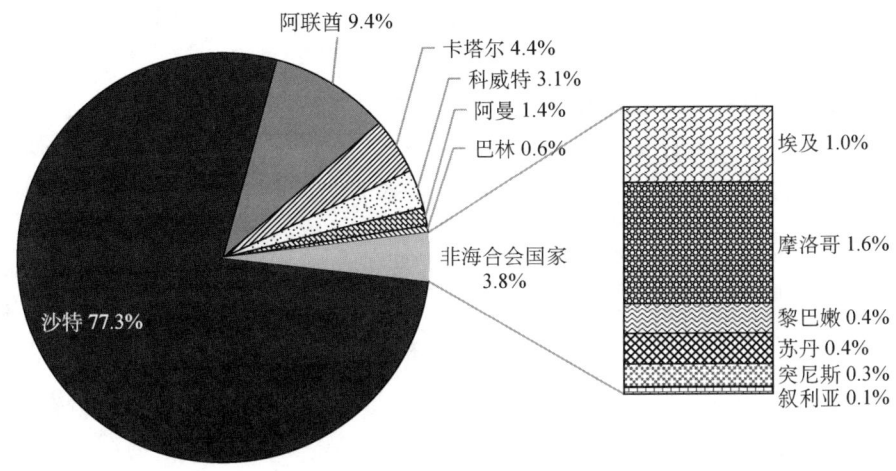

图 11-6　2020 年阿拉伯国家证券市场市值分布情况

资料来源：根据阿拉伯货币基金组织网站公布数据整理绘制。右侧非海合会国家数据图中，巴勒斯坦和伊拉克数值过小，按百分比计可忽略。

拜实现人民币直接清算。

从金融风险监管的角度看，中东阿拉伯国家普遍存在着金融风险内部治理和外部监管较为薄弱的问题。从历史接触看，由于经济运行状况、金融生态环境存在的较大差异，其金融市场配套保障建设相对滞后，征信和投资者保护机制不健全、信息披露和金融监管制度不完善、争端解决和市场退出程序不规范的矛盾凸显，抵抗外部风险和冲击能力不足的问题持续暴露。相较之下，海合会国家关注金融风险的监测，建立起央行主管下的金融稳定局和办公室，定期对外发布金融稳定报告。但随着海合会国家建立货币同盟工作的搁置，各国在金融监管问题上很难形成一致意见，多头市场间存在监管空白和监管套利的风险。中国高度重视通过与中东阿拉伯国家政府及市场间合作改善金融机构跨境合作的外部监管环境。但从客观来看，双方金融资本间的风险监管合作才刚刚起步，面对中东阿拉伯国家经济反弹的较大不确定性，如何就金融监管、信息共享、风险防控等诸多方面达成务实、长效的合作和沟通机制道阻且长。

(三)独特的商业文化推高合作机制协调成本

民族宗教频繁碰撞、西方势力竞相角逐等复杂因素孕育了中东阿拉伯国家独特的商业和金融文化,并深刻影响着区域内部管理层、机构投资者和普通民众的观念与认同。异质商业文化的协调与博弈,无形中推高了彼此金融合作机制建设的沟通和协调成本,进而对双方国际合作模式的适应能力提出考验。

从文化属性看,作为入世文化代表的伊斯兰教法铸就了阿拉伯国家金融体系内颇具体量的伊斯兰金融成分。根据《亚洲银行家》的数据,阿拉伯国家伊斯兰银行资产总值达5590亿美元,占全球100强伊斯兰银行榜单数量的35%;从资产总额衡量,占阿拉伯国家银行资产总额的22.7%,占世界伊斯兰银行资产总额的62%,如图11-7所示。[①] 同时,伊斯兰债券也为阿拉伯国家抗疫资金的筹集发挥了至关重要的作用。2020年6月,由22个阿拉伯国家组建的伊斯兰发展银行在迪拜纳斯达克上市发行15亿美元伊斯兰债券用于支持抗疫。至此,阿联酋成长为全球最大的伊斯兰债券发行中心,[②]债券规模总计达707.9亿美元。[③] 然而,伴有浓重的伊斯兰宗教特征,伊斯兰金融在"禁止利息"这一原则上与世界大多数国家运行的传统金融形成了巨大分歧。虽然随着百年的发展和磨合,现代伊斯兰金融已逐渐"去宗教化",逐渐形成了适应传统金融产业的伊斯兰金融法律框架:"银行利息是被禁止的,但经济利息如租金利息和商业活力是不被禁止的"这一解释得到了阿拉伯国家官方的承认,[④]尽管中国长期尊重阿拉伯国家金融习惯,共建"一带一路"倡议启动以来,尝试与之进行伊斯兰金融业务的对接,但在资源对接和人才培养方面的能力始终不足。在官方层面,2013年起指导宁夏银行于银川试点开展伊斯兰金融业务;2018年6月,支持亚投行与伊斯兰发展

---

① Wendy Weng:"Saudi Arabia tops Islamic bank ranking, Malaysia dominates share of assets", Asian Banker Research, Oct. 29, 2019, https://www.theasianbanker.com/updates-and-articles/saudi-arabia-tops-islamic-bank-ranking,-malaysia-dominates-share-of-assets。
② Islamic Finance Foundation:"IMF Highlights Islamic Financial Market Instrument Development in UAE," https://www.islamicfinance.com/?s=sukuk+bonds+in+uae。
③ 《伊斯兰发展银行在迪拜发行15亿美元抗疫伊斯兰债券》,中华人民共和国商务部网站,2020年7月5日,http://ae.mofcom.gov.cn/article/ysl/ysljj/hydt/202007/20200702980230.shtml。
④ 米歇尔·加斯纳、菲利普·瓦克贝克:《伊斯兰金融:伊斯兰的金融资产与融资》,严霁帆、吴勇立,译,民主与建设出版社,2012年,第27页。

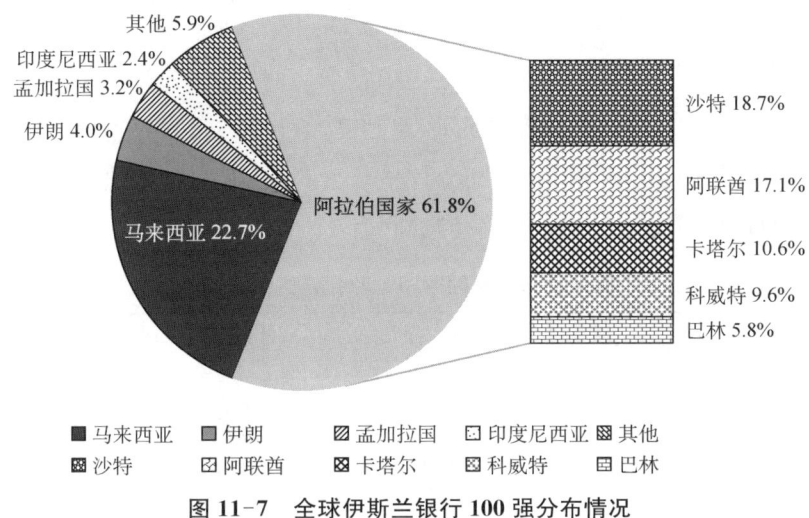

图 11-7　全球伊斯兰银行 100 强分布情况

银行集团建立战略合作关系。在民间层面,批准组建"中国伊斯兰金融俱乐部",为行业企业提供伊斯兰金融咨询服务。但从现实情况看,2013 年宁夏银行于试点到期后便关停了这一业务。

第三节　中国推进与中东阿拉伯国家金融合作机制的路径

随着共建"一带一路"倡议在中东阿拉伯地区的落地,如何深化中国与中东阿拉伯国家间的区域金融合作机制建设成为具有重大战略意义的现实命题。然而,作为南南合作领域的新范式,中国与阿拉伯国家间的金融合作机制建设面临极为复杂的国际和区域环境,并没有现成的理论可以指导,也没有历史的经验可以借鉴。最终,我们仍需落脚于一个核心问题:新时期中国与中东阿拉伯国家协同推进金融合作机制建设的路径应该如何规划?

一、中国深化与中阿国家金融合作机制的态势分析

大变局之下,面对重要却复杂的合作伙伴,中国与中东阿拉伯国家金融

合作机制深化的进程既存在广阔的战略空间,也面临严峻的风险挑战。为了更清晰地规划中国的行动路径,本章结合前文研究成果,综合运用态势分析法(SWOT分析法),冷静梳理新形势下中国参与中东阿拉伯国家金融合作机制建设的内生优势和劣势,充分评估外生机遇和挑战,并进而对其不同组合下的复杂情况做出初步的路径判断(表11-1)。

表11-1 中国推动与中阿国家间金融合作机制建设的态势分析

SWOT 分析	优势(S) (1) 负责任大国,有带头深化共建"一带一路"倡议下金融机制合作的意愿; (2) 经济平稳正增长,经济金融拥有较强的韧性和发展潜力	劣势(W) (1) 金融机构和金融市场国际化程度滞后于经济发展水平,在国际金融体系中话语权尚待提升; (2) 机制塑造和运行经验不足,暂难具备独立主导和支撑区域金融合作机制建设的实力
机遇(O) (1) 变局之下,阿拉伯国家政府和民众对中国认同度不断上升; (2) 发展战略高度对接,经济结构转型的良性互补,推进双方金融领域机制化合作存在的促进贸易投资便利化、规避潜在经济金融合作风险、提升区域金融领域话语权等共同利益更为明确	优势—机遇 凝聚共识,以"共商共建"引领搭建契合彼此利益诉求、体现地区特色的创新型区域金融合作机制	劣势—机遇 突出比较优势,关注效率和公平问题,引领积极融入,逐步实现现有合作机制的优化升级
挑战(T) (1) 多重风险围困下,短期内经济金融合作收益分化,融资成本激增,长期看面临金融合作方向结构调整的挑战,进而考验中国金融力量的风险应对和持续投入能力; (2) 中东阿拉伯国家地缘政治复杂、金融生态欠佳、商业文化独特,国家间合作意愿与合作能力差异巨大,缺少可以依托的统一力量; (3) 容易触发区域外大国对华战略焦虑,妥善处理与区域外大国和现有国际性金融合作机制的关系难度较大	优势—挑战 (1) 尽量避免介入地区政治矛盾,充分警惕地缘政治风险; (2) 充分尊重合作国家的国别差异,通过主动担当,从区域及多边层面回应国际社会对中国角色的重大期待	劣势—挑战 (1) 增强国内金融基础设施建设,提升风险应对能力和区域性国际金融公共产品供给能力; (2) 充分评估可能面临的内部压力和外部风险,率先于双边层面差序化推进区域金融合作机制的实质性进展; (3) 关注机制构建过程中区域外大国的态度和动向,规避战略分歧

经由态势分析法显见,较之中东阿拉伯国家,中国在推进"一带一路"共建区域金融领域的机制化合作方面拥有更坚定的决心、更占优势的综合实力。因此,尽管面临多重风险和挑战,但随着金融话语权和影响力的同步增强,中国积极参与区域和全球金融治理,作为主要先行者积极推动位于"一带一路"倡议下陆上丝绸之路和海上丝绸之路的交汇区域的中东阿拉伯国家间的区域金融合作机制建设是大势所趋。

同时,受机制塑造和运行经验不足的掣肘,中国暂难以具备独立主导和支撑区域金融合作机制建设的实力。因此,我们认为,展望未来,厘清下一阶段中国推动与中东阿拉伯国家间金融合作机制建设的基本原则,建立利益共享、风险共担,责任义务和国家实力相匹配的金融合作机制构建方案的重要性不言而喻。

二、中国推动与中阿国家金融合作机制的基本原则

把握机遇,直面挑战。中国与中东阿拉伯国家间的金融合作机制建设已从构想走向实施,正处于战略驱动的初级阶段迈入务实深化阶段。新常态下,中国作为主要引领力量,合作推动双方金融合作机制建设,应遵循如下三大原则。

(一)治理与发展相结合的原则

我们所处的世界正经历着贸易保护主义回温、民粹主义思潮泛滥、地缘政治矛盾多点爆发等诸多风险冲击,是一个内在高度联结,各主要力量动态博弈、微妙平衡的世界。由此,"于务实中创新、于治理中发展"是突围的首要原则。中国作为发展中国家新兴金融力量的典型代表,自身金融机构和金融市场国际化程度仍滞后于经济发展水平。在这种情况下,盲目抵制和推倒重来无异于空中楼阁。要想在全球资本流动和国际金融博弈中合作占据主动位置,首先应着力完善国内金融基础设施,积极理解和合作参与全球金融治理,加强在现有国际金融组织和机制中的协调配合,以期在现有的国际金融机制中争取更多的话语权力和战略空间。

中国在和平崛起的过程中能够从"顺势而为"到"有所作为",在更自信表达自身利益诉求、积极回应伙伴国家合作诉求的同时,推动适应中国与中

东阿拉伯国家金融共同利益、体现双方金融合作特色的建设性改革，在区域金融规则制定和机制创新中扮演与自身实力相当的更加重要的角色，主动成为区域金融合作机制的"建设性的先行者"。长期主导世界级金融机构，影响全球金融秩序走向的区域外大国，虽然很难心平气和地接受以中国为代表的新兴经济体的崛起，但极有可能迫于形势需要与中国倡导建立的区域金融合作机制之间建立一个动态博弈和适度合作的关系。

（二）整体化和差序化相结合的原则

如上文详细分析，中东阿拉伯国家在与中国开展金融机制合作问题上的意愿和能力差异巨大，对与中国开展经济金融合作抱有不同程度的利益诉求，而原有的阿盟、海合会等地区合作机制影响力日渐式微，这些都导致了阿拉伯世界难以形成一个统一的对华合作政策。从中国引领机制塑造和运行的能力衡量，确实也暂难具备独立主导和支撑涵盖所有阿拉伯国家的金融合作机制建设的实力。

事实上，中国是一个兼具多重身份的国家：既是典型的发展中国家，又是崛起中的新兴大国，几乎同时经历了工业化和后工业化阶段。这种阶梯式发展阶段的共存使得中国掌握了应对复杂发展问题的丰富经验。由此，在清醒认知"一带一路"建设资金需求规模及结构、潜在经济金融合作风险的基础上，应始终遵循整体化和差序化相结合的原则。即由点及面，在中国与中东阿拉伯国家间金融合作机制建构进程中注意渐进式整合基础上的差序化推进：在深化中国与阿拉伯国家整体友好合作关系、打造增进认同的"俱乐部产品"的同时，充分考察中国与中东阿拉伯国家贸易投资、基础设施建设和产能合作的整体规划和阶段性调整，注重不同类型国家的需求差异和实力分化的测度和匹配，以轻重缓急平衡合作需求和合作优势，建立利益共享、风险共担，责任义务和国家实力相平衡的金融合作机制构建方案，对新时期金融合作机制建构的特色化路径做出前瞻性规划，促进合作效用最大化。

（三）广泛性和深度性相结合的原则

由梳理可知，共同利益是国家协同参与区域金融合作机制建设的根本驱动力和切入点，在国家作出合作决策时起到结构性、基础性的作用。从历史经验看，金融合作机制建设并不是一个单一层面的合作行为。区域金融合作机制的共商共建涉及"国家战略支持—政府平台搭建—金融监管当局和金融市场参与主体跟进—民间对话磋商"的广泛层次。当前，中国与中东阿拉伯国家已在多边层面构建起中阿合作论坛企业家大会、中阿博览会金融合作论坛、中阿银联体、中阿经济文化联合会，以政府及其指导的政策性和开发性金融为主导力量，多元市场主体尝试融入、民间组织增进交流的合作框架逐渐清晰。增加多层次的利益共同点，能有效增进认同、避免误解和冲突，这也充分契合金融合作广泛性的要求。

然而，金融合作机制建设属于双方对外交往和合作的具体议题，需要应对产业链和价值链重塑的不同阶段、经贸和投资合作重点的不同情景做出动态调整和深化。换言之，中国与中东阿拉伯国家间金融合作机制建设虽源于国家间发展战略的对接，其建立和深化离不开政府的支持和引导，但金融市场中的金融机构和各类企业是最广泛的参与主体，金融领域的合作归根到底应落脚于真正的市场行为，只有经历市场选择的金融合作机制才是真正有生命力的。例如，当前阶段，如何利用金融力量撬动双方资金共同解决"一带一路"建设所需巨额融资、如何打通政策通路做好不确定性增大情况下金融风险监管和危机应急规划问题是双方金融机构和企业投资者的核心关注。由此，依托于中国与中东阿拉伯国家间贸易投资、基础设施建设和产能合作现状，可以首先在需求最迫切、突破最便利的金融服务领域实现机制的完善和深化。以此为切入，开展试验性建设，再逐步推进到金融合作的其他领域，最终实现机制的全覆盖。

三、中国推动与中东阿拉伯国家金融合作机制的结构及路径规划

（一）中国推动区域金融合作机制建设的结构规划

原则终需用于指导实践。如前文分析，尽管从中国与中东阿拉伯国家间金融合作机制建设的历史经验看，"以中国为主要先行力量，引导中东主要阿拉伯国家双边合作力量差序化推进，逐步推动区域共建"的结构化路径相对清晰，但鉴于严峻挑战下合作对象的差异性、机制建设的层次性和中国

机制塑造能力的阶段性，我们有必要因地因时制宜，从"支点国家""结点国家""一般国家"的聚类特征和中国内部的发展差异出发，对中国推动与中东阿拉伯国家间金融合作机制建设的结构层次做出更明确的规划。

表 11-2 以中东阿拉伯国家的聚类特征为切入点，基于合作重点、机制层次和制度化水平、机制内容三个层面阐述了双方金融合作机制建设的国别规划。

表 11-2　中国推动中阿金融合作机制建设的国别路线表

国家类型		支点国家	结点国家	一般国家
国家代表		阿联酋、沙特、埃及等	卡塔尔、科威特、阿曼、摩洛哥、苏丹、突尼斯等	阿尔及利亚、约旦、巴林、黎巴嫩、也门、利比亚等
合作重点		在需求最迫切的融资支持、金融服务领域率先开展试验，构建利益共享、风险共担、能体现地区特色的金融合作机制	着力推动金融领域的功能性合作，加强在现有区域及国际金融组织和机制中的合作力度	加强共识建设，以经济援助、官方和民间友好交流等积极手段提升认同度
机制层次和制度化水平		侧重双边合作基础上的多边合作机制框架的构建，率先于投融资合作、金融服务领域打造制度性更高、稳定性更强的行动承诺	侧重于多边和双边层面的功能性合作，部分国家可尝试在约束性要求不高的沟通对话和监管机制上寻求突破	侧重于伙伴关系的深化和多领域合作倡议的宣传，尚不具备推进经济金融领域实质性合作的基础条件
机制内容	双边	货币层面的结算机制；机构层面的投融资合作机制；金融监管层面的长效协同机制；新领域的合作创新机制	沟通对话和金融监管层面的长效协同机制	短期内应允许"搭便车"的存在
	多边	中国与阿盟、海合会等阿拉伯国家重要合作机制间的长效沟通与磋商机制；政府层面的财长和央行行长会议机制；社会民众层面的交流合作机制		

总体而言，阿联酋、沙特、埃及三大支点国家是下一阶段中国作为主要先行力量深化与中东阿拉伯国家间金融合作机制建设的主要依托力量。为应对新形势下中阿贸易投资、直接投资和产能合作领域对资金和风险两方面的迫切需要，可率先于最容易实现突破的投融资合作、金融服务领域与支点国家开展试验性合作，构建利益共享、风险共担、能体现地区特色的创新

性金融合作机制。多边谈合作,双边促落实,中国与支点国家除聚焦货币层面的贸易结算清算、金融机构层面的投融资合作、金融监管层面的长效协同等领域制度性更高、稳定性更强的机制建设,可尝试在"健康、绿色、数字"丝绸之路战略共识下绿色金融、数字金融、高端制造等新领域展开前瞻性探索。

对于其他类型国家而言,从长期看,高水平的区域金融合作机制固然能将区域国家和各种要素置于最合理的位置以实现合作效用最大化。但在历史和现实问题交织、各行为体间认同度低、战略利益复杂化的地区,高水平的制度化不仅难以实现,而且很可能适得其反。① 由此可推断,结点国家和一般国家目前尚不具备直接推进金融领域机制化建设的条件。权衡之下,中国与结点国家仍应着力于推动经济金融领域的功能性合作,通过加强在现有区域及国际金融组织和机制中的合作力度,逐渐探索在约束性要求不高的投融资支持机制、官方对话和监督机制上寻求突破。而作为"可靠伙伴"的一般国家,中国应努力回应其对中国角色的重大期待,以经济援助、官方和民间友好交流等积极手段加强共识建设,提升认同度。

也应该充分认识到,中国在与中东阿拉伯国家推进金融合作机制建设中所需合作经验的积累和适应能力的提升并非一朝一夕能够完成,同样应该遵循"由点及面"的思路,先在地缘条件相对便利、合作基础相对完善的地区实现试点性突破,然后再逐渐推广至全国范围。例如,可充分发挥宁夏地处中国—西亚经济走廊主要节点的地缘优势,和作为内陆开放型经济试验区、伊斯兰金融试点的政策优势,深入推进与支点国家间的务实合作,将其率先打造为"一带一路"倡议框架下中国对外开展高质量金融合作的亮丽新名片。

(二)中国推动区域金融合作机制建设的路径规划

根据结构分析,阿联酋、沙特、埃及三大支点国家和卡塔尔、科威特有潜力发展为支点国家的中东主要阿拉伯国家是新时期中国作为主要先行者推动双方金融合作机制建设的主要合作对象。中国与这些国家间的金融合作

---

① 马学礼:《东亚经济合作中的区域公共产品供给研究——以贸易投资合作为例》,人民出版社,2018年,第89页。

机制建设是一个渐进的过程。因此，有必要在结构规划的基础上，从提升共同利益、降低合作风险、深化身份认同等方向出发，分阶段推进金融合作机制建设。

1. 主导型发展路径：对接发展战略，完善利益泛化和深化机制

现实主义理论对利益的关注为我们思考中国与中东阿拉伯国家间的金融合作问题提供了重要支撑。可以明确的是，尽管存在着相对收益和绝对收益之辩，但共同利益是国家推进国际合作机制化建设、提升合作成效的必要条件。从短期看，在现有金融合作机制的基础上，强化集体层面的利益感知，拓展双边层面的利益深度，是中国与中东主要阿拉伯国家间金融合作机制建设的起点。

首先，孵化互联互通释放的巨大金融合作机会是中国与中东阿拉伯国家合力推进金融合作机制建设的利益交汇点。秉承"共商、共建、共享"原则，政府应积极引导、探索构建灵活开放的多边金融合作机制，努力实现覆盖阿拉伯国家集体层面上的利益泛化。应当承认，复杂的地缘政治、金融生态和商业文化决定了当前中国与中东阿拉伯国家之间搭建规范性较强、约束性较多的多边金融合作机制的条件尚不成熟。短期内，在中国与中东阿拉伯国家发展战略良性互动的基础上，以双方共识多、基础好的领域为载体，进而设计标准较低、灵活度较高的多边金融合作机制更契合双方金融合作的现实进程。

政府层面的多边金融合作机制可从以下路径着手：完善与阿盟、海合会等阿拉伯世界重要合作机制间的长效沟通与磋商机制，通过领导人会晤就共同关注的经济、金融问题交换意见，发布联合宣言、合作纲要，指导合作方向；构建中阿财长、部长、金融监管机构高官级会议机制落实金融合作具体议题，协商签署合作谅解备忘录，统筹合作方案；通过中阿合作论坛、中阿博览会设置关切产业投融资合作、主权财富基金合作、金融监管合作等金融业务层面的分论坛，细化合作事项，落实行动计划。

从金融机构和金融市场层面看，对标《中国对阿拉伯国家政策文件》丰富现有多边市场交流和磋商机制内涵。例如，完善中阿银联体开放式的运营方式，尽可能拓展成员国范围，挖掘合作机遇；分步落实 2018 年习近平在

中阿合作论坛第八届部长级会议开幕式上的讲话精神，推动"一带一路"交易所联合会在上海成立，深化中阿交易所间的战略互信；借鉴"一带一路"国际合作高峰论坛资金融通分论坛、中国—东盟保险合作与发展论坛等建设经验，探索建立立足海湾、辐射中东的各类金融机构间的互助合作机制。

其次，破解资金瓶颈、防控汇率风险、降低交易成本是当前中国与中东阿拉伯国家金融合作的核心利益诉求。应在多边金融合作机制打开良好局面的基础上，率先在双边货币合作机制和投融资合作机制建设方面取得突破，务实推进双边层面上的利益深化。

从货币合作机制看，中国与中东阿拉伯国家双边货币合作机制建设已通过迪拜的试点树立了良好的示范效应。但考虑跨境人民币使用情况，应正视双方货币合作机制建设任重道远。根据环球同业银行金融电讯协会（SWIFT）的测算，尽管2016年至今中东地区金融机构对中国使用人民币结算的比例已自31%上升至45%，以30%的增长率远超同期18%的世界平均增长水平，但仍显著落后于52%的世界其他地区平均使用比例。[①] 应以支点国家、重点项目为抓手，积极布局、精耕细作，拓展人民币结算业务和跨境投融资业务范围，分阶段推进货币合作机制建设：通过双边政府、央行间的交流磋商，增进互信，扩大双边本币互换协议签署范围，鼓励更多商业银行、交易者使用人民币进行贸易投资结算；支持有实力的商业银行互设清算银行，加强彼此从跨境资金结算清算到金融投融资业务上的合作；逐步扩大条件成熟国家的RQFII/QFII范围和额度，鼓励阿拉伯国家政府、机构发放"熊猫债"，打通阿方人民币资金池与上海国际金融中心之间的要素流动。简而言之，通过提升人民币在阿拉伯国家的影响力，反哺人民币金融生态圈的构建，助力形成产业投资合作互惠互利的良好局面。

从投融资合作机制看，以亚投行、丝路基金、国开行为代表的开发性金融机构和以中国进出口银行为代表的政策性金融机构间的合作已启动，以"工农中建"为代表的大型商业银行的业务合作正在逐步切入。有必要渐进性地加大双边市场力量在金融资源配置中的主体作用：激励银行类金融机

---

① Society for Worldwide Interbank Financial Telecommunications: "Beyond Borders: China Opens Up to the World", Brussels, June 2019.

构合作完善间接融资机制,在更深入了解当地市场和政策环境的基础上,有计划、有步骤地加快海外经营布局,在阿联酋、沙特、埃及等支点国家及卡塔尔、科威特等部分结点国家增设分支机构,与"走出去"企业同步"走出去",改变市场阻隔、信息分散的经营现状,提升企业投资便利化水平;通过境内外联动,为跨境企业、重点项目提供包括担保、融资、结算、现金和外汇管理在内的跨境金融产品和服务,真正切入企业全项目周期的金融需求;深化交易所合作机制,落实中国与阿联酋合作建立"一带一路"交易所计划,加强上海证券交易所与阿拉伯国家世界金融中心、主权财富基金、证券交易所之间在业务和技术等方面的合作;总结2015年创建的中国—阿联酋共同投资基金的运行经验,创新中长期共同投资基金合作机制,调动阿拉伯国家主权财富基金等主权资本和社会资本的投资热情,盘活金融要素。

2. 基础型发展路径:深化市场合作,健全监管合作和风险防控机制

中东阿拉伯国家地缘政治关系盘根错节,多重风险加速积聚。从中期看,随着共建"一带一路"倡议下双方经济金融利益的不断交融,因地制宜、因时制宜地建立健全金融监管合作和风险防控机制,为"走出去"的企业和金融机构"保驾护航",帮助其解决信息不对称的投资难题,是其金融合作持续深入的关键。

多次暴露于国际和地区金融危机之中,中东阿拉伯国家重视加强金融监管合作。埃及、约旦、阿联酋、迪拜、科威特、卡塔尔、阿布扎比分别与中国签署涉及银行、证券、保险等多层次市场业态的金融监管合作谅解备忘录。但在区域金融合作的实践中,中国与中东阿拉伯国家就跨境资金监管、信息披露和共享、金融合规与争议解决等方面的实质性交流和协作极为不足。中国应联合支点国家及主要结点国家的金融监管机构加快金融监管合作机制的构建:尽可能深化金融监管合作谅解备忘录的落实力度,为双边金融监管合作提供框架建议;加强跨境金融监管机构之间的行业交流和技术协助,提升金融监管合作的协调能力;定期组织金融监管机构、行业企业交流研讨会,围绕重点项目进行推介洽谈,创设金融合作信息交流平台;在尊重合作国金融主权的基础上,加强资金、项目日常监管沟通,设计交叉联合检查,明确责任。

提升抵御风险的协同能力是金融合作机制设计的核心诉求。国际社会

关注阿拉伯国家的经济金融状况,国际货币基金组织定期发布《中东北非经济展望》,通过构建金融稳定性指标,对包括阿拉伯主要国家在内的西亚、北非地区的流动性和金融危机潜在风险做出提示。阿拉伯货币基金组织肩负着向成员国提供金融改革技术评估和支持的使命,通过编制年度《阿拉伯国家联合经济报告》,关注成员国金融投资风险动向。尽管如此,中国与中东阿拉伯国家之间在风险防控机制建设方面的合作成果相对较少,极有必要在政府及金融监管部门的统筹协作下,做好项目及资金全过程风险管理合作机制建设,保障投资主体利益。在国内层面,完善信用评级及风险预警机制建设。加快开发符合中国国情的风险评估体系,立足对不同支点国家、结点国家、一般国家等不同聚类国家的动态风险监测,战略性、差序性地选择合作国家及合作项目,避免政策激励下的冒进投资。在区域层面,鼓励监管部门间就市场准入、投资者保护、争端解决等潜在风险点打造机制化沟通渠道,争取形成制度性共识;重点做好资金保障,调动区域、国际力量,多渠道拓宽资金来源,打造"利益共享、风险共担"的金融决策机制。在国际层面,强化与国际先进信用评级机构、征信机构之间的跨境合作,学习世界银行、亚洲开发银行等成熟国际金融机构的风险管理经验,吸引国际商业保险、信用担保力量的适度参与,共担金融投资风险。

3. 突破型发展路径:推进共识行动,打造文化交流与金融创新机制

金融合作机制建设既锚定经济利益,也锚定观念认同。社会建构主义理论启示我们,在增进异质文化互相了解的基础上,国家承认并服从文化规范,并因潜在的合作利益而约束自我行为,国际合作即随之产生。[①] 从长期看,中国与中东阿拉伯国家应秉承开放心态,于阿拉伯国家整体框架下推进共识行动,在构建以身份认同为目的的多层次文化交流和新领域合作创新机制方面取得突破。

如前所述,中国与中东阿拉伯国家间的金融合作基础存在着较大差异,在共同塑造金融合作机制过程中难免存在误解和冲突,应打破经济学科单一分析范式的思维局限,与时间做朋友,给予中国与阿拉伯国家间金融合作

---

① 亚历山大·温特:《国际政治的社会理论》,秦亚青,译,上海人民出版社,2001年,第335—350页。

机制建设的基础性培育工作以足够的耐性。依托共建"一带一路"倡议下文化交流机制的溢出效应,广泛开展政府高层、业界学界、企业公民多种层面的人文交流活动,促进中东主要阿拉伯国家对中国经济金融行为的理解和认同:以政府高层及媒体互动为先导,完善并丰富现有文明对话机制,准确阐释和传播"一带一路"的精神内涵;高度重视中阿合作论坛下文明对话研讨会,推进"中阿经济管理官员研修班""阿拉伯国家新闻官员研修班""阿拉伯国家官员研修班"等机制化平台建设,增进阿方高层对中阿金融合作的认同;以学界业界研究为中坚力量,支持高校及企业智库建设,从区域和国别前沿问题研究切入,围绕中国与阿拉伯国家经济金融合作议题积极构建学术交流机制,强化金融合作领域的理论和应用研究;以民间交流为铺垫,搭建行业组织、行业人士间的互动渠道。同时,也应认识到,人才是深化合作的关键。当前,既通晓阿拉伯地区政治经济文化,又掌握经济金融知识的复合型人才缺口极大。因此,当务之急是合力完善金融合作领域基础性人才联合培养机制,借助孔子学院、留学互访,实现"请进来,走出去",为中阿经济金融合作机制的建设培养专业人才,突破智力瓶颈。

此外,在共建"一带一路"倡议推进框架下,应改变过去以能源、基建、产能合作为主的思维定式,积极挖掘中国与中东阿拉伯国家在金融服务创新、新领域合作创新方面的利益契合点,率先与合作能力和意愿较强的支点国家合作打造契合中阿金融合作需求、体现地区合作特色的金融创新孵化机制。例如,在总结始建于2008年被誉为"沙漠中的经济引擎"的中埃·泰达苏伊士经贸合作区成功建设运营经验的基础上,于阿联酋和沙特两大支点国家实践创新金融服务助推产业园区发展机制。2018年7月,在双方领导人共同见证下,江苏国际经济技术合作有限公司与阿布扎比国际金融中心正式交换《中阿产能合作示范园金融服务平台框架合作协议》,全球首家"一带一路"产能合作园区诞生,阿布扎比向示范园发放首批全金融牌照,[①]标志着中国设备、技术、管理、资金"抱团出海"模式的升级。2020年,中国沙特(吉赞)产业园进入实质性合作阶段,广银国际投资发展有限公司正式成立,

---

① 《中阿产能合作示范园金融服务平台框架合作协议》,阿联酋宣言报,2018年7月21日,https://www.albayan.ae/across-the-uae/news-and-reports/2018-07-21-1.3319513。

协同阿拉伯产业资本激活金融服务创新要素。

值得注意的是,近年来,迪拜、阿布扎比、巴林等国际金融中心主动拥抱金融科技、绿色金融发展趋势,在金融科技投资、金融技术应用等方面投入诸多努力。被视为披上神秘面纱的伊斯兰金融亦打破碎片化发展态势,欲借助金融科技平台助推自身区域化、全球化发展。2019年7月,平安集团旗下金融科技服务公司与阿布扎比国际金融中心与在北京签署"金融科技发展和创新"谅解备忘录,就共同参与开发应用人工智能、区块链等新技术领域的联合创新达成多点共识。① 两项协议开启了双方合作助推金融创新机制落地的新纪元。中国与阿拉伯国家同心同情、守望相助,中阿友谊彰显升华,深刻实践着"人类命运共同体"理念的重要性,为中国与中东地区阿拉伯国家金融合作的持续深入推进注入新的动力。如何化危为机,蕴势蓄能,以更开放的姿态、更前瞻的思维,在推进贸易投资、产能合作等领域金融合作需求的同时,积极挖掘金融科技、绿色金融、普惠金融等传统阻力较小的金融业务领域价值洼地,革新金融合作模式旧生态,协同构建金融创新常态化机制,以金融合作赋能,惠及广大民生,是彼此增信释疑、互信互助的新高地。

---

① 《金融壹账通与阿布扎比国际金融中心签署谅解备忘录》,凤凰网财经,2019年7月23日,http://finance.ifeng.com/c/7oXsAP5xLmq。

第十二章

余论：上海参与中东金融合作的分析与建议

中东处于"一带一路"的枢纽之地，中东金融对我国的重要性正不断提升。习近平主席于2016年出访中东三国，倡导中国与中东国家共建"一带一路"，决定建立和推进与中东一些国家的全面战略伙伴关系，同意将亚投行打造成互利共赢的融资平台，同意尽早建成中国—海合会自由贸易区，显示出中国面临与中东加强经济金融合作的历史机遇。在此背景下，为提高中国在中东金融市场的影响力，加强与中东的金融合作，当前条件下可以积极探索金融合作新模式。基于上海当前的国际金融中心的能级，应更好地发挥"一带一路"金融桥头堡作用，积极探索金融合作模式、开拓与中东国家金融合作领域。

第一节 拓展中阿金融合作模式、打造"一带一路"金融桥头堡

中国和中东阿拉伯国家是共建"一带一路"倡议的天然合作伙伴。在地区格局复杂动荡的背景下，阿拉伯国家对与中国合作的期待有所提升，在金融领域主动邀请中国参与合作，双边金融合作面临战略性机遇。习近平主席在中阿合作论坛第八届部长级会议上指出，中阿合作需要研究金融合作的服务支撑作用，为共建"一带一路"做好配套，探索适合的中阿金融合作模

式。作为中国金融国际化的桥头堡,上海应充分发挥金融优势,积极探索中阿金融多层次合作模式,协调推进上海国际金融中心建设与"一带一路"的投融资中心建设。

一、阿拉伯国家金融发展及其与中方的双边合作机遇

1. 阿拉伯国家经济战略转型,向金融求发展成为地区大国的基本国策

为打破经济对资源产业的绝对依赖,近年阿拉伯国家尤其是海湾国家的发展战略,都强调石油经济与金融经济的结合,将金融成长融入国家战略愿景,由政府主导开展金融创新。阿布扎比"2030年经济愿景"要求将非石油部门占GDP比重提高至60%;沙特"2030愿景"重视调动国内外资本,建立面向全球的开放资本市场;科威特"2009—2035发展规划"强调推动经济多元化发展、打造地区贸易金融中心。转型国家金融强国的发展诉求,需要以中国为代表的新兴金融力量支持,这为中阿构建新时代合作关系提供机遇。

2. 海合会国家金融国际化提速,投资正向东布局

以伊斯兰银行、主权财富基金为主体,海合会成员国已建立了较为完整的金融体系,地区资本体量巨大,对外开放程度较高。全球前十大主权财富基金排名中,来自沙特、阿联酋、科威特的主权财富基金占据三位,合计管理资产2.1万亿美元。海湾地区还崛起了多个较为成熟的国际金融中心:迪拜国际金融中心基础设施建设完善,卡塔尔多哈金融中心在保险与再保险业务、资产管理等金融服务领域表现抢眼,阿布扎比国际金融中心在金融科技支持方面成效显著。目前,海合会国家所持伊斯兰资产规模约占全球伊斯兰金融资产的70%。在"向东看"的外交策略下,阿拉伯地区伊斯兰金融资本近年也开始调整投资偏好,投资布局"向东看"趋势明显,与新兴市场金融领域合作加强,尤其重视开拓中国市场,主动对接中方发展战略,希望利用地缘优势在"一带一路"中发挥建设性作用。

3. 伊斯兰金融全球化屡遇保护壁垒,与中方在变革全球金融治理体系上利益契合

伊斯兰金融国际化发展客观上要求开放稳定的国际投资环境,但在西方主导的金融治理体系下,阿拉伯国家参与全球化进程并不顺利。尤其是

其主权财富基金,在对外投资中始终面临政治动机、金融透明度等多重质疑,投资发达国家项目经常因严格的监管审查而受挫。阿拉伯国家对全球金融治理体系变革、规则共建的要求,与中国存在利益契合,也为双边开展金融监管合作提供了技术性机遇。

二、上海应加速推进"一带一路"金融桥头堡建设

1. 推动双边国际金融中心合作,为"一带一路"项目落地提供切实的资金支持与投资服务

金融合作是中阿对接发展战略的重要方向,应成为上海发挥自身优势、服务国家战略,参与"一带一路"下中阿合作的建设方向,可以由市政府牵头,设立专职部门,推进中阿在金融领域合作,尤其是双边国际金融中心合作。"一带一路"建设对资金需求大,但由于基础设施类项目投资风险较高,且融资渠道不畅,目前民营资本参与积极性有限。上海与迪拜、阿布扎比等阿拉伯地区金融中心开展务实合作,在产能合作、基建、贸易本币结算等领域探索多方合作,加强金融基础设施的互联互通,推动"一带一路"金融资源有效配置。通过整合双边金融资源,一方面协助中资金融机构在阿拉伯地区设立分支机构、开拓伊斯兰市场,为投资者尤其是民营企业参与"一带一路"建设项目提供投融资支持与配套服务;另一方面主动引导伊斯兰金融资本,尤其是海湾主权财富基金,向产能合作、基础设施建设投资等领域倾斜。

2. 探索与伊斯兰金融国际合作,发展伊斯兰金融产品,建设丝路金融中心

上海建设全球领先国际金融中心的建设目标,要求进一步提升金融服务的国际化影响力,为全球金融机构与投资者提供服务。伊斯兰金融是中东独具特色的金融模式,也是中东资本要素输出的重要形式之一。中方可以与阿拉伯国家在尊重伊斯兰教义与经营理论和原则的基础上,推动建立互惠互利的伊斯兰金融合作,发挥伊斯兰金融对经济发展尤其是"一带一路"建设的促进作用。借鉴英国伦敦、新加坡、中国香港等地经验,上海应发挥专业服务优势,积极探索伊斯兰基金、伊斯兰债券等产品的发行及相关的法律、税务服务,形成格局更完整、品种更完备的国际金融市场。

3. 建设金融合作交流平台,加强双边在金融治理规则等方面的监管合作

中国与阿拉伯国家在变革全球经济治理、推动金融全球化方面存在利益聚合。目前,双边已经通过"一带一路"国际合作高峰论坛、中阿合作论坛等平台建立了良好的交流机制,中阿改革发展研究中心在上海外国语大学成立。在金融监管方面,中国和阿拉伯国家在国际货币基金组织协助下制定《圣地亚哥原则》以及在主权财富基金国际论坛建设过程中,实现了从配合参与到主导推动的角色转变。依托自身优势,上海可以在推动中阿金融领域的交流合作上扮演重要角色,主动承接双边金融合作尤其是金融监管与投资规则的交流平台与对话机制建设,如举办中阿金融合作论坛、金融科技监管合作论坛等,为双方参与全球治理提供支持。

第二节　设立"中阿主权财富基金合作论坛"

2018年,习近平主席在"中阿合作论坛"的讲话鼓励"中国金融机构同阿拉伯国家主权财富基金合作"。但目前此项合作发展面临诸多问题,作为国际金融中心的上海,可以积极促进在"中阿合作论坛"机制下设立"中阿主权财富基金合作论坛"等专业论坛,通过机制建设促进中国金融机构同阿拉伯国家主权财富基金合作迈向新台阶。

一、中阿主权财富基金现状与合作面临的问题

1. 中阿主权财富基金发展快、表现好

自20世纪以来,全球范围内主权财富基金的快速发展打破了世界资本市场以私人投资者为主的基本结构,提高了国家在世界经济中的影响作用,使之成为跨境资本流动和配置的主要角色之一。在2008年的全球金融危机中,该类基金向流动性枯竭的国际资本市场大量注血,其积极的投资策略与表现令人瞩目,在国际金融市场上具有举足轻重的地位。根据2024年初SWFI网站数据、IMF《全球金融稳定报告》和各国央行披露文件统计,中国

与阿拉伯国家的这类基金管理的资金规模占全球的二分之一。中国是其中的后起之秀,以 2007 年中国投资有限责任公司设立为标志,我国的财富基金快速发展,目前共设立了 5 个,规模合计超过 2 万亿美元,按国家排名位列全球第一。而阿拉伯国家设立该类基金已有半个世纪的历史,如沙特、科威特、阿联酋、卡塔尔、埃及、摩洛哥等国共设 25 支基金,总规模超过 4 万亿美元。在全球前十大主权财富基金中,阿布扎比投资局、沙特公共投资基金、科威特投资局、卡塔尔投资局等长期位于前列。2024 年 SWFI 的全球前十大主权财富基金中,阿拉伯国家占据 4 席,中国占 3 席。

2. 中阿主权财富基金合作面临诸多问题

中国已先后与卡塔尔和阿联酋的财富基金合作,设立地区共同基金,在"一带一路"建设中发挥作用。但是中阿主权财富基金之间的合作深化面临诸多问题。一是中阿主权财富基金现有合作规模和深度与中阿共建"一带一路"倡议要求不匹配;二是中阿主权财富基金目前都以美元资产为主要投资标的,一旦地缘政治和系统性风险导致美元汇率波动,将威胁此类基金的生存与发展;三是阿拉伯地区许多国家治理薄弱、发展乏力,经济结构脆弱,可能影响参与合作的中国财富基金的安全。

二、中阿主权财富基金合作面临问题的原因分析

一是现有中阿财富基金合作缺乏战略规划。中国的"一带一路"倡议与阿拉伯国家"2030 愿景"战略高度契合,奠定了双方金融合作的基础。迪拜、阿布扎比、多哈等地区金融中心都希望、也有可能成为连接中国与中东、非洲、欧洲的投资枢纽。但中阿合作的财富基金没有做好战略规划,未能有效拓展共建"一带一路"和"2030 愿景"对接项目。

二是全球保护主义抬头影响中阿合作投资。以美元资产为主要投资标的中阿主权财富基金投资的重点仍在西方,而随着全球贸易保护主义上升,金融贸易保护主义也在抬头,许多国家对主权财富基金的投资审查变得更为严苛,对中阿财富基金合作投资的猜疑更重。

三是全球金融治理体系和能力建设不足。中阿均为发展中国家,在主权财富基金风险管理和参与全球金融治理方面都有所欠缺,亟待提高影响

力。面对全球治理缺陷暴露、西方国家转嫁金融危机、世界经济增长乏力等历史命题,中阿具有参与全球治理的共同诉求和合作的动力,但能力不足,成果不多。中阿曾参与国际货币基金组织主导的国际主权财富基金论坛,但该机制的效力非常有限,涉及问题仅止于基金治理和透明度标准,而未将投资者地位、风险管控等议题纳入。

三、对策建议

可以在现有"中阿合作论坛"(以下简称"论坛")的框架下设立"中阿主权财富基金合作论坛",通过机制建设促进中阿主权财富基金合作迈上新台阶。"论坛"可向中国和阿盟22个成员国的主权财富基金开放,以"共商、共享、共建"为原则,通过信息交流中心和论坛会议两项制度搭建各主权财富基金交流及合作的平台。该机制的建设目标如下:

一是战略对接平台。"论坛"可每年在中国或任何一个阿拉伯国家轮流举行一次高层会议,而这类会议的主要功能是深化中国同阿拉伯国家的投资政策协调与市场对接,以促进要素自由流动、资源高效配置、市场深度融合,完善中阿共建"一带一路"资金融通的战略规划。

二是投资拓展平台。该机制日常的功能主要依托于秘书处和信息交流中心。秘书处负责落实高层会议的决议,将规划转化为具体的中阿共建投资项目,既服务于"一带一路"建设又可消解全球金融贸易保护主义的消极影响。而信息交流中心将有助投资资讯共享,促进投资便利,可采取设立双、多边或平台联合基金,发挥主权信用对于资金融通的支撑作用,携手推动共建国家主权投资者广泛参与,促成政府与市场资本通力合作,拓展在国际产能、基础设施和高新项目方面的合作投资。

三是全球金融治理新平台。"论坛"将增进其与国际货币基金组织、国际主权财富基金论坛、阿拉伯货币联盟、亚投行等国际组织的交流合作,推动全球治理框架下的相关组织和议程,为发展中国家参与全球治理提供来新平台和动力。同时,通过组织内、外部的信息沟通和专业培训,便利各国金融资讯、基金经验及监管共识的达成与交流,加强金融监管协作,有效规避主权财富基金投资风险,确保中国主权财富基金安全。

第三节　推进上海国际金融司法中心建设

依据"全球金融中心指数",上海在最近几年的排名一直处于前列,成就斐然,但与其他成熟的国际金融中心相比,上海国际金融中心建设还存在差距。其金融国际化程度有待提高,境外投资者比例较低;金融法治化水平有待增强。在国际金融危机后,一些新兴国家的国际金融中心也在快速发展,全球金融中心竞争更加激烈。上海要实现在 2020 年到 2035 进入全球金融中心前三位的目标需完善金融司法环境,积极推进国际金融司法中心建设。

一、迪拜国际金融中心的经验

司法供给是提高国际金融中心竞争力要素之一。已有研究表明:国际金融中心对于司法体系有着强烈的依赖,司法环境的优劣已成为影响国际金融中心建设的关键因素之一。无论是伦敦、纽约等自然形成型,还是东京、新加坡等政府推动型,国际金融中心都将司法环境作为金融中心形成和发展的内生机制予以不断强化。在新兴国家中,阿联酋的迪拜国际金融中心(Dubai International Financial Centre,DIFC)的发展成就令人瞩目。以大陆法系和伊斯兰法为主要法律渊源的 DIFC 其司法环境的构建非常具有启发性。迪拜国际金融中心建设过程中,将打造全球领先的民事和金融商事纠纷解决中心作为重要目标,在专业型法院建设、开放式管辖权设定、推进人工智能在司法领域应用等方面做了诸多探索,其发展历史充分体现司法对构建金融中心所具有的特殊影响。

2004 年迪拜在自贸区的基础上创建 DIFC。初建伊始,传统的阿拉伯法律规则对于现代金融中心的发展构成了严重阻碍。但是 DIFC 得到酋长国的授权,制定了自贸区和金融中心特别法及监管体系,为它的发展奠定了良好的法治软环境。DIFC 将建立并维系一个可靠、便捷、高效、公平的世界级司法体系作为其区域内最高法院的愿景。可见 DIFC 的发展战略已将高效争端解决机制的构建当作提升金融中心建设的制度竞争力的重要考量。通过十多年的建设，现已成功吸引了大量海外投资，跻身世界前 15 位国际金融中心。

随着 DIFC 在国际社会的声名鹊起，它的纠纷解决机制快速发展也得到了世界的认可。其特别立法规定 DIFC 附属于迪拜政府，并且构建内部监管机制。最高管理机构是高级董事会，DIFC 最重要的三大构成机构分别是中心管理局、金融服务管理局以及纠纷解决管理局。纠纷解决管理局主要负责迪拜国际金融中心各类民商事争议的司法和执法活动，主要包括迪拜国际金融中心法院、仲裁机构等。DIFC 纠纷解决管理局拥有较大的独立自主权，大胆突破本国法律传统，直接承袭了普通法金融司法的做法与制度，其国际化程度得到大幅度提升。

二、迪拜国际金融中心纠纷解决机制的特点

DIFC 制度设计者基于供给者的主体视角，充分了解社会主体对司法的需求，构建了多元高效的纠纷解决机制，促进社会主体对司法机制的使用率，进而提升社会主体对司法的信赖与认可。其中，最值得关注的是以下几个特点。

1. 世界级的定位

DIFC 在打造国际金融中心的过程中，逐渐意识到高效公平的纠纷解决机制也是金融中心的核心构成要素之一。有制度比较优势和竞争力的纠纷解决机制是国际金融中心竞争态势中的核心要旨之一。在这样的建设理念指引下，DIFC 将其纠纷解决机构的建设定位于世界级的多元一体的全球纠纷解决中心，以提供公平高效的法律服务吸引全球投资者，助力 DIFC 的建设。相似地，英国伦敦、美国纽约、新加坡、中国香港等地的金融中心同时也是国际金融审判和仲裁中心。

2. 机制的多元一体化

DIFC 多年来进行着以仲裁与诉讼并重的多元纠纷解决机制的理论和实践探索。2014 年成立的纠纷解决管理局（Dispute Resolution Authority，DRA）下辖 DIFC 法院、DIFC 仲裁院、DIFC 遗嘱和遗产登记处、法律学院四个机构。在金融商事领域中，DIFC 明确纠纷解决中心的功能定位，充分利用司法、仲裁、调解等多种手段来化解纠纷，而且在区域的特别授权法中尊重当事人的自由选择，注重在诉讼过程中各种模式的融合使用。

3. 司法服务的国际化

DIFC 纠纷解决机构服务的国际化相当突出。考虑到全球化金融市场中英美国家市场要素、制度规则的影响力，DIFC 采取了有别于阿联酋传统的大陆法系立法策略，在区域内通过联邦授权采取普通法系的规则；DIFC 法院、仲裁院的工作语言为英语，法庭设置是以英国普通法院为蓝本，法官的构成也是非常国际化的，外籍法官占比过半。同时，通过修改管辖权立法，DIFC 的法院和仲裁可以受理无 DIFC 联系的案件，管辖权规则的修改使得 DIFC 法院受理案件的案件数和涉案总额逐年攀升。这对其在地区和全球范围内的认知度和声誉传播非常有利。

4. 司法服务的能动性

投融资案件具有很强的专业性，金融创新层出不穷，司法裁判需要能动适应金融纠纷的快速发展，弥补立法资源的相对有限。DIFC 在这方面的司法供给保持了相当灵活的态度。上文提及的混合使用普通法系规则立法，外籍法官的选任机制等为 DIFC 法院集中民商事领域的资深专家提供了极大的便利条件，加之 DIFC 法院先进的案件管理体系，DIFC 的金融纠纷解决体系具有鲜明的能动性。此外，DIFC 司法创新颇具前瞻性。近年，DIFC 法院率先宣布在全球建立第一个区块链法庭的项目和未来法庭项目。在更高层次上研究未来法院如何以更有效方式处理纠纷案件。

三、上海金融司法的环境分析

上海正在积极优化金融法治环境。目前，金融纠纷主要由上海各级人民法院负责审理裁判。同时，上海还具有上海金融仲裁机构和国际仲裁机构这两家仲裁机构受理相关案件。此外，原银保监会、证监会与中国人民银行等监管机构先后成立了金融纠纷调解中心，基本形成了多元的金融纠纷化解体系。但面对日益复杂不断创新的金融市场所产生的争端而言，该机制的多元能动效率激发不够，其国际竞争力亟需提升。

1. 多元化不足

对于上海而言，金融纠纷的替代性解决机制没有充分发挥作用。仲裁、调解的快捷、便利和效率非常合适于金融纠纷，但当前上海金融纠纷却过分依赖司法救济,其他解决纠纷方式占比不高。据中国司法部 2018 年的数据统计,上海国际商事仲裁中心受理金融案件 636 件,虽比上年有大幅的增长,却只占上海各级法院受理的一审金融案件(17 000 余件)的 4%。而上海金融纠纷调解中心近三年的年受理案件也不过 600 余件。一项针对国内外金融机构对上海司法与仲裁体系的信任度的调研显示,使用或者准备使用仲裁的意向较低。国际商会仲裁院 2017 年发布的《金融机构与国际仲裁》调研报告显示,在其采访的 50 家金融机构和银行顾问中,70% 的金融机构没有大量国际仲裁的经验。

由行政手段自上而下设置的调解机制的效用受到这些机制为市场服务的便利性、可得性和执行性存在的问题的影响。金融调解中心更多体现的是金融监管体制为维护金融稳定和加强金融监管的附属职能。保险、证券、银行的行业性调解组织在保护金融消费者权益上的服务性不足,且各体系运行较为单一,彼此之间缺乏联动,较少关注多元纠纷解决方式的组合配置。同时,仲裁也存在着一些制度障碍,如缺乏第三人制度,财产的保全、银行账户的冻结要再通过法院进行申请,选择金融仲裁需要事前达成仲裁协议等,都影响着仲裁的接受度。

2. 国际影响力有限

从涉外案件的收案数量、案件类型、案件影响力而言,上海金融法律服务的影响力与上海国际金融中心的地位不匹配。上海金融法院和仲裁中心及其审理案件的关注度和吸引力不高。由于上海金融法院建立的时间不长及案件管辖权等原因,国际案件受理数量更少,并缺乏典型案件。国际关注度,取决于其透明度和知名度。就现有的法院网站建设来看,在法律与规则、法院动态、审判文书的信息量是不够充分的,而英文网站的信息量比中文网站的更少。没能将审判工作情况、裁判规则导向、法院工作动态向国际国内社会进行及时、全面地公开,不利于法院的知名度和公信力。依现行上海金融法院管辖规定,受理的涉外金融案件有一定的限制,外籍当事人并不能通过协议主动选择到上海金融法院进行诉讼。当然,遴选法官的来源国和教育背景、审判受行政干预的可能性、判决的承认与执行的障碍,这些因素也影响着外国当事人对我国司法的信任。

国际化发展较早的上海国际仲裁中心与伦敦、新加坡、中国香港和迪拜的金融仲裁相比，还是有差距。近年来上海通过设立上海自贸区仲裁院、上海国际航空仲裁院、金砖国家争议解决上海中心、中非联合仲裁上海中心等措施，其国际影响力得到进一步提升。但在东道国与外国政府的国际投资争端争议领域，上海仲裁缺乏应有的分量。现如今国际仲裁已成为当今解决国际争议、消除投资和贸易障碍、维护国际法治秩序的重要途径。上海的国际仲裁应在"一带一路"法治营商环境建设中发挥更大的作用。

3. 能动性发挥不充分

随着金融市场的发展，金融产品服务繁复多变，活跃的金融交易导致更多的金融纠纷，并呈现专业性、复杂性、前沿性、跨国性等特征。承袭大陆法系司法传统的我国，在无法实施判例制度的情形下，除适时进行法律的立、改、废，以使法律满足金融发展的需要外，必须发挥司法机关的能动性，通过案例指导等制度，引导和规范司法及金融实践。但上海司法系统一直面临案多人少的局面，法院功能主要局限于审判，扩张性司法功能的体现不足，金融法治的司法供给有限。

上海的金融审判机关没形成有特色的金融审判体系，其权威度高的经典案例不多，因而，鲜有具备规则示范意义和影响力的案例，无法推动形成金融司法领域内的有价值的规则或标准。况且，审判机关也没有很好地利用金融司法实践、金融司法白皮书、典型案例推介、类型案例报告、金融风险提示等制度，在金融司法中体现或者创制国际先进的金融理念和原则；而且，面对新型案件、群体性案件，在立案阶段就困难重重，案件的审理和执行过程中，未能有效保护投资者利益及防范系统性的风险。

四、对策与建议

上海国际金融中心对外开放和国际化程度需要进一步提高，那么建设国际金融司法中心也是应有之义。上海应推进建设国际金融司法中心，以上海金融法院、上海国际仲裁中心为抓手，发挥司法能动性提升上海金融司法的全球竞争力。

1. 升级上海金融法院，提升国际影响力

国际公信力始于受理的国际案件，金融法院的管辖权设置却是立案的难点。DIFC法院的扩张管辖权做法具有相当的启示意义,上海应升级上海金融法院,突破属地管辖和属人管辖的限定,在金融商事领域实行基于当事人合意的选择性管辖,扩大其管辖权,以增强司法的可及性。办案质量是提升国际影响力的必要条件。应加大审判机制改革,如域外送达、繁简分流、涉外案件程序设置、人民陪审员的域外选任、跨境证据远程认证等制度。在审理涉外投融资案件,应增强案件审判中国际条约和国际惯例适用的统一性、稳定性和可预见性,平等保护中外当事人的合法权益,增强裁判的国际公信力。

在当前人工智能快速发展的时代,上海金融法院应加快金融智慧法院建设,以智能审判辅助技术为内核积极推动人工智能在司法领域的应用,研发与应用金融在线纠纷解决(online dispute resolution,ODR)平台,并推广公私合作的框架设置,推行准司法服务。通过司法建议、会议纪要以及典型案例等方式确立裁判规则,统一裁判尺度,加以推广,充分发挥司法所应有的规则创设和引导功能,推动国际裁判标准创制能力提升。

2. 大力发展金融仲裁,弥补正式审判机制的不足

DIFC法院鼓励当事人在诉讼阶段融入替代争议解决方式化解矛盾。这种体现效率的融合趋势,在各国金融司法中也越来越被接受。我国司法改革在制度层面应进一步推动诉讼与仲裁的融合制度,并在立法层面推动确认第三人制度和临时仲裁效力,提高仲裁的可及性和有效性。

同时,金融仲裁机构也应完善自身的仲裁规则,针对不同的行业设计具有行业特色的规则,进而简化。如简化送达手续、减少公告送达次数、推行无纸化办公等。此外,各地的金融仲裁机构也应该积极对外宣传,提升仲裁机构的知名度。金融行业和监管机构应运用综合手段推广仲裁在金融纠纷解决中的适用性,特别是在消费金融领域中,提高金融参与主体对仲裁的接受度。银行业、证券业、保险业等各机构应大力宣传推介,在金融产品认购协议中加入仲裁条款并进行说明,引导投资者选择仲裁方式来解决纠纷。

DIFC及各大新兴国际金融中心除了重视金融市场的深度与广度,也非常注重投融资仲裁在全球的影响力与吸引力。为提高上海仲裁在世界投融资市场的影响力,保障"一带一路"投资的外国投资者与东道国之间争端的公平高效解决,上海可以亚投行为秘书处,设立上海投资争端仲裁中心,通

过条约或者借贷协议的约定,选择上海国际投资仲裁的纠纷化解机制。这既能提升上海仲裁国际影响力,又能助力"一带一路"建设。

3. 发挥制度优势,进一步完善东方特色的纠纷化解机制

为提升司法效率,促进金融纠纷多元化解决,应鼓励调解、和解方式在纠纷中的有效运用。受儒家"和为贵"文化影响,调解被誉为是东方司法的瑰宝,当事人较为认可和接受诉讼外的调解、和解的方式。DIFC金融纠纷解决机制成功地将调解、和解非诉制度嵌入金融诉讼,体现金融纠纷的契合性、增强金融审判的效率。上海国际金融中心更应充分发挥金融行业调解作用,现有的调解中心应兼顾运行效率和处理的公正性。新的金融监管体制下,金融委员会可以统筹协调行业调解组织,加强协作,统一工作规范。纠纷调解规范应吸收体现《消费者权益保护法》原则的一些规则,如个人方启动和终止调解程序的单方选择权、"调解—仲裁"规程的动态调整等。

更为重要的是,司法机关对合法的金融调解协议的效力应予以及时确认,这是提高调解金融纠纷解决效率的必要条件。金融司法专业性强的特点也要求建立司法机关与行业监管机构的沟通与合作机制,加强信息互通和经验交流,充分发挥司法能动性,为预判和化解金融风险提供司法建议和对策。

4. 加大对国际金融司法中心的研究力度,积极推进金融司法智库

通过整合各类资源,完善运作模式,打造高水平的金融司法智库。可推动组建"全球金融司法合作论坛",搭建全球先进的金融法律信息网络,构筑由金融机构、金融监管部门、司法部门、仲裁机构、研究机构信息共享的平台,将金融司法界、学术界、实务界各方面资源,形成金融司法新规则的发源地、新成果的培育地。智库的建设将大大有利于提高专业法官和专业陪审员的数量和质量,解决当前队伍建设中的瓶颈问题。

智库建成将有助于促进上海金融法院的队伍建设。在法官遴选方面,也应拓宽政策,录用精通金融与法律的复合型人才以提升专业化审判实力。虽然DIFC以外籍法官作为司法人员主体构成的做法并不适合我国。但金融法院可以设立外籍金融专家陪审员和指导专家名录,作为非常驻法官参与审理重要和复杂的跨境金融案件。积极推进专家陪审员制度可以解决我国专业性法官短缺的瓶颈。

主要参考文献

[1] 安和芬,等.海湾战争后的中东经济与政治[M].北京:中国物价出版社,1995.
[2] 安维华,钱雪梅.海湾石油新论[M].北京:社会科学文献出版社,2000.
[3] 安维华.中东市场[M].北京:北京大学出版社,1994.
[4] 彼得·弗兰科潘.丝绸之路[M].邵旭东,孙芳,译.浙江:浙江大学出版社,2016.
[5] 边沁.道德与立法原理导论[M].时殷弘,译.北京:商务印书馆,2000.
[6] 博登海默.法理学:法律哲学与法律方法[M].邓正来,译.北京:中国政法大学出版社,1999.
[7] 蔡拓.国际关系学[M].天津:南开大学出版社,2005.
[8] 查道炯.中国石油安全的国际政治经济学分析[M].北京:当代世界出版社,2005.
[9] 陈玉刚.超国家治理:国际关系转型研究[M].上海:上海人民出版社,2009.
[10] 丁俊.阿拉伯人的历史与文化[M].甘肃:甘肃人民出版社,2009.
[11] 樊勇明,钱亚平,饶云燕.区域国际公共产品与东亚合作[M].上海:上海人民出版社,2014.
[12] 樊勇明.西方国际政治经济学[M].上海:上海人民出版社,2006.
[13] 冯璐璐.中东经济现代化的现实与理论探讨:全球化的视角[M].北京:人民出版社,2009.
[14] 弗朗西斯·福山.历史的终结及后之人[M].黄胜强,许铭原,译.北京:中国社会科学出版社,2008.
[15] 高波.海合会国家金融制度[M].北京:中国金融出版社,2017.
[16] 汉斯·摩根索.国家间政治:权力斗争与和平[M].徐昕,等译.北京:北京大学出版社,2006.
[17] 何志龙.中东历史与国际关系[M].北京:科学出版社,2016.
[18] 姜英梅.中东金融体系发展研究:国际政治经济学的视角[M].北京:中国社会科学

出版社,2011.

[19] 蒋自强,史晋川. 当代西方经济学流派[M]. 上海:复旦大学出版社,2008.

[20] 焦世新. 利益的权衡:美国在中国加入国际机制中的作用[M]. 北京:世界知识出版社,2009.

[21] 肯尼斯·华尔兹. 国际政治理论[M]. 信强,译,苏长和,校. 上海:上海人民出版社,2017.

[22] 雷蒙德·W. 戈德史密斯. 金融结构与金融发展[M]. 上海:上海人民出版社,1990.

[23] 李滨. 国际政治经济学:全球视野下的市场与国家[M]. 南京:南京大学出版社,2008.

[24] 刘月琴. 冷战后海湾地区国际关系[M]. 北京:社会科学文献出版社,2002.

[25] 刘中民,孙德刚. 中东地区发展报告(2016—2017)[M]. 北京:世界知识出版社,2018.

[26] 刘中民,孙德刚. 中东地区发展报告:在中东推进"一带一路"建设的风险及应对(2017—2018)[M]. 北京:世界知识出版社,2018.

[27] 刘中民. 中东政治专题研究[M]. 北京:时事出版社,2013.

[28] 刘中民,朱威烈,孙德刚. 中东地区发展报告:一带一路建设与中东(2015—2016)[M]. 北京:时事出版社,2016.

[29] 罗伯特·基欧汉. 霸权之后:世界政治经济中的合作与纷争[M]. 苏长和,信强,何曜,译. 上海:上海人民出版社,2001.

[30] 罗伯特·基欧汉,约瑟夫·奈. 权力与相互依赖[M]. 门洪华,译. 北京:北京大学出版社,2012.

[31] 罗伯特·吉尔平. 世界政治中的战争与变革[M]. 武军,等译. 北京:中国人民大学出版社,1994.

[32] 马丽蓉,等. 丝路学研究:基于中国人文外交的阐释框架[M]. 北京:时事出版社,2014.

[33] 马丽蓉. "一带一路"软环境建设与中国中东人文外交[M]. 北京:社会科学文献出版社,2016.

[34] 马学礼. 东亚经济合作中的区域公共产品供给研究:以贸易投资合作为例[M]. 北京:人民出版社,2018.

[35] 门洪华. 和平的维度:联合国集体安全机制研究[M]. 上海:上海人民出版社,2002.

[36] 米歇尔·加斯纳,菲利普·瓦克贝克. 伊斯兰金融:伊斯兰的金融资产与融资[M]. 严霁帆,吴勇立,译. 北京:民主与建设出版社,2012.

[37] 穆哈迈德·本·胡崴丁. 中国与阿拉伯半岛和海湾国家关系:1949—1999[M]. 姚继德,冀开运,译. 北京:线装书局,2008.

[38] 倪世雄.当代西方国际关系理论[M].上海:复旦大学出版社,2005.

[39] 钱学文,等.海湾国家经济贸易发展研究[M].上海:上海外语教育出版社,2000.

[40] 潜旭明.一带一路战略背景下与中东的能源合作[M].北京:时事出版社,2016.

[41] 秦放鸣.中国与中亚国家金融合作研究[M].北京:中国经济出版社,2017.

[42] 秦亚青.权利、制度、文化[M].北京:北京大学出版社,2005.

[43] 塞缪尔·亨廷顿.文明的冲突与世界秩序的重建(修订版)[M].周琪,刘绯,等,译.北京:新华出版社,2010.

[44] 上海社会科学院世界经济与政治研究院.中国与世界共同利益的互动[M].北京:时事出版社,2008.

[45] 沈晓明.伊斯兰银行知识读本[M].北京:中国金融出版社,2010.

[46] 孙杰.货币与金融:金融制度的国际比较[M].北京:社会科学文献出版社,2002.

[47] 孙静.中俄在中亚的共同利益及其实现机制研究[M].北京:光明日报出版社,2014.

[48] 王杰.国际机制论[M].北京:新华出版社,2002.

[49] 王联.中东政治与社会[M].北京:北京大学出版社,2009.

[50] 王浦劬,等.政治学基础[M].北京:北京大学出版社,2006.

[51] 王铁铮.全球化与当代中东社会思潮[M].北京:人民出版社,2013.

[52] 王彤.当代中东政治制度[M].北京:中国社会科学出版社,2005.

[53] 王文锦.礼记译解[M].北京:中华书局,2007.

[54] 王有勇.现代中阿经贸合作研究[M].上海:上海外语教育出版社,2004.

[55] 王元龙.中国金融安全论[M].北京:中国金融出版社,2005.

[56] 夏建平.认同与国际合作[M].北京:世界知识出版社,2006.

[57] 亚历山大·温特.国际政治的社会理论[M].秦亚青,译.上海:上海人民出版社,2014.

[58] 杨光.中东发展报告(2014—2015):低油价及其对中东的影响[M].北京:社会科学出版社,2015.

[59] 杨光.中东发展报告(2013—2014):盘点中东安全问题[M].北京:社会科学文献出版社,2014.

[60] 杨力.中东地区主权财富基金研究报告[M].上海:上海人民出版社,2015.

[61] 姚匡乙,马丽蓉.丝路新篇:中阿合作论坛十周年论文集[M].北京:世界知识出版社,2014.

[62] 尹崇敬.中东问题100年[M].北京:新华出版社,1999.

[63] 约瑟夫·奈.软实力[M].马娟娟,译.北京:中信出版社,2013.

[64] 翟崑,王继民."一带一路"沿线国家五通指数报告[M].上海:商务印书馆,2018.

[65] 张翠容. 另一片海:阿拉伯之春、欧债风暴与新自由主义之殇[M]. 广西:广西师范大学出版社,2015.

[66] 张耿. 转型期中国经济波动的福利效应研究[M]. 上海:上海人民出版社,2012.

[67] 张骥,刘中民. 文化与当代国际政治[M]. 北京:人民出版社,2003.

[68] 张宇燕,李增刚. 国际关系的新政治经济学[M]. 北京:中国社会科学出版社,2002.

[69] 赵长峰. 国际金融合作:一种权力与利益的分析[M]. 北京:世界知识出版社,2006.

[70] 中国国际问题研究所. 第四届阿拉伯国家关系研讨会论文集[M]. 北京:世界知识出版社,2010.

[71] 中国社会科学研究院税额经济与政治研究所. 中国海外投资国家风险评级报告(2021)[M]. 天津:中国社会科学出版社,2021.

[72] 中华人民共和国亚非司. "中国——阿拉伯国家合作论坛"文件汇编[M]. 北京:世界知识出版社,2010.

[73] 中央编译局. 马克思恩格斯全集(第46卷)[M]. 北京:人民出版社,1972.

[74] 中央编译局. 马克思恩格斯全集(第3卷)[M]. 北京:人民出版社,1972.

[75] Abdullah AL-Hassan. The GCC Banking Sector: Topography and Analysis, IMF Working Paper, 2010(4).

[76] Baylis, John, Steve Smith, Patricia Owens. The Globalization of World Politics: An Introduction to International Relations[M]. Oxford: Oxford University Press, 2008.

[77] Brad W Setser, Rachel Ziemba. Understanding the New Financial Superpower — the Management of GCC Official Foreign Assets[R]. Council on Foreign Relations, RGE Monitor, December 2007.

[78] Callaghan M, Hubbard P. The Asian Infrastructure Investment Bank: Multilateralism on the Silk Road[J]. Finance Working Papers, 2016(9).

[79] Clement M Henry, Rodney Wilson. The Politics of Islamic Finance[M]. Edinburgh: Edinburgh University Press, 2004.

[80] Cobham David, Dibeh Ghassan. Monetary Policy and Central Banking in the Middle East and North Africa[M]. London: Routledge, 2012.

[81] Cooper Richard. The Economics of Interdependence: Economic Policy in the Atlantic Community[M]. New York: McGraw Hill, 1968.

[82] Crawford Robert M. Regime theory in the Post — Cold War World: Rethinking Neoliberal Approaches to International Relations[M]. Dartmouth: Dartmouth Publishing Company, 1996.

[83] David Cobham, Ghassan Dibeh. Monetary Policy and Central Banking in the Middle

East and North Africa[M]. London: Routledge, 2012.

[84] Eleanor Abdella Doumato, Marsha Pripstein Posusney. Women and Globalization in the Arab Middle East: Gender, Economy, and Society[M]. Boulder: Lynne Rienner Publishers Inc, 2003.

[85] Estevadeorda Aiitbiii, Frantz Briatt. Regional Public Goods: From Theory to Practice[R]. Washington, D. C.: The Inter — American Development Bank, 2002.

[86] Frederic P Miller, Agnes F Vandome, John McBrewster. Economy of the Middle East[M]. Saarbrücken: Alphascript Publishing, 2011.

[87] Gurley J G, Shaw E S. Financial Aspects of Economic Development[J]. American Economics Review, 1955(4).

[88] Harris Irfan. Heaven's Bankers: Inside the Hidden World of Islamic Finance[M]. New York: The Overlook Press, 2015.

[89] Hasendever A, Mayer P, Rittberger V. Theories of International Regimes[M]. Cambridge: Cambridge University Press, 1997.

[90] Hayek, Friedrich. Law, Legislation and Liberty, Vol. 1: Rules and Order[M]. Chicago: University of Chicago Press, 1973.

[91] Henry Clement M, Wilson Rodney. The Politics of Islamic Finance[M]. Edinburgh: Edinburgh University Press, 2004.

[92] Ibrahim Warde. Islamic Finance in the Global Economy[M]. Edinburgh: Edinburgh University Press, 2000.

[93] IMF, Introducing Islamic Banks into Conventional Banking Systems[R]. Working Paper, WP/07/175, July 2007.

[94] John Nugee, Paola Subacchi. The Gulf Region: A New Hub of Global Financial Power[R]. Chatham House, 2008.

[95] Johnson Simon. The Rise of Sovereign Wealth Funds, Finance and Development[J]. International Monetary Fund, September 2007, 44(3).

[96] Julia C Devlin. Economics of the Middle East: Development Challenges[M]. Singapore: World Scientific Publishing Co. Ltd, 2016.

[97] Keohane Robert. International Institutions and State Power: Essays in International Relations Theory[M]. Boulder: Westview Press, 1989.

[98] Kuwait Finance Horse. Islamic Banking[R]. Islamic Finance Research, 2009.

[99] Mahmoud A El-Gamal. Islamic Finance: Law, Economics, and Practice[M]. Cambridge: Cambridge University Press, 2008.

[100] Miller Frederic P, Agnes F Vandome, McBrewster, John. Economy of the Middle East[M]. Saarbrücken: Alphascript Publishing, 2011.

[101] Molyneux Philip, Iqbal Munawar. Banking and Financial Systems in the Arab World[M]. London: Palgrave Macmillan, 2005.

[102] Muhammad Ayub. Understanding Islamic Finance[M]. New Jersey: Wiley, 2008.

[103] Niblock Tim, Wilson R J A. The Political Economy of the Middle East[M]. London: Edward Elgar Publishing, 1999.

[104] Nidal Rashid Sabri. Financial Markets and Institutions in the Arab Economy[M]. New York: Nova Science Publishers Inc., 2008.

[105] Philip Molyneux, Munawar Iqbal. Banking and Financial Systems in the Arab World[M]. London: Palgrave Macmillan, 2005.

[106] Reisen H. Will the AIIB and the NDB Help Reform Multilateral Development Banking? [J]. Global Policy, 2015(3).

[107] Rodney Wilson. Banking and Finance in the Arab Middle East[M]. London: Macmillan Publishers Ltd., 1983.

[108] Sabri, Nidal Rashid. Financial Markets and Institutions in the Arab Economy[M]. London: Nova Science Publishers Inc., 2008.

[109] Seznec, Jean-Franois. The financial markets of the Arabian Gulf[M]. London: Routledge, 1987.

[110] Taylor Jon. Common Interests, Common Concerns [N]. Beijing Review 2017, 60(46).

[111] The World Bank. World Development Report: Infrastructure for Development [M]. London: Oxford University Press, 1994.

[112] Tim Niblock, R. J. A. Wilson. The Political Economy of the Middle East[M]. Cheltenham: Edward Elgar Publishing Ltd, 1999.

[113] Venugopal K Rajuk. Petrodollar and its Impact on the World Economy[M]. New Delhi: Indus Publishing Company, 1990.

[114] William R Roff. Islam and the Political Economy of Meaning (RLE Economy of Middle East): Comparative Studies of Muslim Discourse [M]. London: Routledge, 2014.

[115] Wilson Rodney. Banking and Finance in the Arab Middle East[M]. London: Macmillan Publishers Ltd., 1983.

[116] Yochanan Shachmurove. An Introduction to the Special Issues On Financial Markets of the Middle East [M]. New York: Social Science Electronic Publishing, 2004.